われら主の僕

リベラルアーツの森で 育まれ

ＩＣＵ伝道献身者の会［編］

新教出版社

東京郊外に、森に囲まれた「国際基督教大学」がある
これは、その森で学んだ主《しゅ》の僕《しもべ》たちの証し集である

序　「平和への祈り」——ＩＣＵの創立

ナザレのイエスの教えと同じくらい愚かな提言から生まれたＩＣＵ

ＩＣＵの正門にある美しいさくら並木はマクリーン通りと呼ばれます。その名前の由来をご存じでしょうか？一九四六年第二次世界大戦が終結した翌年、アメリカのバージニア州リッチモンドの長老教会の牧師、ジョン・マクリーン師が、日本との和解のためにアメリカで募金をしようという勇気ある声をあげました。日本に二発の原爆が落とされ、多くの市民が犠牲になったことを深く痛み、悔恨し、一枚のレターが日曜日に会衆に配られました。そのレターのタイトルは、「提言——ナザレのイエスの教えと同じくらい愚かな」（A Suggestion-As foolish as the teaching of Jesus of Nazareth）でした。マクリーン牧師は、聖霊が、抗い難い力で、一見愚かで非現実的なことを実行するよう自分を突き動かしていると感じているという書き出しで始めています。その愚かさとは、今までの敵国に愛を贈ることでした。「キリストは弟子たちに、敵を赦し愛せと教えましたが、この世はその命令を真剣に受け止めたことはありません。だからこそ、私たちは将来の戦争の種を絶つために何か行動を起こしてはどうだろうか。」というものでした。

このレターに対し北米のキリスト者たちが賛同し、教会教派を超えた募金活動が始まりました。やがてそれは、日米が協力して日本に新しいキリスト教大学をつくろうという希望に満ちたプロジェクトと結びついていきます。戦前は多くのキリスト教教派によって独自のミッション・スクールが多数日本に生まれましたが、ＩＣＵはエキュメニカル運動の中で多くの教派が協力して創られたという特徴があります。やがてアメリカ・ニューヨークに、日本国際基督教大学財団がつくられて、日本を良く知るディッフェンドルファー博士が、初代の理事長になります。彼は、後に初代副学長になるモーリス・トロイヤー博士と共に一九四九年に来日し、日米の超教派のキリスト者が集まる御殿場会議にて寄付行為が定められ、正式に学校法人の創立がなされます。その六月一五日がＩＣＵの創立記念日です。

また戦後復興間もない日本でも、当時の日銀総裁であった一万田尚登氏が、日本全国の経済界に呼びかけを行って募金を集めました。キリスト者、非キリスト者を問わず、平和を求める多くの人達がこれに応えて多額の募金が、この新しい大学設立のために献げられました。それによって、広大な三鷹の中島飛行機株式会社の研究所跡地を、ＩＣＵが手に入れることができたのです。一万田氏はキリスト者ではありませんでしたが、空洞化した日本人の新たな精神的支柱として、世界平和に貢献するキリスト教的教養が日本にも欠かせないと考えたと回顧録で語っています。そして遂に一九五二年のサンフランシスコ条約が発効となった翌日、四月二九日に国際基督教大学の献学式が行われ、まず語学研修所ができました。戦争は憎しみにあふれていますが、ＩＣＵの創立には「和解」の言葉が最初から織り込まれています。「敵を愛せ」というイエスの教えは、ある人々には愚かに見えても神から見て高価な賜物です。それ故にＩＣＵでは〝建学〟ではなく〝献学〟という字が使われます。大学としての正式な献学は、認可が下りた一九五三年。いまからちょうど七〇年前の事です。マクリーン氏は、献学式に参加し、これを記念して、ＩＣＵのために千本の桜を寄贈しました。今でも春になると、美しい花を咲かせます。創立以来約三万人の卒業生が、このさくらの並木をとおりＩＣＵで学び、平和への使命をもって世界に旅立っています。

富岡徹郎　TOMIOKA Tetsuro（二六期）

目次

序「平和への祈り」——ICUの創立　富岡徹郎……3

証し

聖書が語りかけるもの　松永希久夫……10
いつも遠くから　小澤貞雄……12
追われる人々に福音を　新保　満……14
きょうの日曜日　竹前　昇……17
わが涙よ わが歌となれ　原崎百子（旧姓前田）……22
出会い・交わり・信仰告白　川田　殖……25
戦時体験から選んだ教師の途　桑ヶ谷森男……28
試練に立ち向かえる学び　那須斐子……32
ICU・〇期生の私　丹波　望……38
信仰の駅伝　荒瀬正彦……40
英連邦戦没捕虜追悼礼拝の趣旨　斎藤和明……44
歩んだ日々を顧みつつ　並木浩一……46
神のご計画のままに　棟居　勇……52
ふるさと　伊藤瑞男……55
逃れの道を備えて下さった神様　斎藤剛毅……58

友に支えられて……62
渡邉正男
問い続けていること……65
絹川久子（旧姓内藤）
見えざる手に導かれて……69
長沢道子
学生として、教師として……72
左近和子
主の導きのままに……74
田中弘志
ICUから始まる多様な世界へ――文化変容の課題に向かって……77
山村　慧
福音派の教会に遣わされて……80
稲垣博史
争うことをしない人たちと暮らして……86
浅井重郎
靖国反対から始まった平和運動……89
吉馴明子
〝信条〟へのこだわり……93
宮﨑彌男
地方伝道者の思い……95
矢澤俊彦
ICUの森で豊かにされて……99
青野太潮
私はICUで「人間」になった……102
安積力也
五〇歳で神学校を卒業して……106
稲垣緋紗子
日本のキリスト教大学……110
梅津順一
荊冠の神学……116
栗林輝夫
クリスチャンの世界から世の中へ……119
菊地純子（旧姓大庭）
今、伝道者として立たされていることの不思議を思う……122
大橋　章
ICUを生きる……125
飯島　信
学校という近代空間に生きる人間への問い……130
末吉高明
信仰と社会の関わりを探って……133
鎌野善三
揺らぎつつ信じる歩みを続けて……137
松田繁雄

独立伝道者を目指して　有馬平吉……140
私にとってのＩＣＵとは　高橋貴美子（旧姓立沢）……146
「向こう側」の人と自分　中島隆宏……148
恵みの導き　小野慈美……152
ＩＣＵとの半世紀　森本あんり……155
alma mater　伊藤節子（旧姓門脇）……158
少なくとも人には従わない　北川一明……162
偶然と必然のはざまで　高橋　一……165
遅かった献身と前途多難な道　柴田安子（旧姓民谷）……169
エンカレッジメント　今村あづさ……174
主の御手に導かれて　近藤万里子（旧姓那須）……177
森と光　梅津裕美（旧姓竹内）……180
英国で出会った和解の旅　ウィリアムズ郁子（旧姓半田）……183
真珠湾を望む丘の上の教会から　石渡敬子……187
消しゴムの働き　神代真砂実……190
神の恵みに包まれて　佐野正子（旧姓岩崎）……193
一信徒としての証言　林原淑子（旧姓松田）……196
教室の片隅から呼び出されて　平野克己……199
主に導かれて　山本英美子（旧姓塚田）……203
マンガ牧師の誕生　塩谷直也……207
「悩みの種」が「心の痛み」と戻る時まで　徳田　亮……209
キリスト教学校に仕えて　鵜﨑　創……212

アンビヴァレンスの克服……216
河野克也
アジア学院とＩＣＵとわたし……219
荒川朋子
森の奥から遣わされる恵み……223
伊藤英志
垂直的関係の生み出す水平的関係への目覚め……226
北原葉子
ダメだけど、ダメじゃない……233
菊地恵美香
あの森で人生の方向転換を……236
相澤　一
人生の抜け道も裏道も備えられ……240
荒井偉作
幻を追いつづけて……243
焼山満里子

特別寄稿

教養学部（リベラルアーツ）と伝道……248
並木浩一
「平和への祈り」をつなぐ——現代学生との対話……255
有馬平吉
あとがき——感謝を込めて……265
梅津裕美

【コラム】

国際基督教大学のもつ意味……36
矢内原忠雄
なぜ私は再び日本に来たか……50
ブルンナー博士とシェーラー氏との対談
神田盾夫先生と「ペディラヴィウム会」……84
小河　陽
教師たちのことば1　湯浅八郎……20
教師たちのことば2　鵜飼信成……114
教師たちのことば3　森　有正……129
教師たちのことば4　大塚久雄……144
教師たちのことば5　武田（長）清子……172
教師たちのことば6　古屋安雄……230

証し

キャンパスのCスポット

マクリーン通りとサクラ並木

ICU 正門から 600 メートル続く直線道路がマクリーン通りです。アメリカバージニア州リッチモンド長老教会のマクリーン牧師は、原爆投下による一般市民の悲劇的な死を嘆き、日本復興のための募金を始めようと呼びかけました。これに、北米の多くの教会、キリスト者が賛同し、募金に加えて 1000 本の桜の苗木を贈り、このサクラ並木が誕生しました。

松永希久夫　MATSUNAGA Kikuo

一期
東京神学大学大学院卒業後二〇〇一年まで、同大学助手、助教授、教授、学長を務める。『歴史の中のイエス像』ＮＨＫブックス、『神の民の信仰　新約篇』教文館、『イエスの生と死　聖書の語りかけるもの』ＮＨＫライブラリー、『新約聖書における教会形成』教文館、『松永希久夫著作集』第一〜三巻、一麦出版社。

二十世紀半ば、戦争が終わったあのときに、これからどのように生きていくかを真剣に問い、答える機会があったと思うのです。日本人としての大きな歴史の転換を強いられ、戦争という名のもとで何が行われていたのか、敗戦という経験の中で何を見させられたか。鋭くみずからの姿をえぐり出し、自分たちの生き方を深く考え抜いて、戦後の民主社会の形成と、その中での人間形成に何がもっとも重要かを見定める必要があったのではないでしょうか。ところが、焦土と化した市街地の復興、襲いかかる飢餓との闘い、生産性の回復と向上といった目先の具体的な問題に振り回され、またそれをよいことにして、結局は目に見えないものに目を注ぐという姿勢を取れずにきてしまったのではないでしょうか。

何はともあれ経済復興をと奔走し、やはり頼りになるのは物質だ、金だという価値観が先行し、高度経済成長に酔いしれたのです。やがてバブルが弾けて落ち込んでも、まだ地位や財産や名誉が至上価値を持っているかのようなノスタルジアに生きているのではないでしょうか。そういう歴史をつむぎ出してきた私たちの世代の責任は重いと思われます。

そうした時期に育った次の世代は、立身出世主義や物質主義が当然で、エリート・コースに乗ることしか求めず、他の発想は愚かとされてきたのです。そんな彼らの中から、オトナの追求する社会のあり方はおかしいのではないかとの疑問、不満、反抗が噴出して、七十年代には世界的に学園紛争が起こりました。そうした熱狂主義が破壊と不毛のうちに終焉していくと、その反動として、人生には価値はなく、そのような人生はむなしいといった懐疑主義・虚無主義が深刻にその次の世代をむしばみ、これまでの文化を秩序づけてきた価値が形骸化し、無力とされ、どのような形で暴発しても歯止めがない時代に入ってきたのではないでしょうか。それこそ目に見えないものに目を注ぐ生活をまったく忘れている、いや、親から教えられてこなかったので、そういう生き方に気がつきもしない世代なのではないでしょうか。（中略）

阪神・淡路大震災や、この数年の銀行倒産を含む経済不況で、ようやく日本も外国並みに苦悩するようになってはきたようです。しかし、「目に見えないものに目を注ぐ」という感覚は、まだまだ育っていないように思われます。見えないのに見えると言い張っている人々があとを絶たず、そのツケが、少年たちの問題や学級崩壊となって表面化してきているのではないでしょうか。しかし、それは氷山の一角にすぎないのではないかと思わされます。

イエスは、見えないものを見させようとしている。生ける屍を甦らせようとしています。復活のイエスに出会って新しい生命を生き始めることを、今イエスは私たちに求めているのではないでしょうか。

互いに愛し合いなさいとか足を洗い合いなさいと言われても、私にはとてもできないとたじろぎ、少しはやってみたけれども、やはり無理だとしりごみする人々もあるでしょう。それでも「祈ることはできる」のです。高齢であっても、幼くても、病人であっても、激しい労働をしていても、祈ることはできるのです。そして祈りが光を与え、見えないものが見えるようになるのです。どのように祈ったらいいかわからないという人もいるでしょう。自分の言葉ではたりないのでは、と感じる人もいるでしょう。

イエスは、弟子たちが「主よ、ヨハネが弟子たちに教えたように、私たちにも祈りを教えてください」と願ったとき、「祈るときには、こう祈りなさい」と言われ、教えてくださったと記されています（マタイによる福音書六章九～十三節、ルカによる福音書十一章二節～四節参照）。「主の祈り」と呼ばれるものです。

短い祈りですが、必要なことが尽くされています。この祈りには力があります。二千年の長きにわたって、教会も個々のキリスト者もこの祈りによって力を与えられ、生命を注がれてきたのです。

（二〇〇〇年八月記）

（『聖書の語りかけるもの』より）

▼いつも遠くから

小澤貞雄　OZAWA Sadao

一期

一九五七年、政府交換留学生としてフィリピンへ。一九六三年、東京神学大学大学院修了、同年阿佐ヶ谷東教会に赴任。東京山手教会、秋田高陽教会、玉川平安教会、好善社を経て、一九九七〜一九九九年、日本基督教団総幹事。

神田先生に声をかけて頂いたのは、国際基督教大学の雑木林の中でした。それまでは朝夕の挨拶ぐらいでしたので、先生からお声をかけて頂いた、というだけで、上気してしまいました。

一期生は数も少なく、先生方も親切にして下さったが、専攻が社会科学科でしたし、偉い先生らしいという尊敬で、遠くから仰いでいた時期が、暫く続いた後の事でした。

「君は、散歩が好きなようだね」という趣旨のお言葉をかけて下さったと記憶します。そういわれて、ドギマギしてしまいました。中学・高校と湘南の砂丘や松林を跳んだり、走り回って過ごしてきたので、武蔵野の雑木林を歩き回るのは嫌いではなかったが「散歩」と呼ばれるような高尚なものではなく、自分で処理しかねる問題や感情を抱えて、うろついていたにすぎなかった。神田先生に優しく声をかけていただいたのに、きちんとしたお返事もできずに、しどろもどろで失礼しました。

キリスト教は全く未知の世界でしたが、ブルンナー先生の集会に出席したりして、二年のクリスマスには、受洗にまで導かれました。そのブルンナー先生がスイスに帰国された後で、神田先生の聖書研究会に出させて頂くようになりました。先生のお話をどれだけ理解できたかというと、怪しい。ただ、この先生しか、という気持ちでした。

信仰を与えられてから、それまでの悩みの多くは解決したような反面、新しい悩みが出ました。大学で勉強するという事のすばらしさ、学問の広さや深さを垣間見ると共に、自分の力不足や能力のなさを痛感させられました。学問への憧れと自分の愚鈍への絶望が交錯しました。

上田辰之助先生が国際基督教大学にこられたのは、神田先生や斎藤勇先生などの、お誘いによるものと聞きました。その上田先生の経済思想史の講義に、私は心を奪われる思いでした。神田先生はその上田先生を盛りたてて、社会科学科と人文科学科との合同のセミナーを企画され、期末には食事を共にしながらという教養学部にふさわしい集いで、期待が膨らみました。

その上田先生が突然に亡くなられ、私共はひどく残念でした。神田先生御夫妻の嘆きも大きなものでした。お二人の先生の学問の深さ、人格の深さ、そして敬愛ただならない間柄を知らされた次第でした。

「君は社会科学向きでないね、ヒューマニティズに変ったら」と神田先生がおっしゃって下さったのも、その頃でした。とるにたらぬ不出来な学生の私を、心にかけて下さって感謝でした。卒業後の就職が心配で、せっかくお声を掛けて下さったのに、お応えできず失礼しました。

思いがけない事で、卒業後に大学に残り、宗教部の助手になり、間にフィリピン留学をはさみ、些か不幸な学内問題にまきこまれた時も、神田先生の毅然としたお考えと態度に支えられて解決に到った事を感謝しています。

その事件が逆に、個人的には、私自身の召命を問う機会になり、やがて、東京神学大学への転入学となりました。その時も神田先生が、個人的に神大の宮本先生に添書を書いて下さいました。ミセス神田が「あなたは少年刑務所のような仕事がいいかと思っていたのに」といわれ、神田先生には「こうなると解っていれば、ギリシア語もちゃんと教えて上げたのに」と万事に鈍く不出来な者に配慮して下さり、感謝の他ありませんでした。東京神学大学へ移って、阿佐ヶ谷東教会につらなり、高崎毅先生のお世話になりましたが、この高崎先生が東大時代に神田先生にギリシア語を学ばれていたというので、特に親しく指導をして頂きました。

卒業の後も、そういう訳で、様々な形で神田先生の影響の下に過ごさせていただき、ベディラヴィウム会にも入会させていただきました。ここ十数年、秋田での務めに服し、先生にお眼にかかる事もなく過ごして慚愧にたえません。

振り返ってみて、教え子と名乗る事さえもはばかられるような者です。先生と教え子の方々のテーブルから落ちるパンをいただいて喜ぶ、小犬のようなものでしょう。無きに等しい者が、しかし福音の真理の大きさに包まれて、その恵みと喜びを宣べ伝える業の器とされています。いつも、自分がその福音の理解や実践において不徹底で、足りない所ばかりの者と承知しています。しかもなお、赦されて、そのように生かされています。

その事の方向づけを与えて下さった、先生に感謝を申し上げたい。いつも遠くから先生を仰いでいた者ですが、然し、心からの感謝を。

（『神田盾夫・多恵子記念文集』より）

▼追われる人々に福音を

新保　満　SHINPO Mitsuru

一期

カナダ・ブリティッシュコロンビア大学博士。オンタリオ州ウォータールー大学教授、日本女子大学教授を歴任。一九八九年『カナダ社会の展開と構造』でカナダ首相出版賞受賞。『石をもて追わるるごとく――日系カナダ人社会史』、『悲しきブーメラン――アボリジニーの悲劇』他。

私は一九三一年に大連に生まれ、一九四六年に引き揚げてくるまで旧満州国奉天市にいた。奉天の小学校で三年間同級だった男に坂本登という友人がいる。父君はシベリアに連行され彼地でなくなった。母君は登君を頭に当時七歳と四歳の男の子および一歳の女の子を残して死んでいった。十四歳の登君には妹の面倒が見きれず、とうとう栄養失調で死なしてしまう。死んでゆく母君に約束した手前、是が非でも弟だけは立派に育てようと決心した登君は、ただ一人の身寄りである叔父を頼って二人の弟の手を引いて日本に引き揚げてくる。当時、日本ではほとんどの人が生活に余裕がなく、稼がないで食べるばかりの登君兄弟は冷たくあしらわれた。登君は居たたまれずにここを飛びだし、あらゆる苦労をしながら金を稼いでは叔父のもとに弟たちの生活費として入れたのである。だが、何といっても彼は少年である。大人相手では勝負にならず、途中の経過は省くが、遂に人を二人殺しピストル強盗を働き、死刑を宣告されるに至った。一九五一年十一月である。私は新聞でそれと知って監獄に面会に行った。見れば冬だというのに半袖シャツで震えている。私も奉天で父を失い、物質的に極めて貧しい生活をしていた。私の全衣類は、一枚の小さな風呂敷に包んでしまえるほどだったのである。母の諒解を得て私はその衣類を二等分し、半分を登君に差し入れた。そしてこの日から毎日一枚ずつ、彼に葉書を出してキリストによる救いを説いた。（葉書は、後で算えたら九七枚であった。）

一九五二年三月初旬、私は背水の陣をしいて国際基督教大学受験のために上京した。登君のような薄幸な人々に奉仕するために、私は社会事業家になるつもりであった。当初の計画では、同大学には社会事業の大学院が設けられる予定だった。ここで私は森田武夫、松永希久夫といった秀れた信仰の友と、神田盾夫、篠遠喜人といった秀れた師に出会うのである。私は森田、松永両兄に事情を打ち明け、三人で手分けし日曜ごとに別々の教会の礼拝に出席し、説教を筆記し、これを浄書しては登君に送っていた。はじめ登君はあまり真面目に読もうとしなかったようである。けれども、同囚の内田又雄兄が私たちの奉仕を見て登君を説き、遂に彼の二十一回目の誕生日に私の牧師から受洗するに至った。こうしたことが機縁となって、一九五八年春に内田兄が処刑されるまで、私たちは監獄に説教を送った。この奉仕は私に説教を噛みしめるように味わう訓練を与えた。一九五三年三月二七日、登君は立派な信仰者として召されていった。

ブルンナー先生が国際基督教大学にこられたのはその直後である。私は高名な先生の謦咳に接したいと思い、先生が毎月一回説教をされる国際基督教大学教会に転会した。一九五四年六月である。私は先生の英語の説教を日本語で筆録しては、これを日曜夜に監獄に送るために浄書した。当時の不十分な語学力でノートしたのである。厳密には多くの誤りが含まれていたことであろう。だが、先生の説教は明快であった。何よりもメッセージがはっきりしていた。拙い私の筆録を読んで、死刑囚たちは「これならよく分かる」と喜びの便りをくれた。それまでの日本の牧師の多くの説教は「分かりにくい」と文句をいわれて困ったものであったが。かなり後のことだが、死刑囚の代表が先生に「立派な分かりやすい説教を読ませて頂いて感謝している」と礼状を出し、先生はその手紙に返書を送られたという。

私は、はじめの数度は一部しかノートを作らなかった。だんだん先生の説教のすばらしさが分かってくるにつれ、手もとにコピーを置いておきたくなった。当時は複写機などなかったので、一九五四年の秋からは二部浄書したノートをこしらえ、一部を手もとに残して後で幾度も読み返した。初めにのべた先生による信仰の「開眼」は右のような経験の中から徐々に起こってきたのである。

一九五四年の秋から毎火曜日の夜、先生宅で聖書研究会が開かれる。私が先生と面と向かって口をきいたのはこの時が初めてではなかったかと思う。この聖書研究会で話された事柄はあらかた忘れてしまった。ただ、ここに集まった人々が、先生を中心に、どうしたら信仰者として生き抜けるかについて論じあったことだけは忘れられない。この聖書研究会のメンバーは卒業後それぞれ違う道を歩くことになった。けれども、私の知っている限りでは、皆先生の精神に活きて生活している。先生は周囲に集まった学生の一人一人に信仰の火をともしてゆかれたのである。

一九六二年に私はカナダに渡った。一九六四年六月の初旬には先生をスイスにお訪ねする機会に恵まれた。先生はわざわざチューリッヒ中央停車場までお出迎え下さった。私は先生のお宅に三、四日泊めて頂き、積る話をした。先生は、「スイスには私の心の半分しかない。あとの半分は日本に置いてきたのだ」と言われた。先生はそれほどまでに日本人の魂の救いを心にかけていて下さったのである。

（一九七四年一〇月記）

（『日本におけるブルンナー　講演と想い出』より）

▼きょうの日曜日

竹前　昇　TAKUMAE Noboru

一期

一九六〇〜二〇〇一年、日本基督教団頌栄教会、聖徒教会牧師、二〇〇一〜二〇〇七年、日本基督教団総幹事、二〇一一年一月二七日、逝去。

【祈り——今日の日曜日】

天の父、きょうの日曜日、教会の礼拝に参列し祈りをささげます。きのうまでの一週間の日々、いのちをおまもりくださったことを感謝いたします。その間、受けた愛と心づかい。学んだ教えと訓練、分かち合った友情と誠実を思い起こし、感謝いたします。イエスさまが、どんなときでも私を捨てない友であり、私をゆるして、よく生きることができるようにしてくださる救い主であることを信じます。きょうから始まる一週間、私にいのち

を与えてください。主キリストのみ名によって。アーメン（二〇〇〇・五・二一）

【伝道する楽しさ】

伝道するということは、自分がキリストを信じて、こんなに強くなったとか、病気がなおったとか、あるいは真面目になったとか、キリストに救われて自分が変えられたことを証することではなく、キリストと共なる生活がどんなに心強いか、どんなに安心がいくことか、どんなになぐさめに満ちたものであるかを証することなのです。

すなわち、自分のことを証するという気持ちでなく、キリストのことを証する心情なのです。人は自分のことばかり言う者を受けいれないと思います。キリストのことばかり言う者をけむたがるかもしれませんが、そのうちにうらやましくなって近づいてくるかもしれません。キリストと共にいることの楽しさ、力強さを証するということは、逆に言いますと、自分はひとりではやっていけないということをあらわしていくことですから、人を感心させるような自分の立派さや強さを見せることは何もありません。（一九九九・一・三一）

【年を取ってくれば】

信仰は、頭のことではありません。体験のことです。年を取ってくれば、このことがますます深くわかってきます。あなたの生活において、イエスさまとお話することです。わたしたちを見守ってくださるイエスさまと、実際の生活のなかで、お話しなさい。年を取ってくれば、苦しさも増すでしょう。さびしさもひとしおです。いろいろなものが失われていくでしょう。そして、死が近づいてきます。そのようなあなたを見守っておられるイエスさまの眼は、愛といつくしみとに満ちていることを信じなさい。そのような日々にこそ、イエスさまと深く交わり、「主よ、感謝します」とお話をすることができるのです。ルカによる福音書二四章二九節の「いっしょにお泊りください。そろそろ夕刻になりますし、日もおおかた傾きましたから」というみことばを理解できるのは、あなたでしょう。（一九九九・五・三〇）

【何か一つできたなら】

何もかもはできない、これは当り前のことなのに、なるほどと考えさせられるのは、何もかもやらなければならないという張りつめた構えで、いつの間にか生きているからだと思わされます。もっとも、あまり簡単に、何もかもはできないと言っていては、それを口実に怠惰と逃避を正当化することになってしまいます。しかしそれでもやっぱり、張りつめた身構えよりは「何もかもはできない」と思うほうが見るべきものを見ている本当さがあります。人生とは、なんとか恰好をつけてはいますが、けっきょくは手にあまって責任の取りようのないものではないかとおそれます。生涯かけて何か一つできたら大したもので、天国ではそれが評価されるでしょう。「これらの最も小さいいましめの一つでも行う者は天国で大いなる者と呼ばれるであろう」（マタイ五：一九）とあります。（一九九八・一一・八）

【あとがきにそえて（竹前ルリ）】

以前姑が私に話してくれた、夫が小学生だった頃のエピソードがあります。姑が見ていると、子どもたちが警官と泥棒になって追いかけっこする遊びで、夫は必ず泥棒役で縛られていたのだそうです。姑は「どうして泥棒役ばかりするの？」と尋ねると、夫は「だって誰も泥棒役をしたがらないから。」と答えたということでした。いつも人のしたがらない厄介なことを引き受けていた彼らしい話です。それらを悲壮な決意で引き受けるというような態度ではなく、無理せずどこかゆったりしていて、周囲に安心感を与えたものでした。自己宣伝する気持ちなどサラサラなくて、役目が終われば執着せず、与えられた自由を楽しんでいました。たぶん今は、なすべき務めを終えて、主のみもとで、夫は本当の自由を楽しんでいるのかもしれません。

（『きょうの日曜日』より）

教師たちのことば１

湯浅八郎（初代学長）

現在私たちは意識すると否とにかかわらず、人類進化史上未曽有の激動騒乱の、原子力革命の時代に生きているのですが、ＩＣＵはまさに原子力に関する人類の良心と良識の歴史的シンボルであり、新しい国際平和への具体的証の一つであります。

一、私はＩＣＵは神の摂理の下にある、神と倶にする冒険であると確信する。

二、神の摂理の下にあるということは、永遠の使命をもつことを意味する。

三、この使命はキリスト教に基づく宇宙観、世界観、人間観や価値観に準拠して、人間育成を中心課題とするものである。

四、価値観は時代と共に「真化」するが、摂理の下にある人間育成という使命観は永久不易である。

五、ＩＣＵの依って立つ人間観は聖書の啓示によるものであって、私は人間は本質的に半面神の如く半面悪魔の如き存在であると解釈受容する。

六、同じく聖書の啓示により宇宙一切のものを意義づけ価値づけるものは、所詮、人間とその存在であると理解するが故に、人格の主体として人間は誰しも一様に自由、ゆえ平等、尊厳を保証せらるべきである。

七、ＩＣＵにおける人間関係は「ＩＣＵはファミリーである」という言葉によって最も適切にその含蓄が表現される。

八、ＩＣＵは全世界の人々に開放せられ、世界の人々の協力と支持に依存する本格的国際大学であるが、「ＩＣＵに外人なし」という表現が最も端的にその国際的性格を物語る。

九、ＩＣＵは学園として、人種、国籍、言語、性別、宗教、思想、イデオロギー、職業階級、社会的地位、経済的能力等一切の差別を超克して、本学の使命と目的に共鳴賛同する人々に開放されるオープンユニバーシティであることを期する。

十、ＩＣＵは、人類とその運命を一つにする永遠の未完成な「明日の大学」である。

キャンパスのCスポット

出家の道

ICUの４つの正式な門、正門、裏門、高校門、高校裏門の他に、もう一つ東京神学大学に通じる門があります。ICUのバス停付近から東京神学大学に向かう裏道で、通称「出家の道」です。ICUでの学びを終え、伝道者となるべく東京神学大学で学ぶことを決意した人々がこの道を通ることから、そう呼ばれてきました。

湯浅八郎記念館

ICUの初代学長である湯浅八郎博士を記念した博物館です。湯浅氏は戦前アメリカに渡り、農学・昆虫学をカンサス州で学びましたが、戦中には帰国せずアメリカで過ごしました。戦後同志社の総長に選ばれ、その後ICU設立時に初代学長として招かれました。湯浅氏の民芸品のコレクションは膨大な数におよび、それらを集めて記念館が建てられました。またこの記念館には、キャンパスで発掘された、縄文土器類の展示もされています。

卒業生諸君、貴下方の母校ＩＣＵは徹頭徹尾、人間本位、人間尊厳をモットーとする、天下に一つあって二つとないユニークな大学です。永遠の使命をもつ「明日の大学」です。神と倶にする聖なる冒険です。

（『若者に幻を』より）

▼わが涙よ　わが歌となれ

原崎百子（旧姓前田）　HARAZAKI（MAEDA）Momoko

一期

一九六一年、東京神学大学大学院修士課程修了。原崎清（日本基督教団教師）と結婚。一九六一年～一九六四年、金城学院高校教師（英語）。一九七八年八月一〇日逝去（四三歳）。死後、夫清の編集により著書『わが涙よ　わが歌となれ』（新教出版社）を出版。

七月三十日（主の日）

主の日である。

私たちの一週の冠である主の日。主の日は一週の出発であり、中心であり、目的である。どうかこの日、心から主をあがめ、ほめたたえることが出来るよう、朝食前祈った。

礼拝。歩いて行かれない。歌えない。唱えられない。そういう私の礼拝を、本気、本当の礼拝として捧げることを考える。

《わが礼拝》

わがうめきよ　わが賛美の歌となれ

わが苦しい息よ　わが信仰の告白となれ

わが涙よ　わが歌となれ

　主をほめまつるわが歌となれ

わが病む肉体から発する

　すべての吐息よ

呼吸困難よ
咳よ
主を讃美せよ
わが熱よ　汗よ　わが息よ
最後まで　主をほめたたえてあれ

礼拝後「著者を囲む集い」についてピノキオ文庫の三人の方たちと話し合う。九月七日の二周年の行事。十月中の松野さんを囲む集い。私をあてにしないで計画してほしいと話しておいた。

《祈　り》
主よ　私をつかんで離さないで下さい
もし私が主にすがるだけならば
私の手の力の萎《な》える日に
私はどうしたらよいでしょうか

主よ　私を見守りつづけて下さい
もし私が主を仰ぐだけならば
私の気力の尽き果てる日に
私はどうしたらよいでしょうか

主よ　この肉体からにじみ出る

私の祈りをお聞き下さい
もし私の口の言葉だけが祈りならば
やがて私の意識の混濁《うす》れる日に
私はどうしたらよいでしょうか

主よ　私のゆだねまつる私の一切を
み手にとって受け入れてください

豊かな一日であった。本当に今日は豊かな一日だった。みんな、そしてあなた、ありがとう。

以下、夫原崎清　記

この日が、地上の生涯で彼女が守った、教会での最後の礼拝となった。入院の前日（八月二日）、これまた最後となった聖書研究・祈祷会に出席、八月六日の主日礼拝は、夜、私が持参した録音テープによって捧げた。
思えば、結婚以来十七年有余、桑名教会は彼女にとって、仕えた唯一の教会であり、文字通り魂の故郷《ふるさと》であった。その愛してやまない教会で、愛する兄弟姉妹によってほうむられた彼女は、幸せであった。

（『わが涙よわが歌となれ』より）

▼出会い・交わり・信仰告白

川田　殖　KAWADA Shigeru

一期（創学前一年、LＩ）
一九七三年京大大学院卒。のちＩＣＵ、大阪医大、山梨医大、恵泉女学園、日本聾話学校勤務。著訳書：コイレ『プラトン』、ロイド『アリストテレス』（以上、みすず書房）、ディベリウス『イエス』、ブルンナー『キリスト教と文明』（以上、新教出版社）、『川田殖講演集』三冊（信州教育出版社）その他。

私がＩＣＵに入ろうと思ったのは英語を習うためでも、国際を学ぶためでもない。イエスという人物に出会いたかったからだ。

高卒後地方銀行に勤めた私は、金に振り回される人間の空しさ、頼りなさを痛感した。金があっても物があっても、人間がしっかりしていなければ、個人も国家もよくならないというソクラテスの言葉に共感した。しかしそう言う私自身の現実はどうなのか。まことに頼りない。当時はやりのマルクスや西洋近代思想を齧ってみても、知識だけではしっかり生きられる自信はまるで無かった。

そんな時に気付いたのは、思想の土台には生きた人間があるはずだ、ということ。『罪と罰』のソーニャを生かしたイエスに出会いたい。それが無理ならば、今の時代にイエスの心で生きている人に出会いたいと思った。

この希いはＩＣＵで満たされた。英語はできなかったが、面接の時の湯浅八郎、神田盾夫両先生の態度にはイエスの愛が生きていると実感させられた。

当時の学生は多種多様だったが、この学校で学ぶことを喜び、異文化や未知の人に心を開いて共に育ち合うという気持ちは共通だった。

茅野徹郎・森田武夫・丹波望の諸君は勿論、すでに故人となった松永希久夫・新保満・竹前昇などの諸君は、異教徒だった私を誘って仲間にしてくれ、その霊的交わりは今も私を生かしている。その交わりの核心は在学中、毎朝、本館屋上で、円陣を組んで聖書を読み合い、祈り合ったことで、私はここで、聖書の神が生ける神であること、その神の心と力がイエスを通して私たちに注がれることを実感させられ、心と生活を転換させられた。

またエーミル・ブルンナー先生が提唱された信徒伝道者のためのインナー・サークルの影響は大きく、形を変えて今まで続いている。ブルンナー先生は「聖書の真理は、主観的な思い込みでもなく、客観的と称する傍観者的知識でもなく、相手の呼びかけに耳を傾け、応答する「出会い」の性格を持つ」と言われていた。この両者の相互作用と言葉のやりとり（インタラクション）を通じて、吟味・理解・納得・信頼・協力・献身の関係が生まれる。こうした「出会い」を育てることを私は「交わり」と呼び、この全体を、科学的真理をも含む「人格的真理」と考えている。

そしてこの心がまえで聖書を共に読み、祈り、生きて行くうちに、聖書の神と出会い、イエスがその結び目・仲介者（仲保者）であることに気付き、イエスが示す神と共に歩む時、私が感じた「人間の（さらには人生の）空しさ・頼りなさ」は解消し、課題や苦難の中でも信頼と希望を持って生きたいと希い、受洗した。そしてその後の歩みの中で、聖書のいう罪（恵みと救いの神に対する無視・無関心・反逆）と赦し・救い（神との信頼関係の回復）が次第に分ってきた。そしてこの神の心と力（愛）をいただいてこれに答えて生きることが私の生涯の方針となった。これこそ私がICUで戴いた最大の賜である。

その上、ICUでは聖書を学ぶため、ドイツ語・ギリシャ語・ラテン語も教わり、国籍人種を超えた信頼関係が国際の土台であることを知った。また「師を尊敬するあまり、人間をキリストと取り違えてはならぬ。その差あまりに大きいからだ」というブルンナー先生のことばはその後の私を人物崇拝から救ってくれた。すべてが思いにまさる恩恵であった。

ICUを卒えた私は、神田先生のおすすめで京大の田中美知太郎先生のもとで学んだ。先生はまさにソクラテスを思わせる方だった。そこでの七年間の学びは聖書とともにプラトンを私の終生の座標軸とした。（京都でフランス語とヘブル語を少し齧った）。そのプラトンの手紙（第七　三四一Ｃ）には「私が一番大事に思っていることは字にも書けず口でも表わせない。それは真理を中心に長い交わりを重ね生活を共にしているうちに、突如として飛び火のように魂から魂に燃え移るものだ」という言葉がある。ここにも私は人格的真理の秘密が示唆されているように思える。この人格的真理がルカ福音書二四・三二にあるような出会いと交わりにつながる時、心の目がひらけ、「信仰告白」という聖書の真理になるのではないか。

京大を卒えて思いがけなくもＩＣＵに勤めることになった。時あたかも六十年安保闘争に端を発する動乱の時代で、この中でＩＣＵが世に明示すべきものを問う学生の問題提起は、ほかの要素とも絡み合って、十分な対話となりえず、悲惨な結果に終わり、私も非力と病のゆえに退職した。しかしその間にも学問好きの若い学生諸君が何人かあり、今に交わりが続いている。ブルンナー先生ゆかりのインナー・サークルもその交わりの一つである。

ＩＣＵを辞めた私ははからずも大阪・山梨両医学部に、それぞれ九年、十三年いたが、そこでも少数ながら課外で聖書を学ぶ学生がいてその交わりも今に至っている。

山梨での停年近き頃、突如として最も不得意な管理職に就任することになった。（恵泉六年、日聾五年）。失敗も多かったが、私としては学ぶことも少なくなかった。どちらも創立者のキリスト教精神が生きていて、苦闘のうちにも力を合わせて困難を乗り切ろうとしていた。ことに日聾では信仰に基く愛と工夫によって子どもたちが明るくやさしく逞しく育っていることに感動した。

以上をもって私の公生涯は終るが、ほかに記すべきものとしては、神田先生ゆかりの「ペディラヴィウム会」（代表三〇年）、信徒伝道者の会ともいえる「基督教共助会」（委員長一〇年）、後者の延長としての「佐久学舎聖書研究会」（五〇年）、などに今も関わっている。このほか、ＩＣＵ退職後移り住んだ信州の教員有志とのプラトンや聖書の学びの会がいろいろな形で四十数年続いている。いずれも私が提供できたものは僅かだったが、そこでの出会いと交わりから得たものは多大だった。

私が辿った道は殆どすべてが思いがけないものであったが、ICUなしにはありえない道であった。私は始めから「しっかりした人間」の重要性を感じてはいたが、その人間は私にとっては、聖書の愛に生かされた自由人（「贖罪的自由人」）として示された。イエスの愛を身に帯びながらまことの善を追い求め、よき出会いと交わりを生み出す人間が個人としても国家としても大切だと思う。始めは一本のマッチのように小さくともやがて燎原の火のように、その将来ははかり知れないものになる。ICUは開学当時「この大学を新日本建設のために捧ぐ」という標語をもって出発した。今やICUは、他のキリスト教主義学校とともに、世界の和解と平和のために、おのがじしの役割を果たすべきではないか。神は小さき者をも用いて人の思いを超えることをなし給う。これを忘れて人間的思いに閉じこもる時、亡国に至る堕落が始まる。人を恐れず、神を仰ぎ、友を信じ、愛のわざに励みつつ、神の国の完成を待ち望みたい。願わくは神、ICUの将来を祝し給え。

附記。この文を書いている十月初旬、ノーベル賞受賞者に真鍋淑郎氏（九〇歳）が選ばれた。その業績もさることながら、「妻なくして私の今日なし」のひと言は同年齢のわが身につまされて感じ入った。この一事をつけ加えたい。

▼戦時体験から選んだ教師の途

桑ヶ谷森男　KUWAGAYA Morio

一期

県立浦和高校、聖学院高校の教諭を勤め、その後ICU高校設立に関り教頭・校長。訳書　植民地下朝鮮児童文学作品集『星の国』朴世永編著。小冊子『ICU高校小史—帰国子女教育をきり拓く』。

「新渡戸稲造と柏木義円の朝鮮認識を問う」などを同人誌『海峡』に掲載。

一九五七年ICU卒業以来二〇〇二年退職までの四五年、高校教師を勤めました。先ず、なぜ洗礼を受け、なぜ高校教師になったかの時代背景をお話しします。一九三五年（昭和一〇）二月生まれの私は、戦時教育のなかで育ちました。入学の年、小学校が国民学校となり、太平洋戦争が始まります。四年生の夏、空襲を避けるため、本郷区駒込から先生に引率され栃木県那須郡大山田村に集団疎開しました。真言宗の総徳寺に寝泊まりし、地元の学校に通学しました。この一九四四年から一九四五年夏までの集団疎開体験は、空腹の一言に集約され、生涯で一番長く感じた一年です。朝晩の食事は、どんぶり半分くらいの芋や豆入りのご飯とみそ汁、漬物、みそ豆です。お弁当を持って学校に行くと、通学の途中で揺すられた中身が弁当箱の片隅に寄せられ半分になっています。こうしてみんな栄養失調になっていきました。野外で食べられそうなものはなんでも見つけて食べました。すかんぽ、野蒜（のびる）、などです。私の反戦思想の根っこは胃袋にあります。私も友だちも東京の家は、疎開中に焼失しました。

一九四五年八月、両親が迎えに来て、茨城の母の実家に落ち着く間もなく、敗戦です。神国日本は負けないと信じていた私は、大切にしていたものが偽物だったというときの奇妙な思いで過ごしました。編入学した学校に行くと、担任の先生の指示で教科書に墨を塗りました。疑ったことのない教科書を、それを教えた先生、それを作り与えた国家自身が墨を塗れと私たち生徒に指示したのです。それは国家に騙されないぞという免疫ができる最初のワクチン注射でした。墨で隠した部分は、国家神道に基く天皇を現人神とする万世一系の皇室を尊崇し、尽忠報国、八紘一宇の精神で貫かれた戦時教育を如実に示しています。使った教科書はすべて回収されました。近年、私は戦時中の国民学校教科書を復刻版で調べています。

敗戦の翌年、父の再就職で埼玉の川口市に転居し、四度目の編入学をします。そこではじめて民主主義を知ります。国民学校卒業の一九四七年、新学制六・三・三制が施行され、新制中学一年生として聖学院中学校に入学しました。毎日、二時間目のあと礼拝の時間があり、奨励はクリスチャンの教師が入れ替わり担当し、それぞれ自分の言葉で思いを語られました。高校一年の時、学校で行われた伝道講演会がきっかけとなり受洗しました。それには中学一年から毎日行われた礼拝の蓄積があったと思います。そして戦時教育体験という背景がありました。現人神に命を差し出すことが最高の生き甲斐であるという価値観が崩壊したあとの空洞に、今度こそゆるぎない生き甲斐の原点を求めていた当時の青少年の一人だったからです。当時の聖学院では、生徒同士でキリスト教の神、罪、アガペー、摂理と歴史、宗教と科学、キリスト教と社会問題等々について真面目に議論する学校文化がありました。

一九五三年四月ICU開校時に、キリスト教主義学校推薦学生として入学しました。早速同じ問題意識をもった仲間でリベルテ（社会科学研究会）をつくりました。メンバーにはクリスチャンが一期二人、二期三人、三期二人いたと思います。信徒であるなしに関係なく、世界と日本社会の矛盾を真剣に語り合い、歴史の見方を討論する、こころが通じ合う仲間でした。顧問の長清子先生は私たちにとって生涯の恩師となりました。受洗した教会に自分の問題意識との隔たりを感じていた私は、赤岩栄の『新しい人間の誕生』を読んだのがきっかけで、代々木上原教会に出席するようになりました。一九五五年のアジア・アフリカ会議など植民地解放が強く叫ばれた時代で、私は中国革命に関心を持ちました。、卒論は講師の山本澄子先生の指導を受け、『一九三〇年代における中国の民族的危機と基督教徒』を書きました。若い中国のキリスト者が、抗日統一戦線に対しどういう態度をとっていたかを、彼らの英文雑誌 *Chinese Recorder* の関連論文から分析しました。

一九五七年卒業、県立浦和高校に就職しました。教師を志望した理由は、一、恩師たちの姿に教師が楽しいことを見た、二、創意工夫のある仕事だと感じた、三、戦争・差別・貧困のない社会を作り出す土台が教育にあると思ったからです。教科は世界史担当でした。浦和高校には、教員の中にカトリックとプロテスタントの信者が各一人おり、大ベテランの先生でした。自由の伝統のある学校で、私も自分の信条を隠すことはありませんでした。生徒が創った同人誌に投稿したり、カトリックの先生と一緒に生徒との座談会に参加しました。生徒のなかにはキリスト教に関心をもつ者がいました。「宗教に関する寛容の態度及び宗教の社会生活における地位は、教育上これを尊重しなければならない」（旧教育基本法第九条①）がしっかり根付いているリベラルな学校でした。

母校聖学院からストラスブルグに留学する恩師森井真先生（後に明治学院学長）の後任にと要請があり、聖学院に転任しました。聖学院の宗教教育は以前と変わりはありませんでしたが、ハイＹ（高校ＹＭＣＡ）が活発に他校生徒と交流していました。六〇年代から七〇年代にかけて、高度経済成長にともなう消費経済が与えた国民の価値観への影響は、生徒たちの三無主義、大人への不信、理想や希望の喪失などに現れます。戦後間もない私の生徒時代にキリスト教がもった新鮮さ、迫力、意味、説得力が失われてきて、生き甲斐、価値観、民主主義や社会正義の基盤としてのキリスト教の認識に、生徒とのズレが大きくなったと感じました。教員が交替で分担した奨励では、自分の生きる姿勢が直に伝わり、生徒の心の琴線に少しでも触れることを願いました。

大学卒業以来、歴史教科書批判を日中友好協会の機関誌に連載し、日中国交回復運動に参加し、一九七一年夏ニクソン訪中前、国交回復前に中国を訪問しました。また、その間一九六一年には、ＩＣＵ公開講座で魯迅研究の泰斗竹内好氏の講演を聞き、朝鮮に対する日本人としてのゆがんだ姿勢に気づかされ、朝鮮問題に関わるようになりました。高校教師として、教育の場で、東アジア諸国民の友好は一貫した課題でした。一九七〇年代に帰国生の問題が深刻になり、文部省の研究協議会で「帰国子女の受入れを主目的とする高等学校」の新設を求める答申が出て、ＩＣＵにその目的に沿った高校を設立することが決まり、大学からの要請を受け設立準備に携わり（一年）、教頭一四年、校長一〇年、計二五年間ＩＣＵ高校に勤務しました。

ＩＣＵ高校は、毎年約三五か国からの帰国生一六〇名と国内生八〇名を受け入れ、異文化交流の坩堝となり、他者理解に努めるという学校文化が育っていきました。キリスト教教育では、キリスト教科の有馬平吉先生をはじめとして、全教員がペンテコステ集会、キリスト教週間、バイブルキャンプなどに関わりました。有馬先生のキリスト教概論の授業は生徒の内発的な問題意識を喚起し、生き生きとした双方向の対話が展開されました。キリスト教週間は生徒と教師の双方から出たテーマごとに集会を持ち、共に主体的に問題に取り組んでいました。

問われなければならないのは、歴史としての現代をクリスチャン教師がどのような課題を持って生きるかです。同時に今日の生徒たちが潜在的に抱えている問題を鋭くとらえ、正面から取り組んでいく姿勢が求められています。

▼試練に立ち向かえる学び

那須斐子　NASU Ayako

一期

学校法人尚絅学院ならびに日本バプテスト同盟尚絅教会に奉職した夫、那須房治牧師の伝道牧会の助け手。日本バプテスト同盟全国婦人会委員長、尚絅教会での聖書研究会・教会学校を指導。

二〇二三年ＩＣＵが大学創立七〇周年を迎えるとの報せを受け、心から喜ばしく嬉しく存じます。私自身は同年二月一三日に九〇歳を迎えますので、九〇から七〇を引くと二〇となり、私が二〇歳の時にＩＣＵがスタートしたことになりますが、実際はまだ一九歳でした。

高校は旧女高師高女で、卒業時には名称が変わってお茶の水大学付属高校の出で、三年目即ち卒業年に眼病に罹り重くなってしまって、一年待ってＩＣＵを受験しました。何と受験場は東京大学で、面接もあり、恐らくは、ＩＣＵの教授になる方々とお会いしたのでしょう。幸い合格して、入学式は三鷹市大沢の本館四階広場で行われ、そこで初めて湯浅学長を初め諸先生方と対面が出来ました。クラスはＡＢＣＤの四クラスに分けられ、私は英国からいらしていた小柄な優しそうな男の先生のブリン・ジョーンズのクラスＡに入り、女性三人、男子学生は十人位のＡクラスに配属され、各クラスの講義内容は違うという個性的な取り決めであったようです。私達は、国家主義ナショナリズムを担当のブリン・ジョーンズ先生によって学び、他に栄養学を広い階段教室で学んで、毎日の必要な食べ物の実物をテーブルに置いて、熱心に印象的に示して下さったトンプソン講師には感謝したい…とても印象的なプレゼンテーションでした。そのような先生方の熱い指導に何か愛情、キリスト教精神を感じたものでした。

母は横浜のミッション・スクール捜真女学院の校長ミス・カンバルスの献身的な愛の生き方にキリストにある愛と力を体感して、その後の生活に祈りと献身に徹して実行した人でした。

父は北秋田出身で、中学生からは東京にいた叔父を頼って上京し、学校では成績も良く、生活も自立しようと渋沢栄一宅に若い書生として働けるようになりました。父は、どちらかと言えば、皇室を大事にする日本男子で、よく明治神宮に子供数人を連れて行き、家では神棚を拝ませ、上下関係をしっかり教えていました。洗足に自分の家を建てる時、渋沢家のように上下関係を尊んで、玄関を本玄関と内玄関に分けて、自分は絶対本玄関しか使いませんでした。本玄関は入るとすぐ取り次ぎ部屋が三畳間あって階段上に衝立が置いてあり、家族やお手伝いさん達に「行ってらっしゃいませ」「お帰りなさいませ」の挨拶を期待していました。キリスト教に対しては、「信者になれば貧乏になる」と主張し続けていて、家の者が聖書を渡しても読もうともしませんでした。

申し遅れましたが、私には姉三人、妹二人、弟一人の兄弟姉妹がおり、その中の女姉妹四人は、同じミッション・スクールに通学していたので、家の中でよく讃美歌を合唱し合い聖書が読まれました。それで官立の中学、高校を過ごしていた私は、教師で信者の方に興味を抱いたものでした。例えば、お茶の水高校での羽鳥明先生の歴史の講義、特に十字軍の歴史、ＩＣＵでは神田盾夫先生のヨブ記（旧約）が印象的でした。勿論、ブルンナー先生の説教・バイブル・クラスの御指導は、私の将来を決定づけるものとなりました。即ち、「もっと力をつけたい。」「大学院に入ってでも学びたい」と表明して、ＩＣＵの先生方、特に神田先生にお世話を頂きました。

有難いことに、一七世紀に建立したHarvard Divinity Schoolからスカラーシップを頂けて一九五七から二年間ヘブル語、アラム語などを学ばせて頂き、三年目に転校してEastern Baptist Seminaryでバプテスト派の学びを得てＢＤの資格を頂き、既にＩＣＵからは英語と宗教の教員免許を頂いていましたので、帰国して仙台での非常勤講師の仕事と教会の奉仕と育児の責任を負うこととなりました。主人は宣教師のビル・ヒンチマンに出会った時、早稲田大の新聞科でジャーナリズムを学んでいて、彼の自宅近くの宣教師館にDr.アキスリング御夫妻と一緒に住んでいたヒンチマン宣教師の日本語学習を助けていました。それで、目黒原町教会にも聖書研究の通訳として来ていた訳です。ちなみにその教会は、私の母、姉妹の母教会で、私もバプテスマを受けてその教会にいたら主人から求婚を受け、私は驚いて直ぐ母親に相談しました。母は賛成でしたが父は反対。「斐子は苦しむことになる」と！　幸い、主人は東京神学大学を卒業後、フィラデルフィアのEastern Baptist Seminaryにキリスト教教育を学ぶために渡米したので、一年後に（即ち一九五九年に）結婚式を挙げさせて頂きました。

仙台の尚絅女学院からの招聘をフィラデルフィアの神学校で受けた時には、私共には第一子が与えられており、出産の時には驚くべき恵みがございました。それは、出産した病院ランケノー・ホスピタル（ルター派のキリスト教病院）の百周年記念の行事として、貧しい神学生を助けるという有難い奇跡的とも言える援助を頂いたのです。即ち、無料だったのです。

しかしながら、帰国の為の旅費はどこからもなく、主人は中国レストランでアルバイトに励まざるを得ませんでした。嫌いな玉葱が一杯の店で如何に苦しかったであろうか。間もなく、サンフランシスコに向け車でアメリカ大陸を生後一カ月足らずの乳児を抱いて帰国の旅を続け、砂漠を越えて太平洋を見た時、そして医者に乳児の健康を診て貰った時、医者曰く「こんな大旅行が出来るなら、何でも出来る」と。まさに神様のご加護あっての帰国でした。

ＩＣＵでの学びは、信仰を深める為だけではなく、色々の試練に立ち向かうのに役立っています。「わが涙よ、わが歌となれ」著者の旧姓前田百子さんは、ブルンナー先生のインナーサークルの友人でした。同じサークルの友人達で松永希久夫、小沢貞雄とも天に召されています。よくブルンナー先生はresponsive beingという言葉を使っておられ、人間の姿を表現しておられました。その意味は、人間は応答する存在だけではなく、責任を伴う存在であることを自覚させて下さいました。神田先生のヨブ記の授業は忘れられない力強いものがありました。また、Form Criticism という学び方を福音書研究の一つとして教えて下さいました。列挙すればきりがありません。イエス様の山上の垂訓で Seek ye first the kingdom of God and His righteousness（マタイ六章三三節）とのみ言葉に従って、仙台で五〇年以上、教師と牧師夫人を自覚してやれてこられた幸いを感謝しております。無牧の教会の為に、阿寒、根室、名古屋、内海、岡山、と夏休みや定年後に手伝いにも参りました。岡山伝道所での教会学校のお手伝いをした時嬉しかったのは、生徒の一人がバプテスマを希望して受洗したことです。

二〇一一年の東日本大震災で、私たちのコンクリート製の教会堂が壊れ消滅しました。その一年前の教会総会の日の朝、主人は脳梗塞で倒れ召されました。私が教会で大人の為の教会学校をご指導していた時でした。家に居て倒れた主人はダイニングルームで意識を失っていたので救急車を呼んで病院に運ばれましたが、日曜日でいつものなじみの病院ではなく、亡くなる迄一回も医師の来ない病室で最期を迎えたのです。

身内の私が言うのは憚りますが、夫の那須房治の説教を聞くたびに私は聖霊を感じていました。不思議な導きでした。主に感謝！

国際基督教大学のもつ意味

矢内原忠雄（東京大学総長）

私は本日この国際基督教大学（ＩＣＵ）の開学式において、国立大学を代表して祝辞を述べることを光栄と存じます。

国際基督教大学は、いろいろの点において特別の性格をもつと思われます。先ず第一に、「国際」という点であります。私ども国立の大学にも外国人教師がおり、外国人学生もおりますが、ＩＣＵでは理事者並に教師の半数が外国人である組織のように承っております。このような国際的経営の組織は、かつて中国や満州において日華合弁、日満合弁という形式で実業界の会社について見られたことはありますが、学校については、私は寡聞にして、これが最初に知ることの出来た例であります。ＩＣＵの経営や、教授の採用や、教育方針の決定や、教育の実施は国際的に為されるわけでしょうが、それは必然的に国際主義・国際協調の精神の強化という事に重点が置かれるでしょう。

私ども国立大学においては、健全な国民的自覚と、国民への奉仕ということが、教育の主要な目的の一つであります。しかし偏狭な国家主義は学問のためにも、国民のためにも、世界のためにも有害なことは明らかですから、私どもは国際心の養成を忘れないように努力しております。国際的精神をもって洗礼を施されないところの国民主義は、国際関係の発達した今日、真実の国民主義であることは出来ません。国民的教育が広い国際的精神の基盤をもつことの必要は、いくら強調しても強調し過ぎるということはありません。

ＩＣＵが国際的精神の涵養と、世界市民の教育を目標とされることは、想像に難くありません。それは真に時代の必要に応じるものであります。しかしながら、それと同時に私は、この大学で教育される学生が、例えば日本人であるかアメリカ人であるかわからぬような中途半端な人間となることなく、すべての国籍の学生が、ここで受けたすぐれた教育を以て各自の国民の文化と生活を向上させるために自己の生涯を用いる者であってもらいたいのです。私は、真の国際主義は健全な国民主義を否定せず、却ってこれを自覚させ、これに正常な地位を与えるものであると信じます。このＩＣＵのキャンパスに隣接した多磨墓地の中に、日本の生んだ預言者、内村鑑

三の墓があります。その墓碑銘には、彼自身の選んだところの

I for Japan; 我は日本のため、

Japan for the World; 日本は世界のため、

The World for Christ; 世界はキリストのため、

And All for God. 而してすべては神のため。

という言葉が刻まれています。

ここに真の国際主義と国民主義との結合があります。

ICUの第二の特長は、言うまでもなくそれが「キリスト教」を標榜する点にあります。私ども国立大学においては、教育と宗教は明白に分離されております。宗教から分離された教育が果たしてどれだけの効果をあげることが出来るか、それは一つの「問題」でありますが、ともかく国立大学の性質上、教育が特定の宗教に結びつくことは許されません。この点、私立の学校は自由です。日本にも従来少なからぬ数のミッション・スクールがありました。しかし少なくとも日本語による学校名に「キリスト教」という言葉を入れたのは、ICUが唯一の例ではないでしょうか。この事によってICUは「山の上に建てられた町」の感を与えるのであります。日本の国民の大部分はキリスト教徒ではありませんから、キリスト教主義の大学とはいかなるものであるか、その意味においてもICUに注目しておるのであります。ICUから福音の光が輝き出でるならば、それによって神の栄光があがめられましょう。之に反して神の御名の汚される如きがあってはなりません。それだけこの大学の経営と教育に従事される方々の使命が大であると共に、一方では責任も重いといわねばなりません。

ICUはさしあたりリベラルアーツ・カレッジとして出発されるのでありますが、学校名が「カレッジ」ではなく「ユニバーシティー」と呼ばれる以上、今日の開学式は偉大な事業の小なる端緒というべきでありましょう。たとえ今日は小さい流でありましても、建学の精神が純粋であり、理想が高邁であるならば、大なる未来をもつといえましょう。

戦後の混沌たる日本と世界において特に重要なものは、国際平和の精神と、キリスト教の福音と、すぐれた大学であります。私はこのICUが学問的水準の高い大学として発展し、且つよくその特色を発揮して、われわれ国立大学では企て得ないような方法と精神を以て人間教育の効果をあげられることを希望いたしまして、ICUの前途を祝したいと思います。

（一九五三年四月二十九日、開学式における祝辞）

▼ＩＣＵ・○期生のわたし

丹波　望　TAMBA Nozomi

一期
一九六二年〜一九七三年、日本基督教団　能代教会担任教師、日本基督教団正教師。専門学校　能代文化学院学院長、専門学校　秋田しらかみ看護学院学院長、学校法人「のしろ文化学園」理事長、社会福祉法人「鷹巣地の塩会」理事長、学校法人　秋田キリスト教学園理事長　歴任。

「ＩＣＵは何期のご卒業ですか」と問われると「○期生です」と答える。「えっ？　○期生？」「そうです。数字の一の前には○があるでしょう。ＩＣＵ開学の前段として語学研修所（ＬＩ）があったのです。」説明はいつもきまっている。この○という表現にＩＣＵの原点としてのＬＩ生の多少の自負が込められていることは否定できない。なんにもないゼロからの出発！学園誕生に立合い、その創出作業に参加できた悦び！しかもあの日々こそ、振り返って自分自身の人生の原点でもあったのではないかと思っている。

わたしは一九三四年、秋田県能代市に牧師の子として生まれた。アジア・太平洋戦争の敗戦という事実を受けとめかねていたある日、南京大虐殺の報道に触れ、震え戦きつつ日本の道義的敗退を知るに至った。一方、敗戦国日本に対するアメリカの騎士道的精神の背景にあるキリストの愛を見て、わたしは自己の問題としてキリスト教信仰を受け入れる決心をした。「シュバイツアーのように将来は医者になって中国に行き、些かなりとも戦中の償いをしたい。」これがわたしの願いとなった。

ＩＣＵのことを知ったのは高校一年の頃、当時その開学の願いはキリスト教界で話題となっていたからである。医師になりたいという願いと、憧れのＩＣＵ受験とは矛盾していたが、一九五二年の春、許されてＬＩ生となった。受験場で知り合った友人が川田兄、開学のセクションＤで訓練パートナーとなったのが竹前兄、やがて始まったクニハウスで最初のルームメイトとなったのが松永兄だった。クニハウスでの共同生活は今考えてみても実に楽しい想い出に満ちている。新保兄の主唱で茅野、森田、松永、竹前そして川田の諸兄に誘われて加わった毎朝授業前の祈りの集いもそのひとつであった。

一年後、改めて正式にＩＣＵ開学、研修所は終わりを告げるが、しかしわたしにとっては、五年間一貫してＩＣＵ時代なのである。

楽しいことずくめであったＩＣＵ時代の唯一の悩みは、ＩＣＵには医学部がないということ。湯浅先生には「目標はあるけれど、そう簡単に医学部はできないよ」と言われ、卒業後他の医学部に学士入学しようにも、医進コース制度の導入によって始めからやり直さなければならず、医師となることは断念せざるを得なくなった。祈りつつ、自我との闘いの時を過ごした末のことであった。

思えば、ＩＣＵで与えられたもの、それは優れた先生方との出会いであり、また〇期生としての開拓魂を共有する友との交わりである。中でも神田、ブルンナー両先生の影響は大きかった。神田先生からは Noblesse oblige, ブルンナー先生からは人間の応答性・責任性ということを教えていただいた。今でもわたしの生き方の根幹となっている。

ＩＣＵ卒業後、松永、森田、竹前の諸兄や前田姉に誘われて東京神学大学に進み、次に、母教会である能代教会の招聘を受け、故郷能代で父の許で副牧師としての働きに就いた。

しかしやがて教会は悩み多い現代人を有効射程距離内に捉えていないのではないかという問いが沸き起こり、さらに副業として始めた教育の働きを通し、親が子どもの心の指導問題で苦悩している姿に直面、このような悩みを共有することこそが実は牧師の仕事なのではないか、コミュニティ全体が教会、神の家族なのではないか。そこにある一人ひとりが、真の自己発見（これは同時に神の発見ということ）に至るという意味での教育の働きをしようと考えた。これを「地の塩塾」と名付け、学生たちばかりでなく市民の講座も開くようになった。

こうして三五年、気が付くとこの地域は日本でも有数の高齢社会となっていた。この状況を担う看護・介護職を養成することがまた新たな教育課題となった。市民多数の参加を求め、多くの困難の中「秋田しらかみ看護学院」を生み出し、昨春ようやく第一回生を世に送り出すことができた。その一回生には、入学式また卒業式の際に、ブリン・ジョーンズ先生を想起し、次のことばを贈った。

You young people, always be pioneers, always be frontiers！

この学院創設の折々に、あのＬＩ入学時の情景を重ねあわせ、またＩＣＵのために力をくださった多くの方たちのご苦労をかみしめ、改めて深く感謝したことであった。この働きをこの地域に定着させ、さらに中国・韓国の若人にも役立たせたいと願っている。

（二〇〇九・一〇『ＬＩ生記念誌』寄稿）

▼**信仰の駅伝**

荒瀬正彦　ARASE Masahiko

二期

会社勤めを経て、一九九三年日本聖書神学校卒。日本基督教団原町教会、喜多方教会、目白教会主任担任教師、教会付帯事業の福祉法人理事長、園長を歴任。二〇一九年六月一五日逝去。死後、夫人典子氏が『信仰の駅伝　荒瀬牧彦説教集』を発行。

学生の頃、どの先生であったか忘れましたが、こんな言葉を聞いた覚えがあります。「いわゆる宗教というものにおいては、苦しみ悩みに出会うと、それが神を否定することにつながってしまう。なぜかといえば、苦しみはご利益の反対だからである。しかしキリスト教信仰はそうではない。苦難の中に神の恵みと憐れみを見出す」。

昨年十月に、敬愛する先輩、松木希久夫さんの葬儀がありました。その時、クリスチャンは「苦難の中に神の恵みを見出す」ということを事実としてまざまざと見た気がいたしました。純子夫人、説教者、参列された会衆の皆さんが、人間的な悲しみを超えて、神様の恵みと憐れみを松永さんの死の中に見つめておりました。皆が「あなたはわたしのもの」という神の呼びかけを聞いていたのだと思いました。その信仰の姿を通し、改めて神様の愛の大きさ、主イエスの十字架の贖いを深く思わされたのであります。

ところで、教会は二千年の歴史の中で何度も何度も神様の愛を狭い枠の中に入れるという過ちを犯してきました。私たちの理解の内に神様の愛を押し込める。だから神様の愛を小さなものにしてしまうという過ちを犯してきました。教会が神様と人々の間に立ちはだかって、自分の手で救いを分け与えたり、裁きを行うということをしてしまいました。もちろん教会はその過ちに気づいて悔い改めをするのです。そしてもう一度福音の原点に戻るのでありますが、気が付くと、また同じ過ちを繰り返している。しかしそのことは教会だけではありません。個人のレベルでもあることです。信じるとか信じないとか、認めると認めないとか。

なぜ、神のなさる業を自分のものにしてしまうのだろうか。人間とはそれほど傲慢で、それほど頭が悪いのだろうか……。私は、人間がそれほど傲慢であるとも、それほど愚かであるとも思いません。むしろ弁護して言えば、いじらしいほど真面目で純情ではないか。神様に対して一所懸命なのではないか。だから思わず勇み足してしまう。そう思うのです。

人間は何かをする時、「何かのために」、「誰のために」と意味づけをいたします。ただ漠然と何かをしません。いつでも自分のすることについて意義を求めようとします。「こうすることは意味あることなのか……」。真面目で、一所懸命だから、純情だから、そう考えるのです。しかし、その熱心さが自分に執着させてしまいます。「あなたはわたしのもの」という呼びかけを聞かないで、自分の理解、自分の誠実さに執着してしまう。

大切なのは自分の熱心さではなく、神の熱心であります。「お前たち全部はわたしのものだ。わたしはお前たち一人一人の名を呼ぶ」と言われる神の熱心であります。そのことをパウロはこう言っています。「実にキリストは、わたしたちがまだ弱かったころ、定められた時に、不信心な者のために死んでくださった」、「わたしたちがまだ罪人であったとき、キリストがわたしたちのために死んでくださった」(ローマ五・六八)。私どもの思いを超える神の熱情です。

私たちは「信じる」という言葉を使いますが、本来「信じる」とは目に見えないことを信じることです。ところが神様の愛はキリストの十字架をもって、そこに、私たちの目の前に差し出されている。はっきりと見えている。だから「信じる」ではなく「受け入れる・受け取る」と言った方が適切なのかもしれません。

キリストの十字架は既に与えられているものです。だから感謝して「有り難う御座います」と言って受け取るものなのです。「あなたはわたしのもの」という神様の呼びかけに「そうです。わたしはあなたのものです」とお応えすればよいのです。私たちは神様のものです。神によって創造され、神の息吹を吹き込まれて命を与えられた。私たちが何も知らぬ時に、すでに神は「わたしはあなたの名を呼ぶ」と言ってくださっている。

実は、私たちはICUにいた四年間、「あなたはわたしのもの」という神様の囁きをずっと聞いていたのではないでしょうか。私たちがそれと気づかぬ時でも、神様は呼び続けておられた。それは今も続いています。

神様の愛を素直に受け取る時、私たちは深い平安と喜びと信頼に満たされます。そして希望が湧いてきます。たとえ今日という日が暗く重いものに覆われていようともです。私たちが真面目に一所懸命生きる時には、そこには必ず悩みや苦しみが出てきます。それは仕方がないことです。私たちは一人で生きている訳ではないのですから、大勢の人のそれぞれの生き方、それぞれの一所懸命さがぶつかり合います。またある人の利益が自分の不利益となる。その反対もある。だから思うように行かない。それやこれやでいろんな軋轢があって、悩み苦しみとなってくる。これはもう取り去りようがありません。けれどもそうした所で「あなたはわたしのもの」という神様の囁きに耳を傾け、神様の愛が心に満たされてくると、いやすでに満ちている愛に気がつくと、苦難に押し潰されることがなくなる。むしろ苦難の中に神の恵みを見出すことができる。現実は破れと悲しみと戦いがあるにもかかわらず、その中でなお喜びをもって、顔を上げて、心を高く上げて歩むことができる。主が共にいてくださるではないか。

ICU一期生に原崎百子という素敵な先輩がおりました。ICUを出てから東京神学大学に学び、原崎清牧師と結婚され、四人の子を育てつつ夫を助け、桑名教会に仕えておられましたが、四三歳の時に肺ガンに侵され、四〇日余りの壮絶な闘病の末、天に召されました。彼女が死の直前に書き残した小さな詩があります。

わたしが共にいる
治らなくてもよいではないか
わたしが共にいる
長患いでもよいではないか
わたしが共にいる
何もできなくてもよいではないか
わたしが共にいる
それでよいではないか
或る晩
キリストがそう言ってくださった

（原崎百子『わが涙よわが歌となれ』一九八六年、新教出版社 五五頁）

今日ご一緒に「あなたはわたしのもの、わたしはあなたと共にいる」という神様の愛の囁きを聞きましょう。昔聞いたあの囁きを、もう一度聞きましょう。そして、「私はあなたのものです」とお応えして、心を高く上げて、二〇〇六年を歩んで参りたいと思います。

（著作『信仰の駅伝』より説教「あなたはわたしのもの」二〇〇六年一月一五日ＩＣＵ教会）

▼英連邦戦没捕虜追悼礼拝の趣旨

斎藤和明　SAITOU Kazuaki

二期
英文学者　国際基督教大学名誉教授、明星学苑理事長。二〇〇八年逝去。著作『あーるす・ぽえーてぃか　英米詩の世界』（開文社叢書）、『人生の悩みにこの名セリフ　シェイクスピアさん、あなたならどうします？』（主婦の友社）、翻訳『クワイ河収容所』（ちくま学芸文庫）。

敗戦（一九四五年）ののち新憲法が日本に生まれました。「再び戦争の惨禍」を起こさないことへの決意、「恒久平和」への「念願」、全世界の人々が「恐怖と欠乏から免れ、「平和のうちに生存する権利を有すること」の「確認」が示される「前文」につづき、「戦争」と「武力による威嚇または武力の行使」は「永久にこれを放棄する」、「戦力は、これを保持しない」という第九条がある、一九四七年の「日本国憲法」です。

第二次世界大戦中、日本は、アジア・太平洋地域への侵略により、多くの国々と国民の生命を「恐怖と欠乏」の中に陥れました。各地でその住民を強制労働に徴用し、連合国からの駐在者をも収容所に拘束留置し、国際法に悖《もと》る扱いをしました。オーストラリアのカウラ収容所での日本軍将兵捕虜何百人もが自殺行為の集団脱走をした事件の背後には、沖縄戦の場合のように、自決を強制し、投降を許さず、捕虜になることを禁ずる軍司令部の教育がありました。その教育のため日本軍は、敵軍の捕虜を人間とはみなさなかったのです。

バターン半島の「死の行進」では二万人以上が殺されました。そして、クワイ河流域の「泰緬鉄道」敷設工事では、強制重労働と残虐行為により、現地労務者を含め、数十万人が犠牲になったのでした。

強制労働ののち日本に移送された捕虜たちを待っていた処遇は、軍需工場や炭鉱などでの重労働、栄養失調、重傷も重病も、ただ放置されることなど、苛酷なものでありました。多くの捕虜が故郷に帰ることができず、この異国で生命を奪われました。

連合軍捕虜のうち、一千八百余名は、横浜市保土ヶ谷の英連邦戦死者墓地に眠っています。それらの犠牲者の家族、その身近な方々の日本軍に対する怨念の深さは量り知れません。そこで戦後五十年を機に、一九九五年、この墓地で初めての「戦没捕虜追悼礼拝」を私たちは執り行いました。礼拝の原点は、憎しみの消えない犠牲者と日本人との和解のきっかけが与えられることです。それにより、世界の恒久平和の実現が可能になるのです。怨恨と憎悪を克服し、過去の事実を直視し、わが国の戦争責任を認識し、被害者へ謝罪すること、それが和解の前提です。わが国の指導者は日本国日本人の犯した過去の罪に目を背けています。しかし、私たちは、その罪を見据え、心からの謝罪を表明いたします。

また、私たちはいかなる戦争に対しても反対の意を表明いたします。それは、人間の歴史を省みる時、いかなる戦争も正義の戦争はないことを学ぶからです。私たちが礼拝を行う墓地に眠る犠牲者達がまさにそのことを語っています。八月の暑い中この礼拝は行われますが、それは、そのような犠牲者達の声を聞くためです。それを聞くことにより、私たちは先の戦争で犠牲となった三一〇万人ともいわれる日本人同胞、また二千数百万にも及ぶアジア人同胞の犠牲者の死に対しても追悼をするのです。今の私たちの平和は、そのような計り知れない犠牲の上になりたっているものと考えます。

この平和を次世代にも引き継ぐため、私たちは毎年八月第一土曜日午前一一時を覚え、いかなる情勢においてもこの追悼礼拝を継続し、「平和を創り出す者」として、戦争の記憶を継承していく使命を果たしてまいりたいと願っております。

二〇〇八年六月一日　起草
「英連邦戦没捕虜追悼礼拝」呼びかけ人一同（故雨宮剛・故永瀬隆・故斎藤和明）
「英連邦戦没捕虜追悼礼拝」実行委員会

＊この趣旨文は、二〇〇八年にご逝去されました故斎藤和明先生の最後のお力によるものです。私たちは、

これからもこの斎藤先生のご遺志を受け継いでまいります。

（「英連邦戦没捕虜 追悼礼拝」ホームページより）

▼歩んだ日々を顧みつつ

並木浩一 NAMIKI Koichi

二期
一九六四年東京教育大学倫理学専攻博士課程中退、一九六九年国際基督教大学教員に就任、二〇〇六年退職。この間、旧約学、宗教学、比較文化を担当。日本旧約学会会長を六期、日本基督教学会名誉理事。『ヨブ記注解』日本キリスト教団出版局、二〇二一年他。

私は一九三五年、化粧品・雑貨問屋の長男として横浜に生まれました。関東学院高等学校（三春台）を一九五四年に卒業後、父の仕事を継ぐ約束で国際基督教大学社会科学科に入学、大学時代に最も自分のアイデンティティの確立に重要な学問をしておこうと思い、二年次に人文科学科に転科し、ローマ書七章の研究を卒業論文としました。父との約束で家業に入りかけましたが、その年末には家業就任を辞退して、一九五九年三月より東京教育大学文学部大学院倫理学専攻に入学しました。

大学院に入学当時は実存主義倫理を研究するつもりでしたが、同時に関心を持っていたバルト、ボンヘッファーの影響が強くなって実存主義に見切りを付け、歴史と信仰の交錯する旧約学を学ぶことにしました。関根正雄先生に師事しましたが、先生が指導する学生になったわけではなく、旧約学は主として独学でした。私の旧約学はイスラエルの思想史に傾斜しています。

私のキリスト教受容は中学一年の時に関東学院で最初の学校礼拝を経験したときに始まりました。自分の生い立ちとの絡みがあって、中学三年のときには自分をキリスト教の側に置き、高校一年のクリスマスに高校の正門の目の前にあった日本ナザレン教団横浜ナザレン教会にて受洗しました。私には家業があり、大学への進学コースから外れていましたので、高校時代は高校生YMCA運動に没頭しました。ICU卒業と共に教会では青年会の会長と教会役員を引き受け、会報の刊行を重視しました。当時はまだ翻訳されていなかったバルトの和解論の中の教会論を要約して、会報を作り、厚かましくもその年の教会修養会のテクストに使ってもらいました。それができたのは、初代牧師を継いだ喜田川信牧師についてバルトを読み、信頼関係を築いていたからでした。

私は一九六四年にICU助手となって府中市に住むようになり、近くの福音派の伝道所での苦い経験を経て、一九七一年にはICUでの大学紛争の傷を癒すため、日本キリスト教団調布教会に転会し、壮年会長、教会役員を引き受けました。九年後の一九八〇年にはこの教会を辞して、家族でICU教会に所属し、今日に及んでいます。ICU教員時代には、アジア宣教委員会の仕事を長く勤め、役員長を二期務めました。私のキリスト者活動の出発点には在学時代にブルンナー先生から教えられた平信徒伝道の理想があります。ICU教員としては多様な仕事をしましたが、「キリスト教概論」を講ずることは使命と思い、最後まで受け持ちました。絹川正吉元学長が編集執筆した『ICU〈リベラルアーツ〉のすべて』（東信堂、二〇〇二）にはこのクラスの実践体験を寄稿しました。

私は少年時代からのキリスト教への入信の背景、ICUでの大学紛争で私が直面し、経験したことと学んだことを、二〇一六年に日本・クリスチャン・アカデミー関東活動センターが主催した「神学生交流プログラム」における講演で比較的詳細に語りました（『次世代への提言！　神学生交流プログラム講演記録集』新教出版社、一八二頁以下に収録）。なお、二〇一七年一月三〇日にICUでの大学紛争を回顧し、批判的に総括した私のプレゼンテーションを資料にして、当時ICU生であった梅津順一さん（一四期）、菊地（大庭）純子さん（一五期）、東京大学院生であった塩田（吉馴）明子さん（一〇期）を交え、高橋一さん（二一期）の司会によって座談会を行いました。映像と音声の記録、作成資料はICU資料室に保管されています。

前言した神学生交流プログラムに立ち戻りますが、私の二回目の講演は、現代の教会が直面し、発言しなければならない現代日本政治の現実について語っています。東京都は毎年、君が代不起立教員を処罰しました。処罰された教員たちは今でも不当処分撤回裁判を起こしています。私はその第三次訴訟のために関係教員からの要請に応じて、キリスト教学関係者としての意見陳述書を二〇一五年八月に東京高等裁判所の法廷に提出しました。それは教員たちには幾ばくかの精神的支援になったと思います。私は日本の右傾化の過程と二〇一五年までの全国の教員弾圧の状況を「精神の自由を貫く『君が代』裁判とは何か」（『福音と世界』二〇一六年一月号に掲載）に記しました。

私の研究者としての執筆活動は大学紛争以来、社会の現実の問題を背景としているものが少なくありません。先月出版されたばかりの『ヨブ記注解』も結論部において、自然破壊と気象変動に対する人類の課題を提起しています。この注解は牧会者に役立つことを目指したものです。

各地の牧師たちとの私の交わりはＩＣＵ教員時代にＩＣＵ卒業生が毎年のように東京神学大学に入学し、その後も彼らとの交わり、彼らの友人たちの東神大生との交わりが続いたことの賜物です。ＩＣＵ教員時代には二回、退職後には二〇〇七年から二〇一一年三月までの四年間は毎学期、東京神学大学でのクラスを担当し、卒業後に牧師となった人々と知己になりました。

ＩＣＵ教員時代の卒論、修論の中間発表を中心として一九七四年から二〇〇五年まで、毎夏合宿を行いましたが、この合宿には東神大生もしくはＯＢの牧師が数名参加していました。なお、この合宿には、私の心臓のバイパス手術（一九九八年）以降の夏を除いて、必ず「登山」（創造論の野外演習！）を合宿の中日か終了後に織り込みました。一九八三年に四国の石鎚山近くの久万高原での合宿の際には、松山城東教会の主日礼拝の説教を担当しました。この時の説教「ヨナの自画像」は後日、この教会を牧会していた森本あんりさん（一三期）がテープを起こし、後日、説教・講演・奨励集『人が孤独になるとき』（新教出版社、一九九八年）に収録されました。

なお二冊目の説教・奨励集『人が共に生きる条件』（新教出版社、二〇一一年）には、最終回二〇〇五年の合宿での開会礼拝「ヤコブは祝福されたのか」が収録されています。この書物は友人である三人の牧師、大田建士（当時は日本ナザレン教団広島教会牧師）、小友聡（中村町教会牧師、東神大教授）、高橋一（二一期、当時は酪農学園大学教授）と一人の大学教員、永野茂洋（二五期、現在は明治学院大学副学長）によって企画され、永野健一（当時は日本ナザレン教団出雲教会牧師）の協力を得て出版されました。小友さんは「まえがき」で私の旧約学会と東神大での活動を研究者・伝道者の観点から評価して下さり、永野さんは巻末の解説で「旧約聖書は現代的である」と題して私の旧約学徒としての努力と、「学びと遊びは分けられない」というような学問・教育の姿勢の特色を記し、高橋さんは「文は人なり」と題して、「先生の舎弟になるな、斜弟になれ」との勧めを回顧しつつ、私の対学生活動、文筆・学問活動の姿勢を語り、仕事の全体を「ＩＣＵのリベラルアーツの所産」と評しています。なお、高橋さんは私が一九九〇年台中頃から二〇〇〇年台前半にかけて記した三種のキリスト教大学論を評価し、「自発的結社」としてのキリスト教大学の意義を論じたものと総括しました。これらは後日、ＩＣＵの公式文書として冊子化されました。ＩＣＵ図書館にあります。

今日、キリスト者研究者が個人主義（もしくは個々人が集合するセクト）にも、集団主義にも陥らず、理念を持った教育・研究機関としての大学社会を構成するのは容易ではありません。「それはグローバル化の時代に反するローカリズムだ」という批判を受けます。現代、教会も大学も世俗化に抗してキリスト教理念をどこまで維持し、展開できるのか。マイノリティとしての抵抗を支援したいと思います。

なぜ私は再び日本に来たか

ブルンナー博士とシェーラー氏との対談

問い（シェーラー［日本在住の米国ルーテル教会宣教師］）ブルンナー先生、初めに個人的なことから伺わせて下さい。先生がスイスでの仕事を辞めて、ICUの教授になられた動機は何なのですか。

答え シェーラーさん、ご承知のようにこれは私の二度目の来日です。最初に来たとき、それは一九四九年一〇月から一二月まででしたが、私が非常に強く印象を受けたのは、日本におけるキリスト教宣教の可能性が大きいことと、日本は極東においてのみでなくアジア全体にとっても文化的な拠点として重要な位置を占めているということでした。その理由の一つは、日本は東洋で唯一の一〇〇パーセント義務教育の普及している国であるということです。これは、他の国、例えば、中国やインドにくらべて非常に有利な条件を持つわけで、日本の影響力は将来数十年の中に、おそらく五〇年もたてば、非常に強いものになると思われます。私の言うのは政治的影響でなく、文化的影響です。そこで、日本がどの局面において影響力を持つべきであるかが問われねばならないと思います。そこで起こる問題は、日本がアジアのキリスト教に対して影響力を及ぼすようになるために、キリスト者がどんな寄与ができるかということです。

さらに、私の来日を促した事情がもう一つあります。過去一〇年間の経験で私が痛感したことは、現代における主要な問題は、ナチズムにしろ、ファシズムにしろ、共産党にしろ、全体主義の問題であるということです。これは、他の国よりも一層日本において大切な事柄でしょう。というのは、日本には他の国に見られる強い宗教的基盤、例えばヒンズー教や回教のようなものが欠けているからです。つまり日本は真空地帯で、「あれか、これか」すなわち「キリスト教か全体主義か」の選択を強く迫られるのです。こう考えると、キリスト教会がこの挑戦に建設的な方法で答える責任が一層大きくなります。

ですから、私がICUの招きに応じたのは、日本のキリスト教界が十分果たしていないことを、私が微力ながらお助けできるかもしれないと思ったからです。日本のキリスト教界に欠けているのは、現代日本の知識層への伝道です。それは、倫理・文化・教育などの問題も含めて、人生のあらゆる問題についてのキリスト者の問いかけを通してキリスト教を説き明かすことです。日本のキリスト教界が必要としているのは、私の考えでは、このような解釈を見出す助力をすることのできる指導者だと思います。私は過去二〇年間、大部分の仕事をまさにこの分野でしてきました。それで、日本でこうした仕事をして欲しいとの招きがICUからあったとき、私はまさしく神の摂理によってそれに応える準備を今までしてきたのだというように感じたのです。つまり、私がICUに来たのは、このような活動を行うのに、特に適した場がそこで作れると思ったからです。

（『日本におけるブルンナー講演と想い出』より）

（4）　国際基督教大学学報　第1号（昭和40年9

ICUに尽くした人びと―1

エミール・ブルンナー博士

神田　盾夫

「われらの心，内に燃えしならずや」ル24.32とブルンナーを覚えるたびに私は感ずる。まさに劇的であった彼の日本に対する，献身と愛が一層その感を深くさせるのである。頃日コーラー氏が伝えてくれた，今や「教義学」も完成―75才を迎えた先生の静謐平和な近況はコローノスのオイディプースを憶わしめではおかない。彼ほどの犠牲と決意と嘱望を以て，福音の僕として敗戦の日本に来てくれた人を私は知らない。矢内原東大学長が毎月無教会グループを集め，彼の滞在を一層実り多からしめようと一夕をオリエンテーションに費したことを彼はどんなにか喜んだことであったか。予言者は常に時に先んじている。彼のヴィジョンも当時は理解されないことが多かった。

夫人の健康の故に滞日を打ち切り，1955年夏帰途についた彼もまた過労から船上で斃れた。彼の心中いかばかりであったろう。以後数回に及ぶぶりかえしにもめげず，この悲劇の主人公はチューリッヒ郊外の書斎で「教義学」を書きあげたことを私はこの目で見て来た。そして彼の心はそんなときにもICUを語るごとに一々の学生の名さえ覚えて青年のそれの如く熱したのであった。それは且てこのキャンパスの「出会の家」でインナー・サークルの一人一人に語りかけたと同じ時空を越えた友情であった。彼のいう「神の許し給う最後の数年を宣教の実戦場として過し」そこに培った「強い信仰をもち服従に生きる」（大木英夫・ブルンナー）ICUの学生の一群こそ，彼が日本に残した最も貴く恒久的な神の賜であろう。これを憶うて私たちは心の底から，「勉ま」（コリ後5. 14）されざるを得ない。

ICUの福音的基盤は先生を抜きにしては考えられないといって決して過言ではないと私は信じている。この礎が揺ぐなら，ICUは結局は有名無実な形骸となるのである。　（本学人文科学科長）

▼神のご計画のままに

棟居　勇　MUNESUE Isamu

三期

東京神学大学学士入学、修士課程修了（一九六三年）。日本基督教団洗足教会、長崎古町教会、鹿児島教会、鎌倉雪ノ下教会、奥沢教会歴任。一九六二年ハンセン病伝道団体好善社入社、以後ハンセン病事業にも関わる。一九九九年〜二〇一五年同社理事長。

母方から言うと私が五代目になるキリスト者家庭に生まれ、高校一年のはじめに鎌倉雪ノ下教会で受洗（一九五二年）しました。しかし、キリストの十字架による救いの意味を弁えない中での受洗であったため、その後思春期の自身の出生と生の意味をめぐる精神的葛藤を経験します。幸いにして高校三年の終わりにひとつの書物（北森嘉蔵『聖書入門』）をとおして漸くキリストの救いの意味を解き示され、すべてをキリストに委ねる信仰に導かれて、自らのアイデンティティを得ることができました。その安心と喜びの中でＩＣＵ入学を許され、ＩＣＵでは、思いのままに自己の関心事を追求する日々を過ごすことができました。在学中ずっと心を占めた問題は、全国から集まってきたすぐれた友人・先輩・後輩たちとの出会いと交わりを通じ、ノン・クリスチャンの中にも見出される、場合によってはクリスチャン以上に「すぐれた人間性」を、聖書に従ってどう理解したらよいかということでした。そこから、エーミル・ブルンナー先生の「自然神学」に導かれ、卒論では「エーミル・ブルンナーの自然神学」をテーマとした小論を書いて卒業しました。しかし、この小論は消化不良の、決して人前に誇れるようなできのものではありませんでしたが、私にとっては、自らの求道の中で得られた、大切な、記念碑的な考察となりました。

卒業後、引き続き東京神学大学に進みましたが、神学校行きを決断したのは二年生の夏休みの中でした。東京神学大学には先に一期生の中から竹前昇さん、松永希久夫さん、森田武夫さん、原崎百子さん、丹波望さんの五人が大挙して進学して行き、神学大学を驚かせていましたが、私の時は一期の小澤貞雄さん、同期の板橋恵子さんの三人で、小澤さんとは寮生活も共にする神学校生活でした。板橋さんは学部のみで卒業し、また早く亡くなられたのは残念でした。

神学校卒業後、洗足教会（東京、担任教師、四年半）、長崎古町教会（長崎、八年半）、鹿児島教会（鹿児島、八年半）、鎌倉雪ノ下教会（鎌倉、担任教師、四年半）、奥沢教会（東京、一五年）と日本基督教団の五教会を歴任しました。担任教師と書いてないところは主任牧師として労した教会です。以上の歴任地中、長崎、鹿児島という日本のキリスト教史に特に深い関わりのある地の経験を許されたことはまことに幸いなことでした。また、東京生まれの私にとって、いわゆる「地方」の経験は、「日本」を三次元でとらえる視点を与えられたという意味で、私の歴史理解、人間理解の幅を広め、深めてくれました。

いわゆる留学経験のなかった私にとって、鎌倉の教会時代に、複数の教師がいる場合の「複数牧会」（staff ministry）の実際を、アメリカ改革派教会において三カ月間視察研修する機会を与えられたことは、私にとってほんとうに大きな経験となり、その後の私の伝道・牧会の幅を大きく広げ、深め、自由にしてくれる貴重な財産となりました。また彼の地における牧師、信徒との出会いとその後も許された彼らとの交わりは尊いものでした。

ここでどうしても記しておかなければならないことは、神学生時代の夏期伝道で初めて行ったハンセン病療養所と療養所内の教会との出合いとその後も続けられた関わりです。私が初めてハンセン病の療養所、具体的には四国・高松の国立療養所大島青松園に行ったのは一九六一年でした。実は、その前年一九六〇年に先に記した神学校の同級生、一期の小澤貞雄さんが最初の夏期伝道学生として大島青松園に行ったのです。二年目に私が行くことになりました。「好善社」という明治以来の古い歴史を持つハンセン病伝道団体がそれをサポートしてくれたのですが、一九六二年には小澤、棟居は二人ともその社員（会員）となり、小澤さんの場合は二〇一三年の逝去の時まで、私の場合は今日までなお続く関わりとなっています。小澤さんにとっても同様だったと思いますが、その経験は私の人生を一八〇度転換させるほどの霊的な意味を持ち、私たちの信仰をより確かなものとするかけがえのないものとなりました。国の過酷な隔離政策によって社会から葬り去られるような形の経験を強いられ、ハンセン病の後遺症によってひどく損なわれた外見を持つことになった方々でしたが、そこには「これがほんとうの人間だ!」と感じさせる、神との確かな交わりに生きる人々の美しい、さわやかな姿がありました。

実は、私たちのこの夏期伝道は、まことに不思議な、驚くべき神の摂理といってよい事情から生まれたものだったのです。語学研修所時代の入学生、一期生の新保満さんがICU入学以前から始めておられた、クリスチャン死刑囚グループとの関わり、伝道奉仕がその源流、発端となったのです。新保さんが松永希久夫さん、森田武夫さんの協力を得てこのグループに送っていた説教筆録がハンセン病療養所にも回覧され、そのことから新保さんが岡山の療養所を訪れることになり、そこで夏期伝道の話を持ち掛けられ、帰京後新保さんがそれを親しい小澤さんに伝えて夏期伝道の実現、開始となったのでした。この大島青松園での夏期伝道は七年間続けられました。

私自身にも特別な意味を持つ六〇年を超えるハンセン病との関わりの背景に、新保満というICU卒業生の隠れた伝道奉仕の業があったということは、それがなければ、小澤、棟居のハンセン病との関わりは存在しなかったという意味で、それはどうしても明らかにされなければならないことと思い、敢えてここに記しました。なお、ICU初代学長湯浅八郎先生のご子息、卒業生でもある湯浅洋さんも、国立療養所長島愛生園内にかつてあったハンセン病療養所内全国唯一の定時制高校、邑久高校新良田教室で英語を教えるボランティアをしておられた由。湯浅さんはICU卒業後英国に留学して医学を修められ、その後WHO、国際ハンセン病学会の関係で海外でのハンセン病医療に長年貢献されたことも記しておきます。

伊藤瑞男　ITO Mizuo

四期
一九六八年東京神学大学大学院修了、日本基督教団の諸教会（蕃山町、岩槻、静岡、大泉ベテル）で四八年間（二年間の米留学を含む）伝道。他に、教会関係幼稚園園長、静岡刑務所教誨師、東海教区議長、教団常議員・教団総会副議長、東京神学大学理事長。著作：共著『わたしの伝道』日本キリスト教団出版局。

わたしは現在（二〇二一年一月）日本基督教団の隠退教師で、隠退して五年目、八三歳になります。が、伝道者には隠退はないと心得、広い意味での伝道は続けたいと思っています。

この証言集のタイトルにある「ＩＣＵの森」は、ＩＣＵの卒業生に共通するアイデンティティ―意識の一角を占めていると思います。受験のとき、その広い、緑豊かなキャンパスを見て、強く魅せられたことを思い起こします。このキャンパスでクラスメート、先輩、後輩、先生方と出会い、育てられていくのですが、この「ＩＣＵの森」もわたしを育ててくれたことに後で気が付くようになります。それは、人間と自然は神の被造物であり、両者の関係の在り方も神の御心の中にあることをより深く考えるようになってからのことです。

一九四五年八月六日午前八時一五分、広島に原爆が投下された時、わたしは八歳で爆心地から一〇数キロ離れた宮島の小学校の教室にいました。強烈な閃光が教室に入り、何だろうといぶかっていると数十秒後に激しい衝撃波が襲ってきました。窓ガラスが何枚も割れ、子供たちは悲鳴を上げながら運動場に飛び出しました。そして、広島方面の空に巨大な赤黒いキノコ雲が山の端を超えてたち上るのを呆然と見上げました。広島市で起きた悲惨な光景は見ませんでしたが、後から知るようになります。わたしは家族と共に戦後すぐに市内に移り住み、焼け跡から復興していく街の姿を見ながら育ちました。それ故、成長するにつれ自然に、戦争と平和について学び、考えるようになりました。

わたしがＩＣＵ即ち国際基督教大学の存在を初めて知ったのは、高校三年の秋、「蛍雪時代」という受験雑誌に掲載されていた大学案内を読んだときです。そこに記された建学の目的、精神にひきつけられ、数か月の後には第一志望校として受験するまでになりました。受験テストの中に社会科学の科目で、神学者エーミル・ブルンナーの、民主主義制度と全体主義国家を論じた論文を読んで質問に答えるというものがありました。わたしはその論文を読みながら感動しました。お陰で、その日の朝は前夜来の積雪で寒く、風邪と発熱で体調がすぐれず、不安になっていたのですが、試験が終わるころには体調がすっかり回復していました。

ＩＣＵの建学の精神に深く興味を持った背景には、高校時代にすこしばかりキリスト教に触れていたことがあります。わたしが育った家庭は、父がもと技術系の職業軍人でキリスト教とは縁のない家庭でした。家には仏壇と神棚があり、天皇の写真まで掲げてありました。しかし、高校生になってキリスト教に関心を持つようになり、内村鑑三や矢内原忠雄の本を読み、教会の礼拝にも時々出席しました。また、英語を習得したくて、アメリカ人宣教師の家庭集会にも出ていました。そして、ＩＣＵに入るころには、自分の人生の指針はキリスト教以外にない、と心に決めていました。

しかし、洗礼を受けるまでには時間がかかりました。それは、わたしには教会との結びつきが足りなかったからでした。ＩＣＵに入って、ＩＣＵ教会の日曜礼拝に出席し始め、学内の宗教的集会、修養会などに参加し、豊留真澄牧師の導きにより洗礼を受けたのは二年生の秋でした。もちろんクリスチャンの先輩たち、クラスメートたちとの交わり、寮生活は楽しく、私の受洗への影響は大きかったとおもわれます。

三年夏休みの二か月間「ラクーア伝道」の通訳のアルバイトをしました。「ラクーア伝道」とは、日本基督教団の開拓伝道拠点数十か所の伝道を援助するために数か年に亘って継続的に夏の間だけ、アメリカの超教派の牧師たちが派遣されてきて、それぞれの拠点で伝道し、教会となるための自立を助けるというものでした。わたしは通訳として大阪市大正区の伝道所で、日曜礼拝、祈祷会、路傍伝道などで、一人のアメリカ人牧師と常に行動を共にしました。初め、この仕事は授業料を稼ぐアルバイトであると半ば割り切っていましたが、すぐに伝道者の意識と訓練を身につけていない自分は、本当はこの任にふさわしくないと悟らされました。同時に、わたしがついたこのアメリカ人牧師は伝道者として、優れた、勇気ある方で、その下で働くことが喜びとなったのは、幸いでした。彼は、わたしと伝道所の賄い役の女性と共に、下町の四畳半一間のアパートを三間借り、風呂は近所の銭湯にいくという、庶民の只中での生活に身を投じたからです。

このひと夏の経験は大きなものとなりましたが、これで私に伝道者となる志が与えられたわけではありません。むしろ、自分は人前で話しをする賜物を持っておらず、伝道者の器ではないことを自ら確認する結果になりました。

大学卒業後の志望進路は、高校時代から一貫して外国に出て行って仕事をする貿易の仕事でした。それ故、ＩＣＵで学んだことも経済や国際関係が中心でした。卒論は、当時アメリカの施政権下にあった沖縄と沖縄住民の法的地位について、書きました。沖縄は、のちに日本に返還され、沖縄キリスト教団と日本基督教団が合同して、大きな論争が起こることになりましたので、わたしの生涯のテーマとなりました。

卒業後は、希望通り大手総合商社の一つに就職しました。しかし、この会社には四年間勤めて退社し、東京神学大学に編入学をして、牧師・伝道者となる道を歩み始めました。ここでわたしは人生最大の進路変更をしたのですが、その要因は、個人的な挫折もありましたが、記すに値するのは、ただ一つ、サラリーマンの歩みをこのまま定年まで続けるか、「わたしについて来なさい。人間をとる漁師にしよう」というイエスの声に従うかの二者択一を迫られ、後者を取ったということです。

ＩＣＵを卒業してから神学校を卒業するまで八年の間、所属教会をＩＣＵ教会から教団の教会に移しましたが、ＩＣＵ教会とのつながりは古屋安雄牧師と荒井俊次牧師を通して絶えることはありませんでした。その間に、神学生として一年間ＩＣＵ教会に出席、奉仕し、一九六五年の夏にはＩＣＵ教会派遣の学生による伝道キャラバンのリーダーとなって瀬戸内海の中島で伝道しました。一九六六年には、東京神学大学がＩＣＵの隣接地に移転したので、卒業までの二年間、ＩＣＵ生の延長のような生活を楽しむことができました。
その後は、四八年間教団のローカル教会に仕えたので、少し遠くからＩＣＵを見るようになりましたが、わたしのＩＣＵに対する関心と支援の思いは変わることはありません。とりわけ、わたしの子供の一人と孫の一人がＩＣＵに学びましたので一層その思いは強くなっています。
ＩＣＵは多くのよい働き人を日本の社会とキリスト教界また世界に送り出しました。これからもＩＣＵが日本と世界のために用いられるよう祈ります。

▼逃れの道を備えて下さった神様

斎藤剛毅　SAITOH Gohki

四期生
著書『バプテスト教会の起源と問題』、『神と人とに誠と愛を』（E・B・ドージャ伝）、『神の国をめざす旅人』。訳書、P・T・フォーサイス『祈りの精神』、『十字架の決定性』（共訳）、H・E・フォスディック『祈りの意味』、『資料：バプテストの信仰告白』（編集・共訳）。

私が信仰の道に入り、献身して福音宣教のために働いてきた道筋には、「上り坂、下り坂、そして〝まさか〟」という三つの坂がありました。私は高校三年生の時に、自殺を考える下り坂を歩みました。死後に霊界が存在するか知るために東京都板橋区の常盤台バプテスト教会の礼拝に出席したことが、逃れ道となりました。私は天地創造の父なる神に愛されていることを知り、人は皆自分の使命を果たすために神様からこの世に遣わせられていることを教えられ、自分の存在意味をそこに見出しました。一九五三年九月五日に信仰告白をし、バプテスマを受けて信仰の道に入りました。一八歳の時です。

ここから上り坂を登り始めます。地上で自分の果たす使命とは何かを求めて祈り続け、神に導かれて伊豆の天城山荘で行われた第一回全国アシュラム大会に参加しました。聖霊に満ちたスタンレー・ジョーンズ博士の講演を聴き、福音を宣教する伝道者となることが私の使命と知らされました。しかし、大学受験に失敗して再び下り坂へ戻されました。下り坂は続き、肺結核を患う〝まさか〟の出来事も生じ、大学への道が閉ざされたように思われ悩みました。

受験を国立大学から私立大学に切り替えて試験に臨み、入学が許された大学は国際基督教大学でした。優れたクリスチャンの先生（湯浅学長、神田盾夫教授、秋田稔教授、飯野紀元教授、高橋三郎講師など）及び先輩と出逢い信仰の友が与えられ、恵みの四年間を過ごしました。大学卒業後、西南学院大学神学部に進み福岡で生涯の連れ合いとなる女性とめぐり逢い、神学部三年の学びを終えて一九六三年明石市の開拓伝道に赴任しました。

赴任先は創価学会の地盤が強い場所で、伝道は困難を極め傾斜のきつい下り坂を歩む苦痛を味わいました。そこで、ＩＣＵで深い聖書の学びを導いて下さった高橋三郎先生を講師に招き、特別伝道集会を開いたのです。最終日の終わりに大波小波となって押し寄せる聖霊の迫りの中で、「わたしはお前を愛している。伝道者として立ち続けよ。」という神様の霊の言葉を頂き、私はどん底から立ち上がったのです。この日を境に下り坂は上り坂に変じ、求道者が増え救いが起こり始め四年後に教会組織が可能となりました。

アメリカの神学校での学びを志願し、留学試験に合格した夏に、西南学院神学部で教会史とバプテスト史を教えておられた小林昌明助教授が突然天に召される〝まさか〟の出来事が生じました。留学が決定した私に「小林先生が教えておられた科目を専攻して帰国後は神学部で教えるつもりで学んできて欲しい」と神学部長から説得される更なる〝まさか〟の出来事が起きました。三か月祈って受諾しました。有難いことに二年間のバプテスト連盟からの経済支援が理事会で決議され、家族同伴で米国ケンタッキー州ルイヴィルのサザン・バプテスト神学大学院での学びが始まりました。

猛勉強が実り、修士課程を二年で終えましたが、神学校紛争により神学部で教える道が閉ざされたことを知らされ途方に暮れました。真剣に神様の御心を求めて祈りますと、驚くべき〝まさか〟の三つの事が示されました。第一は博士課程への道が開かれること、第二は経済的問題が保証されること、第三は帰国後のことは全て神に委ねよ、でした。

博士課程を終えると、福岡市南区の長住バプテスト伝道所の牧師に招聘され、翌年の一九七五年春から神学部でバプテスト史と教会史を一二年間教えることになったのです。神様が約束して下さった三つのことは全て成就しました。そして、驚くことが起きたのです。神様の霊が注がれ長住伝道所に次々と救いが起こり、教会組織と連盟加盟が実現しました。十三年の伝道・牧会の間に、一七八名の方々がバプテスマを受けるという恵みの出来事が生じ、伝道所は後に独立教会となり新たな伝道所を産んだのです。

教会の急成長による多忙に加えて、神学部での教育と研究に疲れ切った私は、暫く休養の時を取る必要を感じました。神様はどのよう道を私に備えて下さるのか、祈り求めておりますと、福岡女学院の院長、岩橋文吉先生から、「一九九〇年四月から四年制の福岡女学院大学を新設するので専任教員としてキリスト教学等を教えて欲しい」という〝まさか〟の道が示されたのです。問題は大学新設までの二年半をどこで過ごすかが課題となりました

西南学院大学の神学部で教えておられたパーカー宣教師が、外国宣教団発行の雑誌の中に、ケンタッキー州ジョージタウン大学の宣教師館に一年住む伝道者を求めていることを教えて下さったのです。ジョージタウン大学の学長は何と私の博士論文の指導教授パターソン博士でした。応募の手紙を送りますと、直ぐWelcomeの返事をいただき、私は客員教授という肩書きまでいただき、仏教とキリスト教の比較研究を教えることになりました。その年にトヨタ自動車株式会社のエンジン工場がジョージタウンに建設されることになり、イマヌエル・バプテスト教会の場所を借りて日本語礼拝で説教を始め、トヨタ関係者に伝道するように導かれたのです。

私はジョージタウン大学で教え、また日本人に伝道する傍ら夢の実現を祈っておりました。それは「カルヴァン主義・バプテストの起源の研究」を論文としてまとめ、一九七四年に仕上げた博士論文と合わせて出版すると

いう夢でした。学生に講義しながら、念願の論文書きに専念しました。論文が完成しますと、神様はH.E.フォスディックの名著『祈りの意味』を翻訳するように促されたのです。出版社であるヨルダン社との契約が成り、大学の図書館を利用することにより翻訳が可能となりました。このように、神様は見事に滞米の二年半を恵みで満たして下さったのです。この恵みの中で、妻が癌を患う〝まさか〟の試練が臨みましたが、幸い初期の段階でしたので、手術を終えて無事帰国することが出来ました。

そして、一九九〇年四月から小郡市内に新設された福岡女学院大学で教授としてキリスト教学を教える仕事が始まりました。その年に翻訳を完了したフォスディック著『祈りの意味』の初版がヨルダン社から出版され、また著書『バプテスト教会の起源と問題』の出版も大学の出版助成金によって可能となり、夢が実現しました。福岡女学院大学で教えながら、近隣の伝道所や教会の説教応援をしました。上り坂の時代です。

ところが一九九四年六月三〇日に過労のために心筋梗塞で倒れるという〝まさか〟の事態が生じ、心臓は非常に危険な状態でした。その時も神様は逃れの道を備えて下さいました。血管にカテーテルを通して血液の流れを回復する手術が可能となっていたのです。その手術のお陰で九死に一生を得て、健康を回復しました。

二〇一五年八月癌を再々発した妻が天に召されこれからの一人の生活をどのように過ごすか問われた時、牧師と結婚した娘家族と共に暮らす道、牧師となった長男の家族に迎えられる道など、神様はいつも逃れの道を備えてくださいました。コロナ禍を経て、二〇二三年六月から、私は相模中央キリスト教会の協力牧師として相模原伝道所で月一回の礼拝説教をするように導かれました。八七歳になった私を、福音宣教のために用いてくださる主なる神様に心から感謝しつつ、日々を過ごしております。

▼友に支えられて

渡邉正男　WATANABE Masao

四期
農村伝道神学校教師、日本キリスト教団玉川教会、函館教会、国分寺教会、青森戸山教会、南房教会の牧師を経て、二〇〇九年引退。著書に『新たな旅立ちに向かう』、『祈り　こころを高くあげよう』、『牧師とは何か』（共著）、『老いて聖書に聴く』など。

1．ICU教会で受洗

わたしは山梨県の甲府で生まれ育ちました。高校時代、何のために生きるのか悩み、キリスト教に期待を抱いてICUに入学しました。キリスト者の家庭に育ったのではなく、教会の礼拝には、高校生のとき一度出席したことがあるだけでした。ICUでの礼拝や聖書の学びは新鮮でした。

わたしは二年間だけの在学でしたが、親しい友を与えられ、その友情は今も続いています。自然環境のすばらしい学内をよく歩きました。食堂でのジャージー牛乳の味は忘れられません。でも、わたしは暗い顔をしていました。

友人が、心配したのでしょう、P・ティリッヒの説教集『地の基ふるいうごく』（後藤眞訳）を勧めてくれました。「汝受け容れられたり」と題する説教に出会いました。繰り返し読みました。特にこんな一節が目にとまりました。「汝は受け容れられた。汝は受け容れられた。汝より偉大なるものに受け容れられた。汝はその名を知らない。今はその名を問うな。恐らく後に知るに至るであろう。今は何事をもなさんと試みるな、恐らく後にさらに多くをなすであろう。……ただ汝が受け容れられた事実を受け容れよ。」

この「汝は大いなる方に受け容れられた」という言葉は、わたしの心深くに届きました。わたしを受け容れてくれる方に信頼して生きてみようと思いました。そして、ICU教会で豊留真澄牧師の司式により洗礼を受けたのです。その時から、主イエス・キリストとその教会に直接仕える生き方をしたいと考えるようになりました。その年の一二月に、三鷹の駅前の音楽喫茶に座って、聖書を繙いていました。詩編六九編五節の言葉が目にとまりました。「神よ、あなたはわたしの愚かなことを知っておられます。わたしのもろもろのとがは、あなたに隠れることはありません」（口語訳）。依然として、この世から逃げるような思いを抱いていたわたしは、牧師を志すのにふさわしくないのではないか、と思い悩んでいたのです。そのような者に、「あなたの愚かさは分かっている。あなたの咎も分かっている。でも、その道に進むように」と主が促してくれているのではないか、と思いました。この詩編の言葉は、わたしの原点です。

思い切って、二年生の三月、ＩＣＵを中途退学しました。そして、十分な心備えができていたのではありませんが、農村伝道神学校に入学したのです。

2．牧師としての歩み

神学生時代は、東京教区西支区（現在の西東京教区）の国立教会員として、宮本信之助牧師の指導を受けました。教会生活や神学生としての学びの中で、遅ればせながらですが、伝道者として立つ心の準備が少しずつ育っていったように思います。

神学校の卒業式の時、礼拝堂の隅に懐かしい感じの人が、恥ずかしそうな顔をして座っていました。父でした。わたしが学校の教師になることを望んでいた父は、わたしの神学校入学を理解できませんでした。何年も、会話がありませんでした。その父が、甲府から列車に乗り、辺鄙なところにある神学校を尋ねて、卒業式に来てくれたのです。

卒業後、南インド合同神学大学に学び、農村伝道神学校の教師になりました。さらに米国のプリンストン神学校を修了して、神学校の教師を続けました。しかし、いわゆる学園紛争のために、高倉徹校長と共に教師を辞任しました。以来、牧師に専念する道を選び、函館教会、そして国分寺教会に仕えました。

親しい先輩が、六〇代になって北海道の日本海に面した留萌で開拓伝道を始めました。その生き方に心動かされました。わたしも年金を受給する年齢になり、専任の牧師を迎えにくい教会に仕えることを考えました。そして、雪深い地の青森戸山伝道所、それから冬も花が咲き乱れる館山の南房伝道所に、合わせて一〇年仕えました。二つの伝道所は、第二種教会になることができました。

国分寺教会時代には、東京教区西支区長として西支区の教区化（西東京教区）に尽力しました。日本キリスト教団での働きでは、教師検定委員を五期一〇年務め、委員長の責任も負いました。

四〇数年の牧師の歩みに、ＩＣＵ時代の友人たちの励ましが支えとなり力となりました。特に二つの伝道所に仕えていた時には、物心両面で支えられました。佐々木修、下山田裕彦、荒瀬（登倉）典子といった友人たちに励まされたのです。感謝しています。

3．引退後の歩み

七一歳で引退してから、多くの教会に関わりました。特に秋津教会と隠退牧師のホーム「にじのいえ信愛荘」での主日礼拝に出席して、一〇年以上礼拝説教のご用をさせていただいたことは幸せでした。

青森戸山伝道所時代に、ハンセン病療養所松丘保養園の「キリスト教聖生会」の礼拝説教をさせていただいた関連で、引退してからも、ハンセン病療養所多磨全生園の秋津教会の礼拝説教のご用をさせていただいています。ＩＣＵの先輩・棟居勇牧師の紹介によります。ハンセン病療養所の教会との関係は、青森時代と合わせて二〇年以上になります。秋津教会には、先輩の小沢貞夫牧師や棟居勇牧師の後に続いて、できるだけ関わり続けたいと願っています。

4．結び

いろいろな生き方があるでしょう。わたしにとっては、ＩＣＵ時代にキリスト教信仰に出会い、洗礼を受けたことが決定的でした。そして特に人生の後半に、友に支えられて、二つの伝道所に仕えたこと、ハンセン病療養所の教会に関わるようになったことは、主の温かい計らいによると感謝をしています。

歳を重ねて八〇代も後半になりました。親しい友が次々と天に召され、寂しく思っています。残されている短い時間は、どんな歩みになるでしょうか。
「木の葉ふりやまずいそぐないそぐなよ」（加藤楸邨）。

▼問い続けていること

絹川久子（旧姓内藤）　KINUKAWA（NAITO）Hisako

五期
『聖書のフェミニズム――女性の自立をめざして』一九八七年、ヨルダン社、*Women and Jesus in Mark: A Japanese Feminist Perspective*, 1994, Orbis Books, USA; Frauen im Markusevangelium: Eine japanische Lekture, 1995, Luzern, Germany.『女性の視点で聖書を読む』一九九五年、『女性たちとイエス――相互行為視点からマルコ福音書を読み直す』一九九七年、『ジェンダーの視点で読む聖書』二〇〇二年、『沈黙の声を聴く――マルコ福音書から』二〇一四年（以上日本キリスト教団出版局）。

桜が満開のキャンパスは、エーミル・ブルンナー先生の息吹で溢れていた。既に退職されていたにもかかわらずだ。先生が遺された少人数による聖書研究グループがたくさんあって、先生に直接お会いしたことのない私たち新入生もどこかのグループに誘われていった。通学生であった私は、秋田稔先生による旧約聖書研究会と神田盾夫先生による新約聖書研究会に出席するようになった。そこで出会った上級生や下級生たちとの交流は卒業後も続いた。両先生をはじめ、教授陣に無教会信仰の方たちがたくさんおられた。やがて先輩と一緒に、無教会集会に有楽町まで毎日曜日熱心に通うようになった。聖書研究会と無教会集会とで、聖書テキストを原語で読むことがどれほど大切であるかを学んだ。同級生の佐々木竜二さん、川島重成さんと切磋琢磨しながらドイツ語、ギリシア語、ラテン語、ヘブライ語を学んだことが、以後どれほど役に立つかを経験するのは、しばらく経ってからのこととなる。

置かれた環境が自分の興味関心事に刺激を与えてくれたことで、私の専攻は次第に固まっていった。共に励ましあいながら、知的領域を広め深めていった三人の仲間はそれぞれ旧約聖書、ギリシア古典へと進み、私は聖書学を深める目的で、アメリカの神学校に渡った。神田先生の強いお勧めもあり、ICUで最初のアカデミック・ディーンを務めたカール・クライダー先生のおられたメノナイト派の神学校で学んだ。そこでも聖書テキストを原語で読み、原語に沿って解釈することの大切さを徹底的に教えられ、語学好きの私は楽しんで過ごした。

しかし、原語であっても翻訳語であっても、テキストを読みその意味を探ろうとする読み手の果たす役割や解釈に及ぼす影響の大きさを学ぶのにそれほどの時は必要なかった。書き残されたテキストには既にその時代の社会的歴史的背景が色濃く反映していることを理解すればするほど、解釈を担ってきた人たちのありようや意図すらも見過ごしにすることはできない。私自身の生き方や世界観を問う中で、神学においても、教会においても、長らく放置されたままにされている問題があることに気づかずにはいられなかった。今でこそ当たり前のように取り上げられるようになったジェンダー問題だ。

修士課程を終えて帰国した秋、結婚と同時にICUキャンパスの住民となり、それはほぼ五〇年続いた。湯浅先生が遺された「ICUファミリー」精神を学生たちや先生方とその家族と一緒に経験し、持続に力を尽くし、楽しみもした。カナダハウスのアドバイザー宅を皮切りにキャンパス内で四度引っ越しをした。最後は泰山荘脇の学長宅だった。先輩の先生とその家族をキャンパスから見送る際には、ICUに対する特別な思いを遺言のように語られるのを伺い、特に草創期に関わった方たちの「C」に込めた特別な思いとそれを支えた信仰に学ぶところが多かった。

にもかかわらず、学生時代に六〇年安保闘争に参加し、七〇年代の大学紛争をキャンパスの住人として、また教員の側にいる者として体験し、いわゆる「つるしあげ」を目の当たりにする中で、若者たちが追及する社会的政治的不条理に心揺るがされずにはおれなかった。罵られ、罵倒され、槍玉にあげられて人間として木っ端微塵になるほど叩きのめされる教員の姿を見ているのは辛すぎるものがあった。日本社会が負っている政治的社会的教育的問題とキリスト教会とをどのように接続することができるのか懊悩と煩悶が続いた。

娘たちの教育に目途がついたと考えたとき、再度の神学校行きを敢行した。それまでも非常勤での教員や無教会研修所での講師を続けてはいたけれど、私自身にとって必要であり、かつ追い求めるべきものは何であるかが明確ではなかったからだ。カリフォルニア・バークレーの神学大学院連合（ＧＴＵ）の博士課程が家族の事情から言っても最適と思われた。その過程で、もっとも歓喜した出会いは、フェミニスト視点によってなされる聖書解釈学や神学の実践だった。さらに、性的少数者が隠れることなくセミナーで発言をし、批判的コメントをぶつけることだった。私の博士論文の焦点は短期間に決まり、方法論に悪戦苦闘しながらも、二年後（一九九一年）に完成し、アメリカでの出版が決まった。ちょうど五〇歳だった。

私自身のフェミニスト視点は、日本社会に根強く続いている男性中心的（ホモソーシャル）な権力構造とヘテロセクシュアルな家族構造の歴史を背負い、それと闘いながら生き抜いてきた人たちを象徴する存在として女性を捉えていた。その上で、聖書テキストが証しする社会の変革を求める精神のありどころを探った。日本社会に特有な天皇制や多宗教的信仰理解を意識したコンテクスチュアルな私のフェミニスト解釈が、アメリカのみならずアジアの各地でも読まれることとなった理由かもしれない。

帰国と同時に、バークレーの神学校連合の一つであるサンフランシスコ神学校との連携で創設したInternational Feminists Doctor of Ministry Course の教員の一人としてこのコースの運営に関わった。第一回目の三週間集中講義は、ＩＣＵキャンパスを会場として、韓国、フィリピンおよび日本の女性たち十五人が学んだ。講師として Yale Divinity School の Dr. Letty Russell と Dr. Shannon Clarkson および Princeton School of Theology の Dr. Katherine Sakenfeld がフェミニスト視点に基づく聖書解釈、神学、教会のありようなどのセミナーで助けてくれた。以後世界各地に場所を変えつつ、その地域からの女性たちが学生として参加し、これまで約百人の女性たちが論文を仕上げて卒業、世界各地の教会や教育機関で貢献している。

上記の活動はグローバルなものになったが、私自身が最初期に抱いていた願いは、アジアの女性たちとの連帯にあった。その使命を担っていたのが、Asian Women's Resource Centre for Culture and Theology（ＡＷＲＣ）だ。私もかなり早くから深く関わるようになった。既に四〇年の歴史を持つＡＷＲＣは、活動の中心となる事務局が、その時の事務局長の住む都市（これまでシンガポール、ソウル、クアラルンプール、ジョグジャカルタ、チェンナイ、台中）に応じて移動する特徴を持ってきた。その都度新たな空気と地域特有の歴史や背景が、神学的理解や聖書解釈に吹き込まれてきた。ＡＷＲＣは、機関誌 *In God's Image* を発刊しており、四〇周年記念号が今年発刊される。私も長らく企画運営に関わり、アジアの諸都市で開催された会議やワークショップでセミナーをリードする機会を得た。各地で格闘を余儀なくされている女性たちとの出会いや激論を通してアジアにおける女性神学はどのようなものであるかを探り続けてきた。アジアの諸地域で、さまざまな理由で社会からつまはじきにされ、沈黙を余儀なくされていく状況にある人たちとの連帯と改革への道を模索し続ける歩みはこれからも続くだろう。

一九九二年に帰国してから、日本フェミニスト神学宣教センターの共同主事としての活動を東京で開始するに至るまで、一〇年もかかった。その間、フェミニスト神学という目新しいものを語る存在としてあちこちの大学や教会やキリスト教機関でさまざまなコースを担当したり、ワークショップをリードしたり、講演をする機会を得て、毎週全国を飛び歩いた。ジェンダーやセクシュアリティの問題を含めて、フェミニスト視点に立つことの理解を得るという極めて基本的なところから出発せざるを得ない状況の中で、それでも想いを同じくする仲間との共同体形成をずっと夢みていたのだ。ジェンダー問題はもちろんのこと、すべての事象が権力社会構造の中で複層的にからまり合う中で、いかにすればすべての人がその人権を守られるか、差別する心情から解放されるか、夢のような希望にそれでもみずからを託して生きていたい、と願ってきた。二〇〇〇年に日本フェミニスト神学宣教センター第一回目の集会を持って以来、複雑な様相を見せるジェンダー問題との取り組みに私自身の課題を発見し続けてきた。こんにちまで、世界各地にいる仲間たちとの学びや活動が、五冊の著書と多くの共著を生み出す力となった。

▼見えざる手に導かれて

長沢道子 NAGASAWA Michiko

八期
東レや恵泉女学園英語科勤務を経て、一九七七年、社会福祉法人「牧ノ原やまばと学園」理事長・長沢巌と結婚。一九八三年、夫が予期せぬ重度心身障がい者になり介護に専念。一九八六年同理事長に就任。二〇〇七年夫が逝去するまで介護と理事長職の両立に努めた。

私は、現在、静岡県の中部に位置する牧之原市で、社会福祉法人「牧ノ原やまばと学園」の理事長を務めています。高齢者福祉と障碍者福祉に関わり、今年は創立五一年目。事業所は、牧之原市だけでなく島田市、吉田町にもあり、事業所の数は三一、職員総数は四七〇人位です。支援の対象者は、自分で車を運転して通ってくるような自立度の高い人から、全面的介助を必要とする方まで、様々です。施設の種類を挙げると、高齢者分野でも障碍者分野でも、入所や通所施設がある一方、地域で暮らす高齢者・障碍者を支える相談支援事業や権利擁護活動、又、訪問介護事業や、心を病む人たちのための居場所づくり等があります。

私は初めから福祉の道を志していたわけではなく、今に至ったきっかけは、①洗礼を受けたこと、②クリスチャンになって以来、予期せぬ出会いがあり、それを通して想定外の体験をすることになったこと、③「やまばと学園」の創立者であった長澤巌と結婚したこと、の三つが挙げられます。

受洗は、私の人生に大きな変化をもたらしました。聖書の言葉に感動しながらも奇跡等につまづいていた私でしたが、大学卒業の頃、進路に関して挫折を味わい、根無し草だった自分が、実は聖書によって養われてきた自分だったと気づかされ、悔い改めました。卒業後は受洗して教会へ通うと決心。これからは「できるだけ近い教会に」と願っていたら、夜、メガホンで「夕礼拝があります」という案内を耳にし、以来、アパートの裏の真正面に在った「成宗教会」に通い、祈祷会や教会学校、英語教室への奉仕等々、教会づくめの日々となりました。一方、東レに入社後すぐ、見知らぬ女性から「聖書研究会」に誘われ、以来私が退職するまで五年間、毎水曜日の昼休みに、七〜八名の人々と共に、白鷺教会の竹井祐吉牧師から聖書を学びました。当時の仲間達とは今も親しい交わりが続いています。

会社員から恵泉女学園高校の教師に転職しましたが、それも、修養会で退職予定の方と知り合い、彼女が私を恵泉に推薦して下さったからでした。昼の仕事とは別に、夜は米国人宣教師アンさんと暮らし、大学生のためのバイブルクラスを毎晩開催。又、浜本さんという女性と出会い売春禁止法に基づく婦人保護施設の中に住んだりしました。全て予期せぬ出会いによる新しい体験でしたが、その後の私の人生に布石を敷いた思いがします。

一九七七年、長澤と結婚後、自宅に障碍者数名を迎えて共同生活をし、昼間は小規模作業所の指導員として働きました。一九八三年二月、夫が髄膜種摘出手術を受け、成功率九五％と言われ、多くの熱い祈りを頂いたにもかかわらず、結果は、最重度の心身障碍者になるという深刻なものでした。翌年、自宅へ戻る車中では、涙が止まりませんでした。三年間は介護に専念。一九八六年理事長に選ばれ、二〇〇七年夫が召されるまで、私の務めは介護と理事長職との二つになりましたが、実に多くの人々に助けられました。

最近の事ですが、毎年お米を寄贈して下さる方が「コロナで昨年は失礼したので」と、「二年分の、六〇キロのお米」を持参。給食委託業者に渡したところ、翌日、「芋入りの炊き込みご飯」と「根菜入りのけんちん汁」になって、ご利用者だけでなく職員にも大振舞い！「喜びは分かち合えば倍に、悲しみは分かち合えば半分に」の歩みが続くよう願っています。

受洗して以来、福音を伝えたいという思いが消えたことはありませんが、私たちの仕事は、伝道と引き換えに

（お世話しますから聖書を聴いてくださいい、を願って）始まったものではなく、偏見と差別に苦悩する人々の重荷を少しでも担おうという目的で始まりました。それで、施設内では宗教的なプログラムは皆無で、最も力を注いでいるのは良い支援をすることです。そんな中でも、創立期には、障碍児を抱える家族の中から熱心な信徒が生まれました。苦しむ人々に寄り添うことの大切さを知らされます。

一方、この仕事を通して、人は何と争いがちなものか（小さな誤解から対立が生まれたり、許せないとの感情に陥る等）をしばしば見聞きしているので、どんな人も「みことば」によって養われ、立ち直る必要があることも痛感させられています。特に障碍者や弱い高齢者に関わる私たちは、自己中心的な思いを、主の愛によって砕かれ、新たにされる必要があると。

そんなわけで、職員たちの自由意思を尊重する一方、何とか福音を届けたいと、例えば、法人主催の行事や会合（オリエンテーションや全体研修、施設長会議等）では、礼拝や、聖書を聴く機会等を設けていますし、私が関わる本部では、毎朝、聖書を輪読し、私がお話を担当しています。「聖書は素晴らしいですよ。ぜひ耳を傾けて下さい」という思いを抱きつつ、そんなことには全く無頓着な職員に接している私たちの姿勢は、教会の先生方が地域住民に接する姿と少し似ているかもしれません。あの手この手で伝道に力を尽くした末、ついにご自分を神様に全面的に明け渡し、信仰の大きな喜びを得るに至ったと矢澤先生が書いておられますが、神に働いて頂くことが、いつの時代にも変わらぬ秘訣なのでしょう。一方で、一度洗礼を受けても、日々神様との交わりを新しくし続けていく必要があるように、伝道も、福祉のわざも、「これで良し」ということはなく、日々神様を仰いで新しく出直す必要があると気づかされます。

近年、対人援助に関する研修などでは「サーバントリーダーシップ」や、それを構成する一〇の特性【傾聴、共感、癒し、気づき、説得、目標への概念化、先見力、信頼できる執事役、成長への関わり、コミュニティづくり】がしきりに紹介されています。「あぁ、これはイエスさまの属性だ。主につながる者には、御霊の実として与えられるものだ」などと単純に思ったりするのですが、時代の変化の中で、霊的なとらえ方、理性的なとらえ方を適切に理解し、未信者の方が共感できることばを用いて意思疎通を図ることも、福音紹介のためには大事だろうと思わされています。

▼学生として、教師として

左近和子　SAKON Kazuko

八期
米国オレゴン大学でオルガン専攻の後、ＩＣＵに編入学。一九六五年ＩＣＵ大学院修士課程修了。ＩＣＵ語学科非常勤講師として二〇一二年まで英語教育に携わる。一九六五年旧約聖書学者左近淑（後に東京神学大学学長）と結婚。東京神学大学、ドイツ語福音教会、West Tokyo Union Church のオルガニストを歴任。

ＩＣＵとの最初の出会いは小六の時（一九五三年）母に連れられて本館四階で催されたピアノコンサートを聴くためにキャンパスを訪れた時でした。演奏者も曲目も記憶にないのですが、ＩＣＵという大学だけはしっかりと心に残りました。高三の時父母の友人で、米国オレゴン州で牧師をしていた方の家庭に招かれて渡米し、お世話になりました。教会中心の生活とパイプオルガンの学びに夢中になって過ごした三年間でした。大学三年になる時に帰国し、ＩＣＵに九月生として編入学を許されました。語学科で言語学を学び、大学院では英語教育法を専攻しました。この四年間毎週行われるチャペルアワーをはじめ入学式や卒業式などの大学の行事で奏楽奉仕をさせて頂きました。ＩＣＵに導かれたことにより、クリスチャンホームで育ち、ミッション・スクールに通い、留学中も牧師の家庭でホームステイするという恵まれた環境にありながら、きちんと〝Ｃ〟と向き合い切れていなかった自分が明らかにされ、アイグルハート先生の「インクリ」（現在の「キリガイ」）を通して、深く考え祈る機会が与えられたのは幸いでした。

ＩＣＵの大学院修士課程を修了後は語学科に非常勤で残り、ＦＥＰや後にＥＬＰで freshman の英語教育に二〇一二年まで関わりました。一方一九六六年にＩＣＵの隣に移ってきた東京神学大学では一九六六年から二〇一七年まで大学オルガニストとして演奏と希望する神学生への個人レッスンを担当しました。これから全国の教会やキリスト教主義学校に遣わされる学生にとってオルガン演奏は本分ではないかもしれないけれど、一生懸命オルガンの前で過ごした経験が、音楽の喜びと大切さを知り、礼拝の在り方や讃美歌の選び方を考え、遣わされた教会で奏楽者とのコミュニケーションに役に立つこともあると期待して指導を続けてきました。奏楽者のいない教会に遣わされ、説教も奏楽も頑張っている卒業生の話も聞こえてきます。一人一人の神学生と過ごした時間は私にとって何にも替えがたい宝物でした。このほかに West Tokyo Union Church での奏楽奉仕は五〇年近く、現在も続けています。

私にとっての最大の危機は四〇代の終わりに突然訪れました。当時、東京神学大学の学長だった夫（左近淑）がくも膜下出血で急逝したのです。夏休みを家族皆で野尻湖畔の国際村で過ごし、帰宅した次の日、米国の大学院に戻る長男のために、彼はいつものように一時間以上かけて誕生日祝いのケーキに生クリームや果物で美しいデコレーションを施し、楽しい夕食をした日の夜中のことでした。救急車で運ばれた病院で心臓が止まるまでの一二日間、たくさんの方が遠くから近くから訪ねて祈ってくださいました。すでに脳死状態に陥っていましたが、これだけ多くの祈りに支えられ、もしかして目覚めるのではないかと思ったほどでした。神様は御心を行われる。人間は祈ることはできても神様のご意思を自分の都合の良いように変えることはできないと思い知らされ、受け入れざるをえませんでした。四人の子供は大学院生から高校生までの学生でしたが、よく私を支えてくれました。それぞれがずっと教会に繋がっていることは大きな恵みです。孫二人がＩＣＵに進んだので、世界で役立つ人になってくれることを期待しています。

思えば一九六二年にＩＣＵに編入学を許されて以来、学生として、教師として、教会幼児園での保護者として五〇年間通い続けた我が母校は、時代とともに変化しつつも、大切な創立の基本理念をしっかりと掲げ続けており、その中で人生の半分以上を過ごさせていただいたことを主に感謝しています。

▼主の導きのままに

田中弘志　TANAKA Hiroshi

八期
卒業後二年間タイ国チェンマイ市内のキリスト教学校（中高）で英語教師。一九六六年四月より三四年間仙台の宮城学院中高教員（英語科）、最後の六年間は校長を務めて退職。二〇〇〇年四月より一二年間女子学院院長。退任後は学校法人宮城学院理事、日本基督教団東北教区センター理事長等。

私は一九四一（昭和一六）年三月一一日に日本統治下の台湾で生まれました。台南日本基督教会の牧師であった父は現職のまま応召し、消息不明のまま終戦。母は姉と私の二人の幼い子供を連れて終戦の翌年に内地へ引き揚げて来ました。幸い父は生きて日本に戻り、一九四六年六月より日本基督教団佐世保教会で戦後の牧会生活を再開しました。その後父は佐世保教会で八年、熊本坪井教会で一二年、仙台東一番丁教会で一七年間牧師を勤めましたので、私もそれぞれの土地で生活しました。

県立熊本高校の在学中に私はＩＣＵのことを知り、この大学が教養学部だけの大学だという理由でＩＣＵに是非入りたいと願うようになりました。それは取り立てて何の取り柄も才能もない自分が、将来の専門分野を見据えて進路を選択するのは非常に難しいと感じていたからです。結局私は一浪してＩＣＵに入学しましたが、ＩＣＵは想像以上に素晴らしい学びと成長の機会を私に与えてくれたと心から感謝しています。この大学が私の人生を大きく変えてくれたと言っても過言ではありません。

私はＩＣＵで四年間寮生活をしました。奥手で体も小さく、引っ込み思案の私にとって、この寮生活は結構大きなチャレンジでしたが、地方から出て来た者が多いという環境のせいか割合すんなりと皆の中に溶け込むことが出来たような気がします。特に大きかったのは同じ寮の同学年にクリスチャンの友人が何人もいて、人生について、生きる意味について、信仰について等々、真剣に話し合う機会が多かったことです。彼らの多くは全くキリスト教とは無縁の家庭で育ち、いろいろな葛藤を経て自覚的にキリスト教の信仰を持つようになっていましたので、特に大きな疑問を持つこともなく当たり前のように信仰を受け入れていた私はずいぶん大きな刺激を受けました。と同時に改めてキリスト教について、信仰というものについて、正面から向き合って深く考える機会が与えられたことを大きな恵みだったと感じています。

当時ＩＣＵにはスイスの神学者エーミル・ブルンナーの遺産と言われるインナーサークルという聖書研究のグループが複数あり、私はその一つに参加していました。そのおかげで学年を超えた信仰者・求道者の交わりが広がり、これも私を成長させてくれたものの一つです。またＩＣＵ教会の裏手、Ｄ館の一角にあった宗務部の部屋にはよく出入りしていて、古屋安雄牧師、荒井俊次牧師には大変お世話になりました。私は社会科学科で入学しましたが、三年になるときに教育学科が新設されたのでそちらに転科しました。当時秋田稔先生の講義でよくパイデイアという言葉を聞いていましたので、それも教育という仕事に興味を持つようになったきっかけの一つだったかもしれません。またＩＣＵ教会の古屋牧師はことあるごとに私たち学生に向かって「君たちは若いうちに是非一度はアジアに行ってみるべきだ」と話しておられましたが、私が四年生になった時にＩＣＵ教会の実験的プロジェクトとして卒業生をアジアに送る企画が本決まりになり、まずは卒業を控えた私たちに呼びかけがありました。私はかねがねこの計画に大変興味を持っていましたので、早速友人と相談して二人で応募し、卒業と同時にタイへ派遣されました。

このプロジェクトは青年海外協力隊に似ていますが、大きな違いは教会と教会の繋がりがベースになっているということです。タイ語の出来ない私たちはタイキリスト教団関係のキリスト教学校で英語を教えることになりました。友人（山村慧君）はバンコクの学校へ、私はチェンマイの学校へそれぞれ派遣されましたが、幸いどちらの学校にもアメリカ人の宣教師がいて、英語の授業はタイ人の教師も含めて全て英語で行われていましたので、私たちでも何とか勤めることが出来ました。タイ語は現地で生活しているうちにすぐに覚えました。何と言っても授業で接している生徒たちと同僚のタイ人の先生方が一番のタイ語の先生でした。私は学校のキャンパス内にある古い木造の宣教師館にアメリカの教会から派遣されていた二人の米国人青年と一緒に生活していました。

二年間滞在する間にタイ人の教師仲間に誘われて学外でのクリスチャン・カンファレンスやワークキャンプ、青年修養会、ハンセン病患者のコロニー訪問など、ずいぶんいろいろなところに出かけて社会勉強もさせてもらいました。そういう時にはアメリカやドイツ、スイスなどからボランテイアとして派遣されていた青年たちとの交流の機会もありました。滞在中に古屋安雄先生がタイまで視察に来られたこともありました。古屋先生はプリンストン神学大学での学びの後、東南アジアの神学校に赴任する途中で急遽ＩＣＵ教会牧師として日本に呼び戻されたという経歴をお持ちの方で、ご自分が果たせなかった夢を学生たちに託したかったのでしょうか、実に熱心に若者がアジアに行くことを勧めておられました。それは先の大戦中に日本がアジアのいろいろな国で多大な迷惑をかけたことを、日本の若者に身をもって感じ取ってきて欲しいという切実な願いから出たものでした。このことは非常に親日的なタイの社会の中にいてはあまり感じられませんでしたが、タイへの往復の船旅の途中で立ち寄ったシンガポールやマニラ、あるいはマレーシア西部のペナン島で開かれていた東南アジアの青年キリスト者カンファレンスにオブザーバーとして参加した時などにいろいろと考えさせられました。

振り返ってみるとＩＣＵとタイでの経験は私の長い教員人生の大切な土台になっていたと感じています。具体的には聖書が示す人間観に基づく教育とリベラルアーツ教育です。聖書の人間観とは言うまでもなく神が人間を神との人格的な交わりの中に創造されたということです。「私の目にあなたは値高く尊い」（イザヤ四三：四）と言ってくださる方がおられることを知る時に、私たちは自分自身や周囲の人々をないがしろにすることは出来ない、してはならないのだということにいつも立ち返るのです。また大学時代にはまだよく理解出来ていませんでしたが、いろいろな学びや経験を重ねる中で、学際的な視点を持って関心と学びの幅を広げ、多様性の理解や課題発見能力にもつながっていく真のリベラルアーツ教育が、特に若い世代の人々にとっていかに大切なものであるかについても気付かされるようになりました。ＩとＣを堅持しつつ、ユニークなＵとしての役割をＩＣＵが今後とも存分に果たしていかれることを切に願っております。

▼ＩＣＵから始まる多様な世界へ――文化変容の課題に向かって

山村　慧　YAMAMURA Satoshi

八期

一九六四～一九六六年のＩＣＵ教会海外奉仕初年度プロジェクトは、タイ国キリスト教団、Bangkok Christian College（ＢＣＣ）、Prince Royal's College（ＰＲＣ、田中弘志君赴任）、古屋安雄先生およびＩＣＵ教会、多くの方々の協力の賜物で、ＢＣＣでの教育活動と地域教会青年活動に参加等々、私のその後の歩みを画するものとなりました。

ＩＣＵ教養学部での卒業論文（英文）は石原謙先生に指導を仰ぎ、主題は古代キリスト教史分野。この歴史学への研鑽がその後の研究の底流となる。卒業後二年間、ＩＣＵ教会海外奉仕初年度プロジェクトでのタイ在任中、滞在ビザの関係でも多くの関係者のお世話になり、私の個人的責任者としての役割を担った Konrad Kingshill 博士ご夫妻、学内教師寮での同僚達、そして生徒達との暖かい交流、鵜飼信成ＩＣＵ学長の励ましのご訪問、心からの感謝の念は深い。このプロジェクトのお陰で、多くのアジアの国々を直接この目で見たことは、その後の私の思考、行動に深い影響を与えた。タイ国での奉仕活動で現実の社会問題と直接向かい合う日々の中、それまで関心を持つことがなかった教育分野への関心を深め、ＩＣＵ教育大学院時代に教職課程を取るなど、初歩からの出発となった。しかし歴史研究への視点は常時底流であり続け、修士論文も比較教育学理論史に関するもので、小島軍造、小林哲也両先生に師事。一九七〇年代は、カリフォルニア大学バークレー校（UC Berkeley）での博士課程留学中で、当時ベトナム戦争反戦運動のメッカだったこのキャンパスで過ごし、タイでの経験同様、このバークレーでの経験も衝撃的なものであった。人間関係の作り方の差異に起因すると考えられる日米学生運動形態の差異、激しい市民権擁護確立運動、日常生活での多様性確保への飽くなき運動、アメリカの若者達との緊密な共同活動はアメリカ社会を内側から理解する一歩であった。ＩＣＵ教会の荒井俊次先生に紹介された大友愛郎牧師率いる日系人が多い Berkeley United Methodist Church に私達夫婦が通うことになったのも身近なアメリカ理解への大きい一歩であった。一世健在なりし頃で日本語部と英語部があり、大友牧師は両方の説教を担当。ＩＣＵにはアメリカの多くの小さい教会からの献金がなされている、ということを聞いていたが、まさにこの教会もその一つであった。毎年の会計報告にはＩＣＵへの献金が報告されていた。一世や二世の人達との交流が深まる中で、成長してきた三世の若者達が高齢化する一世の世話をする組織的な活動は心打たれるものであった。

忘れることができない日系アメリカ人の方々との心温まる交流は、個人的にも深く、同時にアメリカという国の歴史解釈の修正を迫るものであり、帰国後複数の市民講座で、日系アメリカ人のテーマを長く取り上げることになる。揺れ動く日米関係の中で、人種的、民族的に圧倒的な少数派として、個々の日系人家族はどのように対応していったのだろうか、そこではどのような文化の維持と変容が問題になったのか。言葉、食べ物、住居等の文化習慣は日々の生活に関わり、家族や民族集団の維持では結婚の問題も重要である。これは個々人の日々の生活の中で文化的に又政治的に頻繁に決断を迫られる状況である。この大陸でその形を整えつつあった近代国家の中の多数派の中に取り込まれた日系移民始め少数派諸民族が、とにもかくにも多数派による専制的な社会秩序に耐え、それを覆えし今日のアメリカの社会秩序を築き上げていった土壌には、多数派も少数派も等しく飲み込む大自然が全ての人間集団の既成の文化の枠を崩し続け、そこに新しい秩序創造の可能性が存在したことも一因であろう。日系人移住の歴史、農業でのアメリカ社会への貢献、排斥の歴史、彼等にとっては天から降って湧いたような日米開戦と強制収容所、戦後アメリカ政府による公式謝罪と補償、「私たちは過去の過ちを完全に是正し償うことはできません。しかし、第二次世界大戦中に日系アメリカ人に重大な不正義がなされたことを認めます。償いをなす法律を制定し且つ心からの謝罪を表明し、あなたがた仲間のアメリカ国民は、自由、平等、正義というアメリカの伝統的理想に邁進する決意を新たにしました」というG・H・W・ブッシュ大統領の謝罪の言葉を添えて（一九九〇年）。

頻発する民族問題をそのまま二一世紀へ引きずる世界。日本という共同体も、隣人となっていく他民族の人々とどのような形で共存できるのか、避けられない課題に向き合っている。少数派として苦闘しそして活躍してきた日系アメリカ人の経験も、この課題への糸口を与えてくれる。文化の衝突・変容・融合の問題は、自分の日常の問題として自分個人の生き方にも関わることである。研究の方では、日欧米の比較近代化論の分野で、近代戦争方式と近代教育の関係を論じ、教育、歴史、文化にまたがる複合分野のため、比較教育学、歴史学、人類学諸分野の Thomas W. Livingston, Thomas C. Smith, George A. DeVos の諸先生方の指導を受け、*Politics and Education in Early Meiji Japan: The Modern Military System and the Fundamental Code of Education of 1872* という博士論文で修了。又この時期に星野命ＩＣＵ教授からのご連絡で、ＩＣＵ教会のリーガー・オルガン奉献演奏をなさった林佑子教授（New England Conservatory of Music）を迎えて募金演奏会開催の手伝いに関わった良き思い出がある。

一九八〇年代以降日本での働きとなり、大阪の相愛大学で五年間、その後聖和大学で二〇〇八年まで奉職。その間、一九九五年の阪神淡路大震災で公私共に難局を経験、二〇〇二〜二〇〇八年の間学長を務める。一八八〇年代の宣教師一家に関係し地理的にも近隣の聖和大学と関西学院は二〇〇九年に法人合併。この法人合併へ向けての数年間にわたる綿密な準備が最後の重要な課題であった。これも両法人に関連する多くの人達の、未踏の課題に立ち向かう努力、理解、協力のもとで初めてなし得たことである。ＩＣＵで培われた幅広いキリスト教理解もミッション系大学での働きに寄与したものと理解している。現在、元聖和大学は関西学院西宮聖和キャンパスとして関西学院大学教育学部、聖和短期大学が活動中。私が学問訓練の場で関わったのは異文化間理解、国際教育関係に関心がある学生が主であるが、ゼミ生の現地調査の足跡は海外の全大陸に及び、研究室にも保存された各学年の一次資料主体の卒論は後輩ゼミ生の貴重な参考資料となった。そこでは一貫した訓練の場を提供できるよう努力。歴史と地理を基礎知識とした地域研究調査、推論の仕方の訓練、オンライン上での情報収集の仕方と問題点、等々、学生と共に学ぶことは後を断つことはなかった。雑多な情報が錯乱する現代社会で、今後どのような場でも役立つこのような基礎的訓練が重要な出発点であると考えている。

私にとっても学生にとっても、日本という共同体を物理的に外側から見ると言う行為は個人の認識構造に影響を与える。私の場合は、最初にタイを中心としたアジアの地に足を踏み入れ、次に北米カリフォルニアの地で生活をした事が、私の認識構造に大きい影響を与えたものと認識している。これまでの歩みの先にはICUでの、学友達との、そしてICUの自然からの学びがあった。

▼福音派の教会に遣わされて

稲垣博史　INAGAKI Hiroshi

九期
聖書同盟総主事・理事長、日本福音同盟総主事、パリ・プロテスタント日本語キリスト教会牧師、日本福音キリスト教会連合岩井キリスト教会牧師、アンテオケ宣教会事務局長。訳書にJ・L・パッカー『私たちの信仰告白　使徒信条』他。

両親がクリスチャンだったからだろう。小学生の私は毎週近くの教会の日曜学校に通った。中学、高校時代は部活の関係で行かずじまいであったが、高校卒業後浪人となってから、両親の行っている教会の礼拝に顔を出すようになった。同じ年代の人たちも割に多くいたので、青年会の会合や宿泊行事にも参加した。二度目の大学受験でＩＣＵに合格してからは、真面目にチャペルに出たり、聖書を輪読するグループに加わったり、上州で毎夏行われる修養会に参加したり、半分クリスチャンであるかのような意識で日々を過ごしていた。

ただ時間があればグリークラブのメンバーとして部室に入り浸り、信仰とは付かず離れずの付き合いであった。出席していた教会の老牧師の説教が気に食わず、次第に足が遠のくようになっていた。そのような折、グリークラブの後輩の女性と付き合うようになった。キリスト教信仰のことについても話が出た。彼女はミッション・スクールで一二年間学び、ＩＣＵ入学直後に洗礼を受けたクリスチャンだった。これまでキャンパスで知り合ってきたクリスチャンのイメージとは少し違っていたこともあり、信仰について考え直すようになった。彼女が通っていた教会の礼拝に初めて出席した時の衝撃は大きかった。その教会の牧師は東大を出て共産党のオルグとして活動していたが、クリスチャンだった兄の影響で回心をした人だった。その人の口からイエス・キリストの十字架についての説教を聞いた。これまでぼんやりとしていたキリスト教信仰の心髄に触れた思いがし、またそのキリストの十字架は私の罪の贖いのためであることを痛烈に知らされた。また、『ナルニア国物語』の作者である英国の文学者Ｃ・Ｓ・ルイスによる『キリスト教の精髄』を読んで考えさせられた。ルイスはその書の「好い人間か、新しい人間か」という章で、救いについて、「単なる向上・改善は救いではない。神が人となられたのは、被造物を子に変えるためであった。単に今まで通りの人間を改善するためではなく、新しい種類の人間を作り出すためであった」と書いていた。パウロの「だれでもキリストのうちにあるなら、その人は新しく造られた者です。古いものは過ぎ去って、見よ、すべてが新しくなりました」（Ⅱコリント五・一七　新改訳聖書二〇一七）とのことばにも導かれて、「キリストのうちにある」者として生きることを決断し、前述の教会で受洗した。

卒業後、親類の貿易会社での仕事をしていたが、礼拝で聖書から教えられ、自ら聖書を読み、また教会関係の講演会などで学ぶうちに、伝道者として生きることが自らの生涯の使命であると受け止めるようになった。また、つきあっていた女性（一二期根岸緋紗子）と生涯をともにすることも決め、二人で今後のことを祈り始めた。二年間勤めた会社を辞め、聖書神学舎という小さな神学校に入学を認められ、三年間聖書語学、諸神学を学び、伝道者として立つための訓練を受けた。同時にこの聖書の語るメッセージを海外で伝える宣教師の働きに関心を持ち、同じ関心を持つ青年たちと一緒に学んだり、祈りをともにするようになった。三年間の学びを終える前に海外宣教師としての道を探ったが、道は開かれなかった。そのような折、青少年対象の宣教団体（中学生聖書クラブ協力会、ＣＳＫ）の存在を知らされた。ＩＣＵでは教育学科に移り、教育社会学の分野で中学生たちの価値観についての共同研究をまとめて卒論としたこともあり、若い人たちへの宣教に神は自分を導いているように受け止め、神学校卒業後根岸緋紗子さんと結婚し、設立されたばかりのその団体の主事としての道を歩み始めた。一九七〇年のことである。中学生たちのバイブルキャンプ、中学生たちが聖書を読むことを助ける月刊誌、中学生を教会で指導するスタッフたちの研修などの活動に取り組んだ。一〇年ほどして、その団体の母団体である聖書同盟（Scripture Union）の働きが始まった英国で半年ほど研修の機会が与えられ、同時に現地の神学校で聴講することもできた。

その後聖書同盟の総主事として聖書通読運動、青少年への宣教の働きに日々を過ごした。毎年夏に行われるバイブルキャンプは、教会の中学科スタッフが一年間準備し、楽しいプログラムを考え、中学生たちに聖書のメッセージを伝え、さらに日常的に自分で聖書と取り組むことができるよう助けるという内容を持つキャンプである。一夏に四泊五日のキャンプが三回から四回行われるようになり、サポート役の私はまさにキャンプ男であった。それだけでなく、日本各地の教会を訪れて、聖書通読運動を広げる活動も担うようになった。北海道から沖縄まで数々の教会を訪ね、牧師たちと会ったり、説教を語ったり、講義したりするような働きにも携わった。また、聖書同盟には世界の一三〇ほどの国と地域に同じ目的を持つ団体があり、国際的な協力と交わりのためにも、世界各地を訪れ、また責任を果たす機会をいただいた。

私と妻がメンバーになった教会はいわゆる福音派と呼ばれるグループの教会である。戦後欧米の福音派宣教団が多くの宣教師を日本に派遣し、各地に教会が誕生した。宣教師たちが開拓して生まれた教会は、同じ宣教団の宣教師の生み出した教会とひとつになって、それぞれ教派を形成するようになった。戦前政府の要請に従って日本基督教団に組み入れられた福音的な教派の多くも教団を離脱して宣教活動を行なっていたが、それとともに、外国からの宣教団を背景とした福音派の教派や教会グループが乱立するようになっていた。いわゆる主流派の教会は日本キリスト教協議会（ＮＣＣ）を形成してさまざまな活動を行なっていたが、福音派の多くの教派、グループも宣教のために一致協力する必要があることが意識され、一九六八年に日本福音同盟（Japan Evangelical Association: ＪＥＡ）と呼ばれる協力機関が誕生していた。ただ当初のＪＥＡには組織的な課題があり、一九八六年には再編成されたが、私はその初代の総主事として一九九四年から二〇〇二年まで多くの課題に取り組んだ。またアジアにはアジア福音同盟、世界的には世界福音同盟があり、それぞれの同盟のメンバーとしての責任を果たすために、諸外国のリーダーたちとの関わりを持った。聖書同盟における経験が生かされたように感じている。

ＪＥＡの働きを終えたのは六〇歳を迎えるころであった。人生の残りをどう過ごすかを考え祈った結果、外国に居住している日本人の教会の働き人が不足していることを知らされ、フランスのパリにある日本語教会の牧師として妻とともに赴任することになり、ある海外宣教団の宣教師として二〇〇二年から二〇〇五年までパリに滞在した。音楽その他の学びで留学中の若者たちも多く教会に集っていて、三年間に一〇人近くの方々の洗礼式、堅信礼式を行うという貴重な経験をさせていただいた。帰国後は、茨城県にある地方教会での牧会に妻とともに携わった。東京生まれ、東京育ちの私たちにとっては、異文化の町だったが、フランスで宣教活動したことがいろいろ役に立ったように思う。高齢になっている妻の両親を支えるために二〇一〇年に牧師を離任し、現在はその教会の国内宣教師の立場でさまざまな宣教団体の応援、無牧教会その他の教会での説教応援など、ほとんど休む間のない日々を送っている。

神田盾夫先生と「ペディラヴィウム会」

小河　陽（11期）

ペディラヴィウムとは、師であったイエス自らが弟子たちの足を洗ったというヨハネ一三章の故事を意味する言葉である。そこからこの名称を得た会は、イエスが弟子の足を洗ったような精神を「互いに仕え合う」という横の広がりにまで推し進めて、独善に陥ることなく真剣な対話や会話を通して相互の向上を目指す諸々の活動を行ってきている。このような有り様を求める努力を積み重ねてこそ、本当に人を生かし、社会を生かし、国を建て、世界を支える力が生まれる、そのように神田先生の周りに集った者達がご夫妻の生き様を通して知らされた想いを抱かされたからである。それゆえ、この想いを集まりの共通の理解としたいと願いつつ、今日まで半世紀にもわたる歩みを続けている会である。

この会の設立経緯と活動について簡単に紹介しておきたい。神田先生のＩＣＵ在職時からすでに、先生の周りには在学生のみならず卒業生も加わる様々な学生が多数集い、毎週月曜日の放課後に開かれたバイブル・クラス、折に触れてキャンパス内のご自宅で先生を囲んだ自由なミーティングを享受したアドヴァイジー、それに少数の初期学生有志が聖書を輪読し祈る時を持ったコイノーニアと称される会など、性格の異なるグループが形成されていた。それは、ＩＣＵの掲げる高邁な教育の理想の実現は、教員・学生が密接な連携のもとでコミュニティとして追い求められるものとの先生の、そしてその先生を全力で支えられたミセスの想いがあったからであろう。神田先生は、真理探究の営みとしての学問と研究の営みにとどまらず、ＩＣＵの community づくりも自分達に課せられた仕事だと考えて、御殿場にあった自宅を残したまま、ＩＣＵ開学に先立つ研修所時代から、キャンパス内に用意された住宅に生活の中心を移されて、community をいかに作っていくか、これが本当の community だという見本を示すことに心をくだかれた。そのような先生とミセスのＩＣＵ在職中の働きについて私が此処で記すことはできないが、ペディラヴィウム会の出版物には実に数多くの方々からの証言が集っている。

さて、こうした先生方の実践を通して、私が在学した11期頃まで、ＩＣＵファミリーという言葉は文字通りの内実を伴っており、虚に響くことはなかった。ところが、60年代にはＩＣＵにも反米・平和運動や大学改革運動の荒波が押し寄せ、翻弄されることを免れなかった。その嵐の中で、先生はＩＣＵ本来のあり方に相応しい解決を求める立場を崩されなかったが、それは問題解決のための対話さえなされなくなったＩＣＵの現実の姿に対しては失望を抱かせるものでしかなかった。それゆえ、現実のＩＣＵの彼方に建学の理念の真の継承と発展を願われるようになった。そうして、神田先生がＩＣＵを退職されて御殿場の地に戻られると、卒業生を中心とした交わりがその地にまで伴って行ったことはごく自然であった。そうして生まれたのが「ペディラヴィウム会」である。開かれた精神を基調とする会であるから、学生時代にはアウトサイダー的で学校から「好ましからぬ」とされていた人たちもこの会に加わった。今でこそ「生涯教育」は月並みな表現となったが、はるか以前に、そのような試みが始められたと言って良いと思う。かくして、在学中に先生の周辺に集っていた人々を中心とする８０名ほどの群れが新しい歩みを始めたペディラヴィウム会は、ＩＣＵ建学の理念である福音に支えられた相互教育的人格的な交わりの場であり、また先生が全生活をかけてＩＣＵにおいて植えつけ育てようとしたものの継続、そして発展であったように思う。信仰のあるなしはもとより、主義主張も職業も異る者達が共に集る場として、会がキリスト教を公に標榜したことは私の知る限りないが、先生ご夫妻が身をもって示された、弟子の足を洗い、互いに仕え合う生き方を共通の了解事項とする限りは、イエスの精神を離れるところで、必ずや会の進路もまた過つであろうと思っている。今やこの会に集う者はＩＣＵに関わりを持った者だけでなく、その精神に賛同する人々にまでその輪は広がっている。実際、先生ご自身も様々な機会に出会った人達に対して入会を誘うお便りをなさったことが知られている。

こうして御殿場での先生ご夫妻を囲む交わりの中から生まれたこの群に、先生は御殿場の宏大な土地・建物・蔵書を含む一切の所有を譲渡され、これを基盤に、この交わりが成長し広がって行くことを期待された。ミセスはさらに東京・目黒の青葉台にある土地をも会に提供され、そこが今や会の運営と活動の拠点となっている。そして、先生が日本の近代化の流れの中で、西洋文化の導入を「生け花」的摂取としないための営みとして、終生取り組まれた西洋精神の源流たるヘブライズムとヘレニズムの探求をも継続すべく、「原始キリスト教とヘレニズム文庫」の設立が企画され、すでに論文集や紀要が出版されてきている。「このあと幾代もかかって、おのがじし体得するものがこのペディラヴィウムの精神であろう」との先生の言葉に励まされて、幾世代にもわたる営みを展望しつつ、現在も歩み続けている。

▼争うことをしない人たちと暮らして

浅井重郎　ASAI Shigeo

一〇期
ICU卒業後、神戸大学農学部園芸学科に学士編入学、兵庫県職員農業改良普及員、アジア学院農場実習担当教師を経て、一九八三年より日本基督教団の信徒宣教師としてタイ国チェンマイ郊外のマケーン・リハビリテーション・センター付属農場に派遣。

新聞記者になりたいと受験した毎日新聞社に失敗（面接グループ討論会で何も話せなかったため）して、話題にも話術にも貧しい自分を思い知った私は、進路を変えて農業教師になろうと神戸大学農学部園芸学科に学士編入学しました。その後、兵庫県職員農業改良普及員（果樹専門）、栃木県にありますアジア学院での農場実習担当教師を経て、一九八三年、日本基督教団の信徒宣教師、アジア学院の農業教師として家族と共にタイ国チェンマイ郊外のマケーン・リハビリテーション・センター付属農場に派遣されて、現在に至ります。

1．信徒教師として期待されたこと。

月一～二回、準備をして付属農場の人たちの朝の礼拝で司会と証しをしました。タイ語アパールームを読んで、考えるところを原稿にして、タイキリスト教会出版局に勤めたことがある妻スチトラに添削してもらい、これを読んで練習した後に皆の前で朗読して、祈りました。イエス・キリストの福音を証しすることの他にもうひとつ期待されたことそれは、お金持ちと思われている日本から献金を募って、これをリハビリ・センター本部に納めることでした。

マコーミック病院、マクギルバリー神学校、マケーン・リハビリテーション・センターのように外国人宣教師が、本国から献金を募ってそのお金で建てられた立派な施設や建物が、チェンマイにいくつもあります。企画の実現のために宣教師は本国から献金を探す人という期待が掛けられます。日本からの宣教師の私も、救急車を寄付する人を探すように所長さんから言われたことがあります。しかし、そのような大きな献金を探すあても、ツテもない私は、期待に応えることはできませんでした。

ＩＣＵの教会や先生方、一〇期同窓の友人たちから贈られたお金は、野菜の種子や潅水ホースを買う資金として感謝して使いました。タイキリスト教会の教育事業の一つスプナティタム小・中学校の運動場整地のために土を買ったり、山村の女の子たちを親が売ってしまうことを防ぐためタイキリスト教会婦人部による職業訓練企画「新しい家」にも係わって、寮生活をする女の子たちに自給用菜園を教えるときにもこのお金を使いました。ありがとうございました。

2．農業教師として期待されたこと。

治療する病院も、住む場所もないハンセン病患者の惨状を見たアメリカ人医師・宣教師ジェームズ・E.・マケーン博士によって、一九〇八年に、マケーン・リハビリテーション・センターが開設されました。治療、リハビリ、居住と職業訓練の場として再出発しています。インドの次に二つめの病院に遠く雲南省から患者が歩いてきたと聞きます。患者が少なくなった今は医療付き老人ホームとして再出発しています。

チェンマイの街を流れるピン川を下って、左岸中洲にある付属農場では、ピン川と井戸の水を水源にして龍眼、レイチーやマンゴー、バナナなどが栽培されていました。大きな養魚池もあります。果樹園は今は、チークが替って植林されています。

治療中の人たち、完治した人たちと和気あいあいの農作業を共にしながら私は、センター住人のための野菜生産と農場の整備を手伝ってきました。電気、大型機械や農薬を使う時の作業の安全を呼びかけたり、農地や排水溝を一〇メートル毎に水準測量した結果に従って、灌漑水路の新設や排水路の改良をしました。六〇ヘクタールのセンターの森で掃き集められてはゴミとしてその場で焼き捨てられていた大量の落ち葉を集めて、堆肥に作り変えることも始めました。「そんなにたくさんのゴミを集めてどうするの？」と私に尋ねた人がいました。「あの外国人は、はるばる遠い日本から来てゴミを集めて回っている」と笑った人がいたと所長さんから聞きました。

この大きな農場はまだ前途遼遠、人手やお金をかけないで安全に作業ができる農場であるために、基本の整備や働き方の改善が必要でした。

その一つ、朝の礼拝が終わって、その日の仕事をリーダーに命令されるのを待つ人たちにアジア学院のやり方に倣って、全員で打ち合わせ会をもつこと、誰でも自由に発言できることを提案しました。それまで礼拝の時、女の人達はコンクリート床にゴザを敷いて座っていましたが、打ち合わせ会を始めてみると自分たちも男の人たちのように椅子に座りたいと発言したことから、直ちに長椅子が運び込まれて翌日から全員が、椅子に座れることになりました。農場の生活環境が、一つ好くなりました。壁に農場の大きな地図も用意されました。

広い農場の中で誰が、何処で何をするか誰にもわかる、協力が必要な時には大勢で力を合わせることができるという利点がありましたが、しかし、リーダーが、打ち合わせ会があることで必ずしも彼の想い通りに仕事を命令できなくなったからでしょう、礼拝の後は仕事時間なのだから座って話し合っているのは時間の無駄だとの意見が出て、その一方、作業する人たちも、その日の仕事を自分たちで考えて、話し合って決めるよりは、リーダーに命令してもらう方が手っ取り早いという考えに逆戻りして、打ち合わせ会は崩れていきました。そんな中で農場の打ち合わせ会を見たソムチャイ所長さんは、毎週月曜日の朝に職員全員が礼拝堂に集まって礼拝と打ち合わせ会をすることを始められて、これが今も続けられています。

他所のリハビリ・センターで成功している切り花栽培や観光釣り堀などを参考にして私に期待されたことは、もっと収益が上がる作物や企画を探すこと、儲かる農場にすることでした。しかし、有機農業が実例になる農場を目指して、先ず堆肥を作ってコミュニティ住民のための小規模な野菜栽培をする経験しかない私は、その大きな期待に応えることは出来ませんでした。

思いがけない好いこともありました。食糧輸出国タイ国で有機農業に将来性があることを見たタイ国政府・出入国管理局は、その教師である私にずっと一生タイ国に住んでよいという「移民ビザ（永住滞在許可証）」を支給してくれました。名誉な、幸いなことです　これは、神様が下さった滞在許可証です。

ミカンとキャラメルの差し入れを持って畑へやって来て、座り込んで私とおしゃべりを楽しんだおばあさんウィライさん、散歩中に私を見て、「よう！　何を植えてる？」と声をかけてくれたチャンさん（嬉しくて私は、手を止めて応えるのは勿論のこと）、「手伝おうか」と毎日朝早くやって来て草取りを手伝ってくれたおじいさんターさんたちは、思いもしないハンセン病発病のために家族から追われてこのセンターに住むことになった人たちです。彼らの老後のひとときが少しでも楽しいものになったのであれば、献金を募ることも、儲かる農場にすることも私はできなかったけれど、争うことをしないタイの人たちに囲まれて、日本の牧師先生から「継続は力なり」と励まされて、そして何よりも上からの神様のお力添えをいただいて、この畑に居つづけたことは好かったとふり返ります。

▼靖国反対から始まった平和運動

吉馴明子　YOSHINARE Akiko

一〇期
東京大学大学院博士課程（日本政治思想史）修了、法学博士。恵泉女学園大学名誉教授。キリスト者遺族の会世話人代表。著書『海老名弾正の政治思想』東大出版会、一九八二年。編著『石は叫ぶ——靖国反対から始まった平和運動50年』刀水書房、二〇二三年。

私たち一〇期生の学生数は、入学時に二〇〇人を切っていて、卒業時は一八七人だった。開学一〇年を経て、世間的に「難関校」入りを果たしていたらしく、国公立へ多数が逃げたからともいわれていた。ただ、神戸高校ではＩＣＵはまだ有名ではなかった。直前にＡＦＳの同級生がＩＣＵを受験すると聞いて、私も受験を決めた。「国際」「キリスト教」大学のイメージは、中学からダブルスクールよろしく通っていたパルモア英学院（大正時代に始まったメソジストミッションによる「商業英語とキリスト教」を教える夜学）や、毎朝礼拝で始まったYWCAの夏の長期キャンプでの生活から思い描いた。あのクイズのような一次試験はともかく、人文・社会・自然科学から出題されるという長文読解のような二次試験も、高校の「文理」コースでのオールラウンドな勉強で何とかなりそうだった。それに授業料が四八、〇〇〇円と私学では格安なのが魅力だった。もちろんICUの教育内容に惚れ込んで入学した友人もいたが、私は「教養学部」って何なの？何が勉強できるのか分からないまま一九六二年社会科学科へ入学した。英語漬けの一年が終わり、社会学、国際法と毎年の専攻を変え、四年になって日本政治思想史専攻に決めた。丸山眞男の天皇制（超国家主義）研究の虜になったといってもよい。

I．理念と荒廃のはざま…六〇年代

私たち一〇期生は「荒れた六〇年代」にICUに在学した。六二年、学費値上げ反対、六三年、学費値上げを含む一〇年計画反対、（六四年入学生より学費六〇、〇〇〇円）。六五年、食堂値上げ反対→生協設立運動、六六～六七年、能研反対闘争、学生会消滅、六九年、三項目闘争と紛争が相継いだ。私たち一〇期生は一九六五年の「生協」運動を経験して卒業したが、食堂値上げ阻止を食堂ボイコットという〝強硬〟手段で突破し、「生協」設立へつなごうとする「共闘会議」派が、話合路線派を押さえ込んでいた。ただ、リーダーたちは次から次へと声明を出して新たな手を打ったが、大学側は無知からか無能からか何の対応もせず、無駄に日が過ぎた。良識とか話合いなど当てにならないのではないかと、私たち「右翼」とよばれたクリスチャン学生も、一般の「ノンポリ」学生も考えるようになっていった。一二月学生総会で生協設立実現のための「全学スト案」を否決したのに、スト案を提出した学生に「自主的退学」が勧告された事に反発した学生が本館を占拠しバリケード封鎖した。こうしてICUファミリーと「共同体内での話し合いによる解決」はもろくも崩れさり、力の論理が入り込んだ。行政・教員（教授会の話合い内容などが学生に漏れ）・学生（何が事実なのかを知る術もなく）すべてが大混乱に陥った。ただこの時は、本館を占拠していたグループが一週間ほどで退去し、クリスマス休暇前に紛争は一段落した。私たちは、授業ボイコットなどで学期の終了がずれたものの、一九六六年三月二三日無事卒業した。

ただし私たちが卒業した翌一九六七年一月、能研テストの入試採用と受験料値上げ反対者同盟が結成され、本館占拠、バリケード封鎖となった。授業再開が学生たちの妨害にあう事を恐れた大学は、三月には学生一〇名の除籍、六三名の処分を決定。四月に入って機動隊により占拠学生を排除した。さらに一九六九年の三項目闘争と続く。私たち一〇期生は開学時代に掲げられた理想の残照と、全共闘運動の趨りによるＩＣＵの崩壊の予兆とを経験した年代といえるだろう。

Ⅱ．キリスト教関係の活動と勉学

並木浩一先生は、「夢」から理念は立ち上がってこなかったと評されるが、私たちは夢を追っていたわけではない。寮生であった私たちにとって、瓦解して行くＩＣＵは私が生きる日常、走り抜くべき馳場であった。つまり私にとって、キリスト教は行くべき「道」であり、「灯」であった。入学礼拝に出席した私は、「やっぱりＩＣＵ教会にでるべきかなぁ」といったが、母は最小公倍数しか示せないであろう「超教派」のキリスト教会には懐疑的で、私は今まで通り「長老派」「リフォームド」系の教会に行った。むろん、それは日曜日だけのことだから、ＩＣＵキャンパスで週日を過ごすうちに、ドンドンＩＣＵの人間関係、ＩＣＵという学びの場にコミットするようになった。

その中でも、第一に、秋田稔先生の聖書研究会での学びの影響は大きかった。木曜日の五時限だったか、一年生の時から三年生一杯、忠実に出席した。内容は旧約聖書。特にエレミヤ書は印象深い。教会の礼拝での「講解説教」のほとんどが新約聖書だったので、秋田先生の聖研は興味深かった。日曜学校育ちの私には、おとぎ話の世界が急に神学的な世界に変わるようなショックだった。特に預言者の言葉は、王様や目先の利益に走る民衆たちを批判し対立する、み言葉の絶対性を心に刻むものだった。それは同時に、信仰をただ心の中の問題としてではなく、社会と歴史の規矩準縄を描くものでもあった。

第二に、キリスト教活動委員会（旧宗教特別委員会）へのコミットを挙げよう。一九六三年九月、ＩＣＵ学生会執行委員長が宗教特別委員会（ＳＣＲ）の解散を決定。学生のキリスト教活動が大学牧師や宗教センターの下におかれ、牧師らからアドヴァイスを受けていることに対する学生会の不快感の表れだった。そこでクリスチャン学生たちは、秋休みに小金井青年の家で、聖書研究会やインナーサークルに声を懸けて、今後の活動について一泊リトリートを行った。夜具が米軍支給品のせんべい毛布（綿毛布だったか）でただただ重く、暖かくなく眠れなかった記憶がある。とりあえずキリスト教活動委員会なるものを作り、従来ＳＣＲが中心になって行ってきた諸行事の推進母体となる他、毎週火曜夕食後コーヒーアワーの開催を決定。学内外の先生たちを招いてお話（発題）を聞き、懇談・懇親の時とした。

大学紛争を経験した後は、キリスト者がもっと社会の問題に関心を持たねばいけない、あるいは、キリスト者として自分なりの社会と関わる道を見つけていかねばならないのではと考えるようになった。そういう勉強会、読書会を友人と創った。最初に読んだのは、矢内原忠雄の『マルクス主義とキリスト教』、その後はニーバーの『光の子と闇の子』『道徳的人間と非道徳的社会』。時には武田清子先生のお宅へ伺って私たちの疑問を出し、先生のお考えを伺ったりした。この読書会のテーマは「社会科学とキリスト教」だと大風呂敷を広げ、ある時期はウェーバーのプロ倫から始まって『古代ユダヤ教』にまで手を出した。

もう一つ、私たちが避けて通れないのが「キリスト者の戦争責任」であった。いやもっと身近に、どうして親たちは戦争に反対しなかったのだろうか？という問いであった。そこで私たちは、『近代日本とキリスト教』を読んだ。このような読書を通じて天皇制と国家神道の正体を垣間見ることができた。読書会で学んで来たことは私たちの財産になった。

私の父は戦死しているので、頼みもしないのに靖国神社に祀られているという。その合祀の抹消を要求して、卒業後の一九六九年に「キリスト者遺族の会」は発足した。戦死者が国の栄誉だとして神社に祀られ、国民に拝まれる事が、二度とあってはならない。

▼〝信条〟へのこだわり

宮﨑彌男　MIYAZAKI Masuo

一一期
一九七〇年、日本キリスト改革派教会教師として受按。宝塚、国立聖書、熊本、灘、筑波みことば等、五つの教会・伝道所で牧会・伝道に従事。二〇一一年、教師引退。訳書：『ウェストミンスター大教理問答』、ウォルタース著『キリスト者の世界観――創造の回復』。

わたしは、浄土真宗の家に生まれ育ちながら、高校時代に日本キリスト改革派教会で洗礼を受け、その頃から、将来は、キリスト教の伝道者になりたいと思っていました。また、ＩＣＵの存在を知るようになり、そのような大学で学ぶことが出来たならば、と願っていました。ところが、親しく指導を受けていた米国南長老教会の宣教師（当時、宣教一〇〇年聖書信仰運動の推進者であられた方でしたが）に相談すると、「ＩＣＵには、キリスト教大学としての明確な信条 Creed がないから、行かない方が良い」と言われたのです。それでも、ある長老の熱心な勧めもあって、私はＩＣＵを選び、一九六三年に入学を許されました。ＩＣＵのリベラルアーツ教育に魅せられたからでしょう。入ってみると、やはり、上記宣教師の先生が言われたとおりで、ＩＣＵの「Ｃ」は、その頃の私には、捉えどころがないように思われ、戸惑いを禁じ得ませんでした。幸い、同じような問題意識を持った、主として福音派の教会出身の友人たちと意気投合して、入学した年の秋には、「クリスチャン・プロクラメーション」という文書を学内において公にし、「ＩＣＵ・ＫＧＫ」（通称〝ミリタント〟）を立ち上げました。その冒頭の部分だけ、ここに引用させていただきます。

「隅谷三喜男著『日本資本主義とキリスト教』の中に、石田六次郎というクリスチャンの一機関士が機関士仲間の不当な手当に堪え兼ねて、同僚に働きかけ、ストライキを敢行成功したことが書かれているが、その石田六次郎の『忘備録』には次のような、いわゆる自戒七ヶ条が記録されている。引用すると、「『一．信仰を発表すべし。之を蔵するなく人に示せよ。二．凡て悪しとすることは委く止め、義務とする所は委くこれを実行せよ。三．己が身も霊魂も委く神に捧げよ。四．日々必ず聖書を読むべし。五．時々刻々祈を怠るべからず。六．神の為、キリストの為に働くべし。七．信徒の交際に務むべし。』……我々は、アドミニストレーションとの信頼関係を云々する前に、何とかして神との絶対的な信頼関係において生活したい。この弱さにこそクリスチャンのすべての強さがある。」

さらに、この「クリスチャン・プロクラメーション」の第二号には、メンバー間で予め良く吟味された、五ヶ条から成る「信仰告白」が提示されており、これが以後のグループ活動の信仰基準となりました。この五ヶ条には、福音信仰の、①聖書論、②三位一体論、③④罪と救いの教理、⑤聖霊に従う生活等が、簡潔に信仰告白されており、これに基づいて、グループの聖書研究会や祈祷会、カテキズム勉強会、学内伝道集会などを行いました。生命が通っていたのでしょう。このグループ活動は、当時の学園紛争にも耐え抜き、今日に至るまで続いている、と伺っています。また、このグループに属していた者、参加した者たちの中から神学校に進む者、キリスト教伝道に献身する者が多く出ました。

わたし自身は、一九六七年にICUを卒業後、神戸改革派神学校に進み、一九七〇年に按手礼を受け、伝道戦線に遣わされました。宝塚伝道所、国立聖書伝道所、熊本伝道所、灘教会、筑波みことば伝道所など、五つの教会・伝道所において牧会伝道に従事し、二〇一一年に教師引退するまで、約五〇年に亘って現役教師として奉仕することを許されました。

同じく、ICU・KGK（〝ミリタント〟）から献身して、共に神学校に学んだ安達昌一兄も二六年間、国立と甲府で牧会伝道に当たりましたが、甲府塩部教会の現役牧師として奉仕する中 で主に召されました。同労者としては、残念の極みでした。

わたしは、このように、五〇年間、教会形成のために、現役牧師として献身してきました。主の御国のための尊い働きであったと、感謝しています。しかし、引退教師となり、現役時代を振り返って、反省させられているところもあります。
それは、「制度としての教会」（ローカル・チャーチ、中会、大会等）の働きは、神の国のためなくてはならない重要な働きでありますが、広い意味での「教会」（「有機体としての教会」）は、これに尽きるものではないということです。聖書において「教会」は、「キリストを頭とする体」（エフェソ 一・二二、二三等）として教えられています。素直に読むならば、キリストのご支配の下にある所ならばどの共同体にも、「教会」はそこにあることがわかります。クリスチャン・ホーム、キリスト教主義学校、キリスト教社会団体、クリスチャン政党、キリスト教伝道団体等々。皆そうです。もちろん、わたしたちICUも、このような、広い意味での「教会」であることに間違いはありません。キリストの名を冠し告白するすべての所において、もし、キリスト教共同体形成へのヴィジョンがなくなってしまったならば、キリストの生命は枯渇してしまいます。キリスト教大学としてのICUのさらなる発展のために祈りたいものです。そのために、キリスト教大学としての Creed があれば良いのにな、と今でも私はそのように思っています。

▼地方伝道者の思い

矢澤俊彦　YAZAWA Toshihiko

一一期
首都圏の教会を経て、一九七七年より山形県鶴岡市の日本基督教団荘内教会牧師・同保育園長。著作としては『荘内教会宣教物語』『人間復活へ』『キリストによるマグマ爆発』『ただ愛されぬ者だけが人を憎む』『汝を宇宙の主につなげ』『神の出番の新時代』。

「私を信じる者は、また私のしている業をするであろう。それればかりかもっと大きな業をするであろう」（ヨハネ福音書第一四章一二節）。

建学以来七〇年のＩＣＵの事跡は相当なものです。でも私達はこれからますます大きな業をなすべく、創立のビジョンを革新し立ち上がって行きたいと思います。

一九六一年春の入学式で私達は「世界人権宣言」を手渡されました。その時私はＩＣＵを創設された日本やアメリカなどの父祖達の胸中を思いました。戦前の国立大学が皆戦争に抵抗できなかった歩みを深く反省しながらの出発でした。彼らの深い祈りについては長清子先生やＣ・アイグルハルト宣教師達の創立史に明らかです。私はやがてそれを次の二つの有名な宣言として心に刻んだのです。

「戦争は人の心の中から生まれるものであるから、私達の心の中に平和のとりでを築かなくてはならない」（ユネスコ憲章冒頭の一節）。

「我らは……専制と隷従、圧迫と偏狭を、地上から永遠に除去しようと努めている国際社会において、名誉ある地位を占めたいと思ふ」（日本国憲法前文）。

これがＩＣＵの精神であり残虐きわまる戦争というものをもう絶対に繰り返すまい、との不退転の決意がそこにありました。この大学は人類の恒久平和のために創設されたのです。私の在学当時絶えず議論されたのは、ＩやＵが進めば進む程Ｃが必要になる、とか信仰に基礎を置かない学問は危険であり、空しいものではないか、などでした。そういう雰囲気の中で、私もスイスから来日したエーミル・ブルンナー先生の「日本に民主主義が定着するためには地方伝道がどうしても必要です」との言葉を真に受けて、自分の人生を歩んできたのです。

この人類平和の大目標と密接に関わりながら、現代はその緊急な課題として地球を持続させ破滅から救うことが持ち上がってきました。この度の新型コロナウイルスの全地球的襲撃から深く学び、私たちが生き方を大きく転換する必要が叫ばれています。例えば斉藤幸平氏の『人新世の「資本論」』には今の危機の実態が要領よくまとめられていますが、ただ私達人類の「帝国主義的生き方」という重病を癒す処方箋が不十分、という思いがします。いわば「分かっちゃいるけど……」の壁をどう突破するかが、次の課題なのです。

そこで長く保育園長をしている私は、新しい人類の養育課題として以下の四つを提唱しています。紙面の都合で説明は省きますが、①小さく生きる　②利他心を育てる　③強い自己肯定感を持つ　④知性のみならず良く考える力の養成です。どれもよく指摘されているものですが、この達成は容易ではありません。ことに近代の人間にとっては実に困難なハードルです。生活水準を落とすこと、狼にも似た我欲や民族主義を抑えること、「大洪水よ我が後に来たれ」（マルクス）という身勝手さを改めること、考えることから逃避せず奴隷にも機械にもならないよう、自分と戦うこと。これらを前にして考える時私達は途方にくれ、絶望的な気持ちにさえなるのではないでしょうか。しかしここなのです。ＩＣＵのＣがモノを言うのは。すなわち、私共の魂が天の父としっかり結び、その大きな愛を注がれることによって、この難題をクリアーできる。そういう新しい人間として飛躍し進化する可能性が残されているわけです。勿論ここでいう宗教とはアヘン的逃避的なものではない。そしてこの課題は一人クリスチャンだけのものでなく、Ａ・トインビー博士のいう世界の高等宗教が協力しあってこその可能性です。例えばユダヤ人が上記の四点の多くをいかにして自分のものとして生きてきたかは驚くべきものです。宗教を棄てて近代化の道を突っ走ってきて迷子になり、座礁している人類は、新たな宗教的生活によって何とか救われることを目指さねばなりません。この課題と目標を明示し、実践的活動の先頭に立つのがＩＣＵの学問であり、そこで訓練を受けた卒業生とクリスチャンであること、そしてこの大学関係者はみな、上に挙げた「狭き門」を指し示す伝道者なのです。この使命を真に受けることこそキリストの期待する（もっと大きな業）ではないかと私は思っています。

それでは私自身のことを少し記しましょう。信州長野に育った私は高校卒業まで教会に行ったことはありませんでした。ＩＣＵを受験したのは高校時代のＥＳＳ仲間の紹介によるもので、広いキャンパスや英語教育の充実、また国際的雰囲気について憧れを持ったためでした。それで入学礼拝での古屋安雄牧師による「何のための知識か」と言う問いかけが私のキリスト教との最初のふれ合いだったのです。それ以後チャペルを中心とするこの大学のキャンパスが人生について何も知らなかった私に、全てを手に取るように教えてくれる「偉大な母」となったのです。

ICU, how we love thee!

私は運よく教会堂には一番近い第一男子寮にいたことや、生活上の不安も手伝って日曜礼拝に出るようになりました。又宗教強調週間や夏の修養会、又クリスマスの集会に出て、キリスト教に接近しました。当時おられて私が深く教えられた先生方が思いだされます。湯浅八郎学長、神田盾夫、古屋安雄、秋田稔、川田殖、並木浩一、小塩節、絹川正吉、高橋三郎、C・アイグルハルト、G・フレッチャー、都留春夫（『ＩＣＵ二〇年』の小著あり）。又この大学教会では専門の違う様々な先生方や、地域の人々や青年達との交流も刺激になりました。そうした中で三年生の時洗礼を受けたのです。

しかしそれから半年後経験した信州の父親の急逝は、私の人生を生と死の探究に向かわせました。死に勝利する道を求めながら神学校に行き、牧師としての人生を歩んできました。でもその勝利の峰に達したのはすでに老境にさしかかっていた時でした。でも今でも時にぐらつくことがあるので、恩師の古屋先生からは一代目の信仰者は危ないね、などとからかわれたものです。でも又老年になってこそ宗教の味が分かることも、人生の幕引きも近くなった卒業生仲間にお伝えしたいと思います。

私の信仰的未熟のゆえでしょう。赴任してもう四五年になる山形県の鶴岡という城下町の伝道は楽ではありませんでした。凶作続きの農夫のようであり、患者を待ち続ける自称「魂の医師」の悲哀に耐えて来た私もついに「自己の道」を行き尽くし、主の恵にあずかることができたのです。この道行については拙著『神の出番の新時代』に少し記しましたが、それを象徴する讃美歌の一節を記しておきます。

一．み神のみ旨は　いともくすし　嵐に現れ、波にひそむ。
二．こよなき知恵もて　み山深く　数多なる宝を　隠したもう。
三．み空をおおえる　黒雲より　豊けき恵みの　雨は注ぐ。

（‘God moves in a mysterious way’一九五四年版八九番）

最後にもう一度「明日の大学」（'University of Tomorrow'）について
C・S・ルイスによると、人類史の中ではキリスト教もまだ歯の生えかけた乳児のような時期であるそうです。するとこの宗教が力を発揮するのはいよいよこれから、ということになります。地球が廃墟となることから救うICUへの神様や無数の創立関係者の期待は誠に多いなるものがあると言えましょう。

▼ICUの森で豊かにされて

青野太潮　AONO Tashio
一二期
東京大学大学院人文科学研究科、スイス・チューリッヒ大学神学部博士課程（神学博士）、西南学院大学神学部教授・名誉教授、国際新約聖書学会会員、日本新約学会会長（二〇〇九年―二〇一七年）、主著『「十字架の神学」の成立』（一九八九年）。

「ICUの森で豊かに育まれた私」にとって、そこで与えられたキリスト教的な「豊かさ」を「証言」することは、容易なことではない。なぜなら、ICUに入学する以前の私にとってなら、そのように「証言」することはいとも簡単なことであったのだが、入学後に「ICUの森で豊かに育まれた私」にとっては、そうはいかないからである。つまり、入学前にキリスト教的な「豊かさ」だと思っていたことがらは、「量的」に言えば、以下に述べる理由からして、文字通り有り余るほど豊かにあったのだが、入学後の私にとっては、それまで「豊かさ」だと思っていたことがらは、実は「貧弱なキリスト教」以外の何物でもないと思うようになったのである。なぜ「量的」には「豊か」だったのに、「質的」には「貧弱」な内容でしかなかったのか。
その理由を語るためには、ICU入学前の私の小さな前史を語る必要がある。というのも、高校時代にAFS

交換留学生としてアメリカ・ニューヨーク州ロッチェスター郊外の高校で一年間を過ごした私は、「敬虔な」ホストファミリーの人たちからの影響を強く受けて、日本に帰国する直前にキリスト教徒になったのだが、私が洗礼を受けたその教会は、聖書の「逐語霊感説」を堅固に信奉する超保守的で原理主義的な単立教会だったからである。彼らの信仰姿勢は見事なまでの確信に貫かれてはいたのだが、ただ「逐語霊感説」を否定するキリスト教徒に対する彼らの非難の矛先は熾烈をきわめていて、冷酷で偏狭そのものだった。だから彼らの「敬虔」には鉤括弧を付けないわけにはいかないのである。もちろん彼らの偏狭さまでもが尊敬の対象であったわけではなかったが、のちになって知ることになるように、その偏狭な姿勢は、恐ろしいことに、私によってもまたしっかりと継承されていた。

彼らの言う「逐語霊感説」とは、新約聖書の第二テモテ三章一六節に基づいて、「聖書は、(ただし第二テモテ書が書かれたのは新約聖書が「正典」として公認されるよりも遥か以前のことであったので、原文においてはただ「旧約聖書」のみがそれによっては意味されていたのだが、そんなことにはおかまいなしに)旧約聖書も新約聖書もすべて逐語的に神の霊感を受けて書かれたものである」、と捉えられた主張のことである。それゆえに、第二テモテ三章一六節にはやはりそうは明言されていないにもかかわらず、聖書の記述にはいかなる誤謬も、矛盾も、齟齬も、たとえそれがどれほど些細なことがらであったとしても、存在しない、と強調される。人間は決して神のごとき「絶対無謬の者」にはなれないはずなのだが、しかし聖書を書いたその瞬間にだけは、神の霊がそこでは十全に働いていたがゆえに、聖書記述者たちは「神の絶対的な正しさ」を手中にすることができた人間だったのだ、というわけである。

そのような「逐語霊感説」を手に入れた私は、神の絶対的な真理を手中にしたのだから、何者をも恐れることなく、堂々と自信に溢れて、「無謬の聖書」を説き、将来は牧師・伝道者になるのだという固い決心をしたのだった。そしてＩＣＵ入学後には、数名の原理主義者でグループを作って、小さな伝道集会を開き、入信の証詞を謄写版印刷でトラクトに刷って、全学に配布したりもした。聖書に書かれていることは、「すべて」真実なのだから、その「豊かさ」のなかから欲するがままに縦横無尽に引用して議論を展開することは、いとも簡単なことであった。友人の何人かは、その自信に溢れたわれわれの論調を称賛してもくれた。

しかし、ICUに入学して一、二年目の頃のこのような未熟な自分を思い起こすと、今でも私は恥ずかしさで顔が赤くなる思いがする。そのおぞましい確信は、「ICUの森」のなかで、意外と早く、ガラガラと音を立てて瓦解していったからである。そしてその時期を早めてくれたのは、皮肉にも、「逐語霊感説ゆえのおぞましい確信」を与えてくれた一年間のAFS交換留学生生活であった。なぜなら、その留学は一定の英語の上達はもたらしてくれたので、熾烈をきわめることで有名だったICUのフレッシュマン・イングリッシュ（一年生英語）の免除試験に合格できたのだからである。試験問題は、おそらく上級生の教材の一部だったのだろうと思われたが（それまで耳にしたことすらなかった semantics〔意味論、記号論〕についての英語の小論文の読解力テスト）、その半分も理解することはできなかったのに、幸運にも私は、それをパスできたのだった。そういうわけで、一年次の一学期から、上級生に交じって、私はドイツ語、ギリシア語、ラテン語を履修することができ、さらに自分が学びたいと願っていた新約聖書学の科目をも受講させていただくことができた。

もちろん当初は、キリスト教概論、聖書概論などの授業内容に、激しく反発したが、しかし、霊性を重んじつつも冷静に理性・学問性をも重視する授業の基本的な姿勢に、「狂気」に近い「逐語霊感説」が太刀打ちできるはずはなかった。四つの福音書に書かれていることを素直にそのまま読めば、そこには複数の記述者たちに固有の豊かな個性が躍動していることを認めないわけにはいかなかったし、それらの多様な理解を「ひとつの理解」のなかに押し込めてしまうことは、無理な屁理屈、牽強付会以外の何物でもないことを、正直に認めざるを得なかった。そして何よりも衝撃的だったのは、ギリシア語の学びのなかで、新約聖書のギリシア語原典はこの宇宙のどこにも存在してはいない、ということを教えられたことだった。約六千に近い大小の写本を厳密に比較検討して、オリジナルに最も近いと判断される「読み」を採用して、校訂本を作成する、しかも約二〇年に一度くらいの頻度でそれを改訂していく、そういう方法しか、われわれになし得ることはない、というのだ。最も権威のあるネストレーアーラント版の場合で言えば、二〇一二年に発刊された第二八版が最新の校訂本であり、したがって原典はいつも「動いている」のである。だから、この世に存在しない原典が「逐語的に無謬である」などと主張したところで、それはまったく意味のない空論なのである。

原典が動いているのであるから、その原典から再構成されるイエスの言行の確定作業も、残念ながらまったく相対的なものに留まる他はない。そもそもイエスの語った人間の「救い」とは何なのか、という大問題からして、決定的に確定的ではない。解釈学の大家ポール・リクールの「神は死に値する罪のために、人間に贖罪を要求し、この贖罪を父なる神の子がわれわれの『身代わり』となって死ぬことのうちに見いだすのか。わが論証エネルギーの大部分は……この供儀理論への抗議に費やされていると言わねばならない。私は供儀理論に、信仰の最悪の用法を見る」（『死まで生き生きと――死と復活についての省察と断章』、久米博訳、新教出版社、二〇一〇年、一〇五頁）という、現在の私が完全に同意している言葉を前にして、あなたはどう応答されるだろうか。「ＩＣＵの森で豊かにされた者」が語ることのできる「豊かさ」は、一見ますます「狭小」なものとなっていくかに思われるが、しかし、実はそれこそが、リクールが「供儀」に対置させる「贈与」がおそらくそうであるように、真の「豊かさ」なのだろう、と私は考えている。

▼私はＩＣＵで「人間」になった

安積力也　AZUMI Rikiya

一二期

聖書の人間観に立つ人間教育の実践的探究を志し、請われるまま四つのキリスト教学校（敬和学園・日本聾話学校・恵泉女学園・基督教独立学園）の現場を生きた（敬和以外は校長職）。著書『教育の力―教育基本法改訂下でなおも貫きうるもの』岩波ブックレット。

大学受験に失敗し、一年間の浪人生活を無為に過ごし、暗い心でくぐったＩＣＵの門。新入生歓迎の全学オープンハウスが開かれた四月のある日、私は気が進まぬまま、キャンパス内に点在する教授宅の一つに向かった。この時私は、神田盾夫なる人物が何者なのか、噂以上はなにも知らなかった。先生は、愛用のパイプをゆっくりくゆらせながら、参加した新入生一人一人に、入学して今思っていることを話すように促された。多くが肯定的な思いを語る中、私は、いらだちを込めてこう言い放ってしまった。「なぜ、神など信じる人がいるのか、私には分からない。私は、自分の理性が納得する事実以外は信じません！」

その時先生は、しばらくじっと私を見つめられた。そして低い声で静かにこう言われた。

「愚か者……」

肺腑を射抜くような鋭い眼光なのに、そのまなざしにはなぜか涙がにじんでいた。　不思議なことにこの時、私の心は傷つかなかった。むしろそれまで感じたことのない何とも言えない嬉しさを覚えていた。こんな私とまともに向き合ってくれる大人に、初めて出会えた喜び。私の問題性の根源を真正面から問うてくれる大人に初めて出会えた実感。

この出来事が基点となって私は、このＩＣＵで、私にとって「自分を生きること」と「仕事すること」が真に一つとなる道を本気で探ることになる。八年間かかった。本当に苦しかった。そしてやっと、日本海の寂しい海辺に出来た潰れかかった小さなキリスト教高校の教師になる道を見出した。その報告をしに、久しぶりに神田先生のお宅に伺った。周囲からは、私の将来を心配して「なんでそんなところに?」と言われたが、神田先生は即座に「それはいい！　地方に行くことはいいことだよ」と言われた。そしてまたあの〝涙がにじむまなざし〟でじっと私を見つめて、こう言われた。

「お天道様は見ているからね」

それはその後、人知れぬ教場の片隅でうずくまり、閉塞感と空しさで呻くしかなくなった私を、くさび打ち、耐えぬき、待ちぬかせる、力となった。

あれは確か「全共闘運動」の前哨戦でキャンパスが騒然とし始めた一九六七年のことだった。学生が本館をバリケード封鎖し休講状態が頻発する中、何をすべきか、自らの在り方を定めきれずに悶々とキャンパスを歩いていたら、遠くから大声で川田殖先生に呼び止められた。

「安積君、一緒にプラトンの読書会をしませんか。」

当時、社会科学への関心しかもっていなかった私は、内心思った。

「こんな時に何で読書会なんだ、それもプラトンだなんて。」

立ち話だったが、私はいらだちを込めて先生にこう返した。

「今は行動すべき時です。なのに、なぜか体が動かないんです。」

先生は、私の顔をのぞきこむようにして、こう仰った。

「安積君、真理に従おうとする人間はね、力の行使に対しては無力なんです。」

瞬時に、私は言い返した。「無力でいいんですか！」

先生はメガネの奥から目ん玉をカッとむき出すように見開いて、鼻の先がぶつかりそうになるほど顔を近づけ、こう言われた。「いいんです。無力でいいんです。」

川田先生をして「無力でいいんです」と言わしめる「真理の力」とは、いったい何なのか。国家権力が持つ圧倒的な鎮圧力であれ、民衆が持つ爆発的な秩序破壊力であれ、この世のあらゆる物理力（power）に「対峙」できる力、それも「無力のまま」対峙できる力。それはいったい、如何なる「力（authority）」と「世界」なのか。

詩編四六篇一一節の言葉が、抗いがたく内奥から突き上げてくるのを覚えた。「力を捨てよ。知れ、私は神」。全てが漠として見えてこないいらだちの中だったが、この立ちはだかる「巨大な問い」だけは、川田先生のあの〃カッと見開いたまなざし〃と共に、消えぬ刻印となって私の心底に刻まれた。

一九六九年一〇月、ICU当局は遂に機動隊を導入し、全共闘学生が占拠していた校内の建物すべてを強制解除した。礼拝堂を含む教育エリアは、あっという間に2メートルを越える鉄製の壁で囲われ、大学当局は授業再開を一方的に宣言。さらに、全共闘メンバーのみならず大学当局の在り方に強い異議を持って授業ボイコットしていた多くのICU生に対して、翌七〇年一月までに「履修再登録」しない者は自動的に除籍する旨を通告。ICU生の多くは、苦悩の末、屈辱的な思いで履修再登録書にサインして、鉄柵の構内に戻った。

この問題に「真実に」関わろうとした者は、教師であれ学生であれ、立場を越えて誰もが傷つき果てていた。そしてそれぞれに或る「後ろめたさ」を覚えつつ、もはや互いに目を合わすことなく、うなだれてキャンパスを歩いていた。私もまさにその一人だった。

この年（一九七〇年）の九月、久方ぶりに再開された大学礼拝で、私は、森有正先生――数年前から時々パリから戻られキャンパスに住んで特別講義をしてくださっていた――による五回にわたる連続講演「アブラハムの生涯」を聴いた。人が真に「自己」（一個の人間）になるための不退転の「出発」の消息。全身を耳にして聴いた。そして思った。「内発性」に賭けよう。いかに乏しくとも心の内奥から起こってくる想いに立ってしか、もう「出発」しまい。

この連続講演を聴き終えたすぐ後、ある晩秋の夜だった。私は三鷹行きの最終バスに乗るべくメインストリートのバス停小屋の暗いベンチの端に座っていた。その時だった。小屋の奥に何か異様な気配を感じて、思わず目を向けた。

森有正先生が一人で座っておられた。黒いコートの襟を深々と立てて、一点の虚空をカッと見つめたまま、微動だもせず座っておられた。一瞬、その異様に光るまなざしを見て、私は思わず目を伏せた。

私は声をかけられなかった。他者の介入を許さない、こんなに「硬質な孤独」があるのか。このすさまじいまでの孤独からしか、この人の「言葉」も「思想」も生まれてはこないのか…。私はじっと目を伏せたまま、この人格から放射してくるもの全てを、全身で感じ取ろうとするしかなかった。

気がつくと私は、私の内部に淀む暗い諦めの思いに向かって、叫ぶように言い聞かせていた。「今の自分に耐えろ！」「自分の空疎さを借り物で埋めようとするな！」「待ち続けるしかないものがきっと在るのだ。自分から何かを取りに行こうとしてはならない！」

あとになって私は、先生の哲学論文（未完）の中に次の一節を見出し、納得した。

「意志は最後に来る。……凡てはあとになって判り、そこに本当の意志が生まれるのである。」（『経験と思想』岩波書店、一六五頁）

悔しいけれど、「本当のこと（人格的真理・「生きること」に関する真理）」は後にならないと判らないのだ。だから、「本当のこと」を求める人生は、必然的に「冒険」となる。

たぶん私は、ＩＣＵで出会った人格の尋常でない「まなざし」にくさび打たれて、かろうじて、主から「生きよ」と命じられた場所から逃げ出すことを免れてきたのだ。そして辺境性の高い四つのキリスト教学校現場を生き切ることが赦されたのだ、と思う。

私にとって「教育の現場」とは、常にaccident（「起こってくるもの」）に不可避的に遭遇する場である。その一つ一つに身を投じることで、私は何度、若き魂の――ＩＣＵで出会ったまなざしと同質の――澄みきった〝本気のまなざし〟に直面させられ、自らの淀み濁ったまなざしを根底から糺（ただ）されてきたかを想うのである。

▼五〇歳で神学校を卒業して

稲垣緋紗子　INAGAKI Hisako

一二期

一九九六年聖書宣教会聖書神学舎卒。ティルブルフ大学神学部修士課程で単位取得。ＪＥＣＡ岩井キリスト教会牧師。他に、キリスト者学生会理事、日本福音同盟女性委員。著作『聖書は女性をどう見るか』と訳書『エステル記』（ティンデル聖書注解）はいのちのことば社刊。

一九九六年の三月、聖書神学舎という神学校を卒業したとき、私は五〇歳でした。そこに至るまでと、その後を振り返ってみます。

キリスト教に初めて触れたのは、教会の幼稚園に通っていたころです。教諭の先生が主にある品性をもって指導してくださった雰囲気は、幼い者の心にしっかりと刻み込まれました。私の家は代々仏教でしたが、祖母の方針で小学校からキリスト教主義の学校に通うことになり、その高校から推薦を受けてのＩＣＵ受験でした。私は前途に希望を抱き、そこそこ求道心を持ち合わせていました。ＩＣＵで信仰と理性というテーマが貫かれることへの期待もありました。それが一八歳の私でした。

高二のときニューヨークで二週間ほどホームステイをしたことがあり、語学の必要を痛感していたので、語学科で言語学を専攻することにしました。折しも井上和子先生によりチョムスキーの言語理論が講じ始められていたころで、目から鱗の日々となりました。後に、聖書を原語で学んだり、日本語訳聖書改訂の一端に加えられたりした際、基本的にそれが生かされたと思います。

筑豊の子どもを守る会、ＩＣＵグリークラブ、聖歌隊などの活動に加わり、信仰の面では、ＩＣＵ教会の古屋安雄牧師から指導をいただいて、洗礼を受けることができました。教会からのプレゼントのNew English Bibleは座右の書です。

また、当時始まったばかりの同好会ＩＣＵ－ＫＧＫ（キリスト者学生会）に、この会が主催した新入生のためのキリスト教入門講座をきっかけに、加わることにしました。毎日昼休みには祈り会に参加しました。謄写印刷の小さな週刊リーフレット「しゃろうむ」を企画し、それに証を交代で載せては、学部生全員のメッセージボックスに投入していた期間もあります。

こうした順風満帆の時期の後にやってきたのは、能研テスト紛争の嵐でした。今にして思えば、チャペルで語られていた「預言者精神」を、このような場合にこそどう実践するのかが、ひとりひとりに問われていた期間であると思いますが、当時の私にとって、突然の非日常が長く続くことは衝撃であり、それに対する準備不足が致命的となりました。社会科学的なマインドがあればもう少しゆとりがあったかと思いますが、それを望むべくもなく、結果として、卒論だけを抱えた数年を過ごすことになりました。その間、同窓生と結婚し、家庭を築きつつ、地域教会では教師夫人の立場で奉仕していました。卒論が仕上がってからは（卒論指導教授のご指導には感謝してもしきれません）、宣教師のための日本語教師などをしましたが、その際、小出詞子先生による、外国語としての日本語教授法を受講していたことが大きな助けになりました。

次に嵐に見舞われたのは、娘たちが幼いころ一家でイギリスに滞在したときでした。渡英して数か月たったころ、私はうつ状態になってしまい、その結果母子だけ帰国を早めることになりました。またしても思わぬ事態に陥ったことに大変戸惑いました。その時の心身の変調の原因が、秋から冬に向かう英国特有の天候にあったか、それとも、そもそも短期の滞在中あれもこれもしようと無理をしたからか、今もわかりません。ですが、一人の人間としての準備不足というものがあるとすれば、原因はそれだったのではと悔やまれます。

体調が回復したときに、まずは聖書を学びたいと切に思いました。自分にもっとも不足していたのは聖書の学びであった、それを差し置いてほかの事をしていたと思いました。そこで、聖書を原語で学ぶことに力を入れている学舎に通うことを決心し、それまで多くの事に同時にかかわっていたことへの反省から、それ一本に軸を定めました。とはいえ、自宅を開放して英語教室の講師を務めながらの通学でした。娘二人が通っていた英語塾が閉じてしまったのを機に、ある企業と契約して、そのホームティーチャーになったからです。

こうして、聖書の学びはゆるやかに進み出しました。まずは、単位を認められる聴講生として生活時間に合わせた履修を続け、やがて卒論に取り組む最終学年を迎える前に、あらためて入学試験を受けて本科生になりました。その直後です。あるハプニングがありました。学生会で校内雑務の分担を相談していたとき、なんと自分自身の深淵を見たのです。そこにいたのは、なるべく負担の少ない雑務が回るようにと何気なく画策する自分でした。そのことにショックを受けたせいで、帰りの道は駅に向かおうにも力はすべて抜け、足を運ぶのがやっとでした。自分が心底罪びとであるのを知って、完全にうちのめされていました。ですが途中で、そうだ、これでいいのだ、事実を知って良かったと悟り、感謝の思いに満たされました。その日のことは色濃く記憶しています。

神学校卒業後、二つの伝道団体で主事を務めた後、所属教会をはじめとする国内諸教会の支援を受けて、夫婦とも宣教師の立場でパリの日本語キリスト教会に赴きました。私にとっては、滞英中に自身が在留異国人の気持ちを味わったことが背中を押しました。その教会は当時四〇人ほどで、現地のフランス人教会を借りての聖日午後礼拝に、毎週新しい人が加わりました。週末には、青年会メンバーが下宿に友人たちを誘っての聖書研究会が開かれました。そのように、伝道の機会に大変恵まれた教会で、三年間私は伝道師として働きました。

ヨーロッパ滞在中のことですが、間に立ってくださる方々がいて、オランダ・ティルブルフで、ファン・ウォルデ教授による念願の講義を、三か月にわたり週一回受けることができました。思いがけなくウォルデ女史にお会いできたことを、主の導きと受け止め感謝しました。ICUでの卒論も評価していただきました。長の年月をかけたわりにはページ数の多くない論文ですが、私なりにチョムスキーの理論に立って英語句の構造を分析したものです。

帰国後、それまで三年の間支援を受けた茨城県の教会へ報告の折、神学校で私と同期であった、その教会の牧師の後任として、夫婦して赴くことを求められました。そこで私は、副牧師、次に牧師として、合わせて四年間働きました。礼拝にはガーナから来ている方たちもいて、ICUで国際感覚を養われていたことが、牧会上の大きな助けになりました。今や国内にあっても海外の人たちのために働ける時代であることを、体験を通して理解しました。

その後、一人っ子である私の高齢の両親や、子どものころから世話になった独身の叔母の住む東京へ移りました。以後、同教会国内宣教師の立場にあって、聖書釈義本の翻訳などを中心とするミニストリーを立ち上げ、現在に至っています。聖日には、教会連合の無牧の諸教会へ礼拝説教支援に出向く週もあります。また、そのような支援はしばらくの期間定期的となる場合があります。

夫婦ともどもＩＣＵの卒業生です。娘の一人はＩＣＵ高校でお世話になり、ＩＣＵに進学しました。幅広い視野と寛容な精神をはぐくむ母校が、これからも長く存続していくことを切に願っています。それが、母校から啓発を受けた者としての願いです。

▼日本のキリスト教大学

梅津順一　UMETSU Junichi

一四期
青山学院院長、キリスト教学校教育同盟理事長、日本聾話学校理事長を歴任。青山学院大学名誉教授。一般向け著作では、『ピューリタン牧師バクスター』、『その神の名は？』、『大学にキリスト教は必要か』（以上、教文館）、『日本国を建てるもの』（新教出版社）。

私は一四期、七〇年卒、いわゆる大学紛争戦中派です。いろいろ考えることも多く、もう少し勉強したいと東京大学大学院経済学研究科に入学、研究もやり始めるとやるべきことも多く、結局は大学にとどまり教育・研究が職業になりました。勤務先は、主に青山学院大学でしたので、長くキリスト教系大学に関わったことになります。大学以外に実社会の経験がないという意味では、幅の狭い人生でしたが、キリスト教系大学に継続して身を置いたことで、いわば定点観測者の視点を持ちえたかも知れません。

明治以後、日本のキリスト教系大学・学校は、海外、主として北アメリカの宣教団体によって設立されました。しばしば用いられた英和学校とは、Anglo-Japanese School の訳語で、英語と日本語を用いた学校という意味でした。しかし、それでは宣教師の学校として狭い印象を与えるとして、東京英和学校は青山学院と改称しました。東京女子大学は、プロテスタント諸教派が協力して設立されましたが、英語名はTokyo Christian Woman's Collegeでした。日本語ではキリスト教は表に出ていません。むしろ宣教師が狭い印象を与えることを避けたと言われます。

戦後ICUは、東京女子大とは逆にキリスト教を意識的に前面に出しました。戦前の日本国の太平洋戦争への道の反省と戦後の民主化のために、キリスト教は重要な課題であると考えたからであり、当時はキリスト教関係者を超えて、幅広い支持が得られたのでした。東北の田舎町で育った私は、ICUを良く知っていたわけではありませんが、高校時代の東京オリンピックの経験が国際化の時代を意識させ、またキリスト教の家庭で育ったことで、自己の立脚点を確かめたいという動機もあって、入学しました。

ただし、ICUではむしろ、キリスト教と言ってもなんと幅広い考え方があるものかとの戸惑いがありました。聖書の読み方、説教のスタイル、社会問題への対応、教会運営の考え方など、どの立場をとるべきか、決め難く判断に苦しむ。それに勧められた神学的著作自体がとても難解で、資本論並みに難しいし、キング牧師の活動には共感できても、その説教を読んでも、別世界の出来事との印象が拭えない。入学後、信仰的にはむしろ混迷の世界に引き入れられた感がありました。

とはいっても、ICUには、設立当時の牧歌的な雰囲気も残っていました。キャンパスで財布を落としても持ち主に返ってきました、キャンパスの教授宅で留守番やベビーシッターのアルバイトをする学生もいました。寮にはアドバイザー教員家族それに寮母さんが住んでいました。カナダハウスの高齢の寮母さんは、それにしても最近の学生は、建学当初とは雰囲気が違ってきたと嘆いていました。大学紛争によって、その変化が一挙に加速、キリスト教関係では、ブルンナー教授に由来したインナー・サークルの活動が途絶え、大学の例年の修養会もなくなり、学生主体の宗教週間もしばしば中断してしまいました。

確かに、私の学生時代は戦後史の転換点で、世論の関心が戦後の民主化から高度成長に移り、ベトナム戦争によってアメリカのイメージが、民主主義国から帝国主義に変化していきました。アメリカ国内でも反戦運動、公民権運動が盛んになっていきました。この時代状況の中で、プロテスタントの間でも対立が鮮明になって行ったのですが、私自身は「宗教改革と近代社会」という主題で、マックス・ヴェーバーを手掛かりに研究をスタートすることになりました。戦後、同名の著書を刊行された大塚久雄先生が、東大を定年退職し、ＩＣＵで講義を始められた幸運もありました。もっとも、先生に質問しても、返された答えを理解し、会話が成立するのにかなり時間がかかったのですが。

私は教員生活の最後に、図らずも青山学院院長に就任しました。大学の最終講義では、「大学にキリスト教は必要か」という題名で話しました。ある方から、キリスト教大学でキリスト教の必要は疑問の余地がないのではとの指摘を受けました。もっともな指摘ですが、ただ現状では、キリスト教学校で学ぶものたちが、キリスト教を求めて入学するわけではありません。教育する側でも、多くの教員はクリスチャンではありません。としますと、キリスト教学校におけるキリスト教の位置づけは必ずしも自明ではありません。キリスト教学校であるがゆえに、一般の学校とどこが違うのか。その違いに積極的に答えることができないと、キリスト教学校の存在意義が薄れていきます。

標記の講義で、キリスト教教育の成果として、私は三人の卒業生を取り上げました。一人は明治期に教育を受けた稲垣鉞子。彼女は長岡藩旧家老の娘として育ち、渡米した兄の友人に嫁ぐために入学したのですが、宣教師の先生に新しい世界に導かれ、仕来りから解放され、自由に目覚めました。二人目は、戦時期に英語を学び、陸軍通訳として泰緬（タイ・ビルマ）鉄道の建設現場に居合わせた永瀬隆。彼はイギリス人捕虜の拷問に通訳として居合わせ、彼自身も精神的な傷を受け、戦後はたった一人で、現地に赴き慰霊の旅を続けました。永瀬には、国籍を超えた人間への同胞感情があったのです。もう一人は、戦時の繰り上げ卒業で、フィリピンの戦場に派遣された山本七平です。都会のキリスト教の家庭で育った山本は、帝国陸軍の経験を通して、日本の伝統文化（日本教）の精神的拘束を発見しました。この三人に見る、「自由」と「隣人愛」と「伝統文化の執り成し」の課題は、ＩＣＵ卒業生の経験とも重なり合うものがあるのではないでしょうか。

研究を通して、アメリカのキリスト教が開拓地の経験のなかで定着していったことを知りました。海外からのばらばらな移民たちは、入植し、それぞれが教会に属し、信仰と生活とを作り上げる中で、相互につながりができ、さらに教会間の協力で学校や病院、福祉施設を設立し、いわば自発結社の集合体として市民社会を作り上げました。伝道地日本でも、さまざまな宣教団体、諸教派の協力体制を作り上げ、幼稚園から大学まで教育機関を設立しましたし、さまざまな福祉活動の種が撒かれました。しかし、戦後日本で、教会が順調に成長し、教会の関連事業である教育や福祉活動が活発に展開していったとは必ずしも言えません。何が妨げになっているのか。

私は人生の半ばを過ぎて、配偶者が献身、牧師となったことにより、教会で人々を迎える側に立つことになりました。結果として、信仰者を一つの群れとして見ることになりました。否応なく、クリスチャンの個人プレーではなく、チームプレーが問題になります。教会運営は、牧師中心では王政、役員中心では貴族政、信徒中心では民主政に似て来ます。しかし、教会は実は、神中心でなければなりません。教会形成には、国家から地方政府、民間団体の健全な発展の基本が含まれています。逆に、日本社会の伝統的な構成原理が教会に侵入してくる危険もあります。最近はそんなことを考えています。

教師たちのことば2（入学式式辞）

鵜飼信成（第二代学長）

一九六二年度新入学生として、本日ここに参集された二三七名の諸君に対して、私は心からの祝辞を申し述べたいと思います。

　まず極めて平凡なことですが、健康には十分に気を付けて下さい。幸いにして本学構内三十五万七千坪の敷地には、いたるところに武蔵野のおもかげをとどめる美しい雑木の林や灌木のしげみがあります。（国木田）独歩はかつて「武蔵野に散歩する人は、道に迷うことを苦にしてはならない」といいました。諸君、泰山荘からわさびの沢に下りては、また彼方の雑木林の中へと大いに道に迷って、浩然の気を養い、人生行路難にたえる体を作ってください。

　第二に、この散策の道を、かの西洋諸国の大学におけるごとく、Philosophenweg（哲学者の逍遙路）たらしめてほしいと思います。孤独なる散歩者として、諸君は自分の魂の底の底まで見つめ、その中に精神の対話をもってください。対話の精神は、あらゆるものに対して問いを提起し、その対立と相互分析の中から、たえずより高次の、新しい境地を開拓してゆく精神であります。この精神を確保し得たときにのみ、諸君は知識人であり得るのです。

　第三に、この精神は一方では講義と演習の教室へもち込まれなければならないし、他方では、祈りと説教の場であるチャペルにも、もち込まれなければならない。自ら求める精神、求道の心をもって、これらの場所に出なければならない。そうしたその精神に立つが故に、そこでのあらゆる素材は、ことごとく、あなた方にとっての課題であり、あなた方は、問いをもって、これに対峙してゆかなければならない。あなた方が、たんなる知識の百科全書的、あるいは用語字典的集積ではなく、学問の精神を学びとることができるのは、そのような修業のたまものであり、またあなた方が、たんなる敬虔で熱心な日曜信者でなしに、……生ける信仰の持ち主となることができるのも、同じ修業者的態度の成果であります。

　そうして最後に、私は、あなた方が、正しい意味で国際人となることを希望したいと思います。「ＩＣＵには外国人、異邦人、異人Foreignerはいない。ここにはただ、日本人Japaneseと日本人ではない人々　Non-Japaneseがいるだけである」というのは、ＩＣＵの創立の功労者初代学長の湯浅八郎博士の名言でありました。この定義はしかしまた、それが、日本と日本人との特質を、一つの重要な資格として提起していることにあなた方は気付かれるでしょう。内村鑑三先生の墓碑銘である「我は日本のため、日本は世界のため、世界はキリストのため、而してすべては神のため」という一句は、この視角を、最も簡潔な字句で力強く示したものですが、私はそこにある区別と総合との、すぐれて哲学的な統一に、いまさらのようにひかれるのであります。

私は学生諸君が、差異を差異として理解しながら、その中に、たえず統一の世界、全体の世界を見る眼を、この特異な大学、国際基督教大学の生活の中で養われることを特に希望するものです。

（『神と人との間』弘文堂、一九六六年より）

キャンパスのCスポット

ICU 教会

正門から入ると正面に教会堂が見えます。設計はウィリアム・メレル・ヴォーリズ。建設費用はアメリカアイオワ州の教派を超えたキリスト者からの募金によるものです。献堂はICU開学の翌年1954年。教会堂入り口の胸像は、ICUに赴任したスイスの神学者エーミル・ブルンナー博士。

ピースベル

ICU教会の塔には「ピースベル」という鐘が設置されています。この鐘は、ICU設立のために日本の政財界に募金を呼びかけた当時の日銀総裁一万田尚登氏を記念して、ICU献学50周年に設置されました。この鐘には、Iペテロ3章11節「平和を求めてこれを追い求めよ」が刻まれています。

栗林輝夫　KURIBAYASHI Teruo

一五期
東京神学大学大学院修了、四国学院大学、関西学院大学教授、二〇一五年五月一四日逝去。『荊冠の神学――被差別部落解放とキリスト教』（新教出版社、一九九一年）、『日本民話の神学』（日本基督教団出版局、一九九七年）、『日本で神学する』（新教出版社、二〇一七年）、『アメリカ現代神学の航海図』（新教出版社、二〇一八年）ほか。

私には三つの差別の形について、どうしても他人事にはできない個人史と事情がある。それらは部落差別、女性差別、在日定住外国人への差別である。

部落差別については父方のこだわりがある。私の父方は長く東京の下町、浅草に住んでマイナーな香具師をしていた。浅草の一郭は江戸期に弾左衛門配下に、関東一円を統括した「非人」系部落があったところで、今も皮革業、袋物業、履物業などが残っている。明治の「解放令」以後も、そうした伝統的部落産業に附随して、そこには香具師、大道芸人、興行師が多く住みついていた。私の祖父はシャモを闘わせて、何がしかの木戸銭を稼ぎだすという闘鶏賭博をとりしきる興行師だった。父も子供の頃からそうした賭博場の外に立ち、官憲が取締りにやってくると合図する役目だとか、闘鶏の番付け表を書く仕事をさせられていた。庶民相手にちびちびと賭博をする稼ぎなど、たかがしれたものである。けれども「お上」は、そうした周縁にやっとすがりつくように生きていた零落の民をいつもいじめていた。築地警察署に盗品故買で引っ掛けられて、さんざん脅かされて留置場から帰ってきた祖父は、「ポリスだけはなっちゃいけねえよ。しっかりやっておくんなまし」と吉原の遊廓言葉で、小さい私を激励した。私は「しっかりやって」いつか祖父のかたきを討ってやろうと、子供心に思った。（略）

女性差別へのこだわりは母の無念さによる。私の母は世界恐慌後の昭和初頭の不景気時代、柳橋の芸者置屋に売られて、半玉とし芸事をしこまれ、日本の敗戦に至るまで、そこにとどめおかれた。義務教育も鉄砲州にある夜間の尋常小学校で終えている。当時、疲弊した北海道や東北の農村の娘の多くは、下町の玉の井や洲崎の遊廓に売られて娼婦になり、母のように東京生まれで目鼻立ちもまずまずの、シャキシャキした江戸弁ができる娘は芸者屋に送り込まれたという。敗戦の時には母は二十歳になっていたから、一本立ちとはいかないまでも、座敷に出て戦争成金や軍人の慰みものにされていたのは間違いない。実際母はこのことを恥じて死の直前まで父にも隠し続けていた。母は三十歳代で病死したが、死ぬ前に父を前にして「潔い体」でなかったことを赦して、どうか軽蔑しないでほしいと、あえぐように病床で告白した。彼女の葬儀が終わって、押し入れの奥の小さな包みのなかから、数枚の古びた写真が出てきた。そこにはあでやかな姿で踊っている、いや踊らされている母の姿がいくつも写っていた。芸者が芸を売る、世界にも稀な芸術家などというのは日本の男の嘘で、性の慰みものという本質は変わらない。母がそうした境遇に身を沈めたのは彼女自身の意志ではなく、まったくどうしようもない家庭の困窮のゆえだった。また女性の性を商品化する男社会のゆえだった。（略）

さて最後の外国人差別は、私と妻子との関わりにある。その事情はさしあたって、次の記事を読んでいただければわかっていただけよう。――「これだけ国際化が叫ばれ、日本人は昔に比べると国際的になったといっている。しかしそうだろうか。この間も話を聞いて驚いたのだが、ＩＣＵの卒業生が、アメリカ、ヨーロッパで勉強してドイツ人の奥さんを連れて帰り、いま四国のある大学で教えている。その奥さんが四国に行く前、いろいろ心配もあるだろうけれども、四国は田舎なので東京などにいるよりも、かえって日本人の素朴な心に触れていいのではないかと励ました。半年ぐらいたってこの間、彼がきて、日本人というのはひどい、とふんがいしている。たった一日や二日ならお客さんだが、そこに住むようになるとまわりの日本人の態度が変わってくるのだという。スーパーマーケットに行った。まだ日本語はたどたどしい。荷物を買った袋を持っていたら、中学生がやってきて、その袋を奪って店の前にばらまいた。どうしてそういうことをするのかと彼女はびっくりした。ご主人が、どこにだって変な子はいるのだから、と慰めた。ところが、しばらくして町を歩いていると、登校する高等学校の男の子のグループとすれちがった。一人の男の子が『ハウ・マッチ』といって、みんなで笑ったという。それで彼女はご主人に、こんな侮辱を受けたことはないと泣き崩れたという」（古屋安雄「国際化と『いじめ』『靖国』」『エコノミスト』［一九八五年十二月］）。

ここに登場して「ふんがい」したり、「慰めた」り右往左往している「ご主人」というのは私のことであり、買春する言葉のように「あんた、いくら」と高校生に英語でからかわれて「泣き崩れた」という、ややテレビ・ドラマ風の振る舞いをしているのは私の妻である。私も海外の国々を放浪していた八、九年の間、縁なき差別や偏見に出会わなかったわけでは決してない。「ジャップ」「ヤブス」という日本人への差別語や、中国人への軽蔑語である「チンク」と言われたりすることも、ままあった。白人社会の中で赤裸々な「ボーイ」扱いされること も幾度かあった。しかし人種差別の厳しい国々でさえ、私のような異邦人がなんとか泣くことのないよう懸命に努力しようとする一群の人々がおり、それを国政に反映させようとする熱心な働きがあった。だから異質な人々への不寛容を際立たせる日本の文化と社会を考えるとき、それは外側は美しいが内は「白く塗った墓」（マタイ二三・二七）のように、どうしても映ってしまう。そこでは自分たちと少しでも「毛色の違う」者への排外主義が専らだからである。（略）

そして私たち夫婦の子供も「ガイジンの子」「毛色の変わった子」である。見知らぬ子供たちに囲まれて、褐色の髪の毛を引っ張られて押し遣られても、何のことかわからず懸命に作り笑いしているのは、見ていて痛ましい。四国で指紋押捺拒否者の先駆となった同僚の金永子氏が、長い間逡巡して押捺の拒否を決意したのは、自分の子供たちに同じ被差別体験をさせたくないと思った時だったと語られていた。日本基督教団部落解放センターで働く五十嵐照美氏が、押し黙っていられず部落解放の仕事に立ち上がったのも、子供たちへの切実さからだったという。そうした彼女らの思いは私にも痛いほどによくわかる。

冒頭で私は三つの差別の有り方について特に関心があると書いた。そのどれもが私にとってキリスト教信仰の理解に中核となっている。母の出来事を契機にして私はキリスト教を考えるようになった。それはヨハネ福音書八章に伝えられた、群衆に捕えられ引き出された遊女の嘆きの姿に、苦界に身を沈めた母を見たからであり、そして石打たれようとした彼女に慰めを与えたイエスに、母の救出を見出したからだった。その個所が聖書批評学的に言えば、いろいろと問題多いものであったとしても、イエスの福音は私には最初から被差別者、被抑圧者への慰めと解放として開示されてきた。もし今、私が大学教員という「知的階層」にパッシングしたまま口をつぐみ、私の歴史の前に累々として横たわる、差別された者たちの涙ひとつひとつを拾わなかったら、どうだろうか。そして歴史の未来に生きる次世代の子供らに対して、希望と和解を繋げていく努力をしなかったら、どうだろうか。そのときには私を責めて、母や祖父らの声がアベルの血のように大地から噴き出、石も叫び始めよう。

（『荊冠の神学——被差別部落解放とキリスト教』より）

▼クリスチャンの世界から世の中へ

菊地純子（旧姓大庭）　KIKUCHI（OHOBA）Junko

一五期
筑波大学大学院博士課程単位取得退学後テュービンゲン大学（当時西ドイツ）の博士課程で学び、日本キリスト教会神学校及び筑波大学、青山学院女子短期大学等の働きの後 Forum: Lux Lucet in Tenebris（LLiT）を主宰。ＮＣＣドイツ語圏教会関係委員会委員長。

一五期生およびその前後は、一期や二期生がキャンパスに教員としてもどりはじめ、熱く「ＩＣＵ　Family」の理想を説く中で距離を感じた世代であり、大学紛争／闘争のただ中でもがき、人生の最後のコーナーにさしかかり、その時代からの宿題になお取り組む者達が少なくないのではなかろうか。

四代目のプロテスタントキリスト教徒として、振り返れば牧師や長老であった世代の中で育った私は、ＩＣＵ

時代は「クリスチャン」という皮を抜けだして「本物」になりたいと試行錯誤していたようだ。卒業後大分たってからお会いした古屋先生から「君は在学中は宗教部に寄りつかなかったねえ。」と的を射た言葉をいただいたものだ。当時は「和気あいあいと、正しく行動する、清いグループ」などはまっぴらということであったが、今になれば、せっかくの成長の機会も逃がしてしまったかも知れないと思う。

聖書を特に旧約聖書を理解したいという主旋律で突っ走った年月の後、パンを得るために「教える」ベクトルで頭を整えたが、教派の牧師養成のための神学校ではともかく、複数のミッション大学での体験により、これまでの自分は、なんと世の中とは切り離されたところで生きていたのかと衝撃を受けた。この国のミッション大学で学ぶ学生は、卒業案件であるキリスト教学の単位取得のため私と会うわけだが、キリスト教はおろか聖書など生きて行く中心のところでは無縁と構えている方々が大多数だった。こうした学生達との間の溝を可視化していきながら、さまざまなテーマで結構シビアなやりとりをさせていただいた。こうした出会いから「世にある教会」「世にある聖書」への問題意識に目を開かれたと思われるので、単位取得のためとはいえ、めんどうくさい議論につきあってくれた学生諸君には感謝しかない。

教派の一個教会牧師として働く夫と共に、これまで一〇年毎ぐらいに毎に各地を移り住んだ。その時々に教会の建てられた地域の「世」と、それぞれの課題に添って活動をしてきたようだ。過疎地のゴミ捨て場誘致問題、や「こども図書館」づくり、今では日本中にあるが当時はめずらしことだったのだが、親が働く夜間に疑似家族で過ごす「こども食堂」や「子どもの居場所」。それはキリスト教的には「伝道の種蒔き」と言われたものだ。つまり、キリスト教会の形成を目的に、世に活動の手を伸ばすという働きだと。

そうした理解の枠組が私の中で決定的に説得力を失ったのが二〇一一年の東日本大震災以降のさまざまな出会いだ。誰が災害被害に遭うのかは、社会の構造からある程度予想することができ、説明できたとしても、実際に誰がどのような被害に遭うかは、災害が起きてみないとわからない。だから何が問題なのかは被害に遭われた当事者に教えてもらうしかない。その上で、被害者から教えていただきながら、自分がすべきこと、できることを聖書に聞きつつ言葉にする、行動にする。解答を熟知している者から「してあげる」から解答どころか事柄そのものを「添って教えてもらいながら示されていく」への方向転換と言ってもよいだろう。

世の中の「不条理」は、個々の事例であり、具体的で個性的だ、それを抽象化して言葉にすると別次元の事柄になるのではないか。そのやり方を thematisieren とドイツ語では言う。具体的で個性的な事柄に出会い、その「不条理」に取り組む活動は常に徒労感を伴う。曰く「根本的解決にならない」「穴のあいたバケツに水を注いでいるようなものだ」と。thematisieren して、多くの方々を招き入れ、時には共有していき、時には排除していきながら解決への道を探るのが筋だ、と。そうなのだろうか。

「世」の大海の中で「個」の自意識を持って生き、「不条理」に阻まれるときに、蛸壺に入り込んで大海の底で生きることが可能なのかわからない。しかし、もう一つの道、なお「世」の中で歩むのには、それぞれの出会った事柄をそれぞれの持ち分としつつ、自分以外の方々がそれぞれの持ち分に集中しながら生きて居ることを尊いこととする。そして繋がっていくための言葉化こそが求められているのではないか。その時にICUが私達の世代に与えてくれた「総論志向」が背中を押す。現在はどうなのかわからないが、当時は「総論ありきで各論がない」と自他ともに論評された大学だった。それを証明するように、多くの者達が卒業後に国の内外を問わず大学院に進んで専門性を求めて行った。それは出世のためには学位が必須との前提で多くのものが大学院へと進んでいるような今とは違った流れであったと思う。

思いもかけず同窓会から「原稿を書かないか？」と問われ、このようにとりとめなく書き出すと、在学時代毎日のように大学ノートに何頁も書きながら考え込んだ日々が思い出される。しかも寮生活をする者達は、その当時寮内で深夜まで議論し、翌日の授業のための準備をしたあとの、夜も明けるかという時間だった。それでも、ぐちゃぐちゃになった頭の中を整理しないと次の日は迎えられなかった。

筆者は、入学当初は本館前の芝生のこんもりとしたところで早朝祈祷会を数人で持ったものだが、その後チャペルアワーには参加したものの大学の「C」には壁を持っていた一学生である。今、一二歳の孫から「何が目的で生きているのか」と聞かれて「主なる神のみこころに添いたい」と答える私がいる。世に送らせていただいた書物の中の一つで、所属する教派からの要請で不十分ながらまとめた「神は生きておられる」という小冊子がある。欠けの多い文章の当時の勢いを共有してここで補足すれば「神は生きて働いておられる」となろうか。

▼今、伝道者として立たされていることの不思議を思う

大橋　章　OHASHI Akira

一五期
日本生産性本部で勤務の後、東京神学大学で学ぶ。日本基督教団浅草北部教会牧師。

今（二〇二三年一月）、わたしは七八歳、日本基督教団浅草北部教会の牧師として働いています。ＩＣＵを卒業して、日本生産性本部というところに三〇数年間勤務し、六一歳で退職し、東京神学大学に編入しました。卒業して、この教会に遣わされて一三年になります。この文章を書くために振り返ると、ここに立たされていることの不思議をあらためて思います。不思議に思うのはわたし自身だけではありません。わたしの周囲にいる人は、ＩＣＵの同級生をはじめ殆どの人が驚きをもって今のわたしを見ているのではないかと思います。

わたしが生まれたのは新潟県の現在は合併されて長岡市になっていますが小国町法末という豪雪地帯の山の中の村でした。小学校は先生が校長先生を含めて四人だけという小さな学校、中学校はその村から片道五キロのところにあり毎日歩いて通いました。高校は家から通うことが出来ないので下宿して長岡の高校に入りました。そこからＩＣＵに入学しました。キリスト教の世界とは全く縁のなかったわたしがなぜＩＣＵだったのか、不思議な導きがあったのだろうと思います。

入学したＩＣＵは美しいキャンパスで、はなやかな雰囲気、ノンジャパの先生、学生もたくさんいて、田舎から出て来たわたしにとっては別世界でした。そして先生も学生もキャンパス内に住み、毎日の食事も大きな食堂で一緒、一種のファミリー、牧歌的な雰囲気もあり、新鮮な喜びの学生生活のはじまりでした。それが夏休みを終え二学期に入った辺りから急に変化し、授業には出なくなるし、いい加減なだらしない生活になってしまいました。そして、それを自らよしとするような困った学生になってしまいました。そのように自分も困った学生でありましたが、大学も紛争の時代に入ってしまいました。真剣にそれに向き合う友人たちもいましたが、わたしはそこに加わることも出来ず、煮え切らない学生でありました。寮のカナダハウスも一年で出てしまい、休学もし、気持ちも生活も大学から離れてしまいました。どういう生活をしていたかというと、当時、三鷹の北口にあった武蔵野ＹＭＣＡというところに住み込んでアルバイトをしながらの生活でした。ＹＭＣＡですから、そこでキリスト教に触れた生活をしていたことになりますが、ＹＭＣＡの活動を積極的にやっていたわけではありませんでした。ただそこでの生活で、生涯のよき友人を何人か与えられました。ＩＣＵに籍をおきながら、そんな生活をしていましたが、六年目に卒業論文を書いて卒業しました。当時、よく読んでいた二葉亭四迷について書きました。先生にもご迷惑をかけましたが、思い出しても本当に恥ずかしくなるようなひどい内容のものでした。

そうして何とかＩＣＵを卒業して勤めたのは日本生産性本部というところでした。生産性と最も縁遠い人間が、日本の生産性向上のための運動を担うところに勤めたのですから、周囲の人たちには驚きでありました。友人たちはすぐに辞めるだろうと思っていたようですが、仕事はおもしろく、日本の社会のいろいろの問題に幅広い専門分野の人たちと協力しながら取り組む仕事は手応えもあり、やり甲斐のあるもので、三〇数年勤めました。

その間に仕事の上でも人間関係でも、迷うことや苦しいこともあり、五〇歳頃から知人のいた阿佐ヶ谷の単立の久遠教会に通うようになりました。また、高橋三郎、三谷隆正、矢内原忠雄、内村鑑三などを真剣に読むようになっていました。次第に日曜日の礼拝に出ることが生活の中で欠かせないことになってきました。礼拝に出て、み言葉を聴き、讃美歌を歌うと、いろいろ思わされて涙がとまらないということもしばしばあるようになりました。ルカ福音書の「放蕩息子」に自分を重ね合わせていたのかもしれません。それから間もなく、洗礼を受けました。五七歳になっていました。

洗礼を受け信仰者としての生活をしているうちに、もっと聖書を学びたいという気持ちが出て来て、生産性本部の仕事を続けながらでしたが、銀座教会の地下の会議室で開かれていた東京神学大学の夜間講座で学ぶようになりました。そこで半年ほど学んだところで、今度は自分が学んだことを、伝えることが使命のように思われてきました。年齢も六一歳になっており、不安な気持ちもありましたが、二〇〇六年三月生産性本部を退職し、四月に東京神学大学に編入学しました。若い人たちと一緒に固くなった頭で苦労しながらの神学生生活でしたが、学ぶことの一つひとつが、すべて新しいものとの出会いであり、喜びの時でありました。

そうして、四年間の神学生としての生活を終え、二〇一〇年三月東京神学大学を卒業、四月日本基督教団浅草北部教会に遣わされました。そこで毎週やって来る日曜日の礼拝、説教、水曜日の聖書研究・祈祷会、教会のさまざまな行事などは、サラリーマン時代とは全く違う緊張の日々でありました。伝道者としての歩みはすべてのことが新しいこととの出会いでありました。教会員との交わりも、当然のことですが、それまでの一信徒、一神学生としてのものとは全く違うものでありました。困惑することもたくさんありました。

一三年経っても、その緊張は続いています。み言葉との格闘です、よく理解できないみ言葉にも出会います。説教もはじめのうちは、み言葉を註解書を学びながら解説するような説教でした。自分にとってもみ言葉が福音とならないままに語るということだったように思います。それは、聴く教会員にとっても福音に、救いにならなかったでしょう。しばらく経ってから、遅過ぎた気付きでしたが、教会に来る人たちは福音を、救いを聴くために来ているのだということに気付かされました。そのことに気付いてからの説教準備と説教はやはり苦しく大変なものではありますが、喜びを伴うものになってきました。福音を、よき知らせを語るのですから、喜びであるのは当然のことです。今はそのことのために、自分が立たされていることの幸いと喜びを思わされています。

今、わたしは七八歳、伝道者生活も一三年になりました。神学校時代夏期伝道実習で行った秋田で出会ったあるご高齢の牧師が、厳しい奥羽の地で「生涯一伝道者」と言いながら力強く伝道に励んでおられた姿を思い出します。

キリスト教にはじめて触れたＩＣＵでの生活、三〇数年のサラリーマン生活、四年間の神学生生活、そしてこの浅草の地に伝道者として立たされている現在の生活、振り返るとその一つひとつに不思議を思います。今、立たされているところで、祈りつつ、日々新たな思いをもって、与えられた使命を誠実に果たしていきたいと思っています。

▼ＩＣＵを生きる

飯島　信

IIJIMA Makoto

一六期

東京都公立中学校教員（社会科及び特別支援学級）を経て日本基督教団牧師。『いのち輝くとき』（日本基督教団出版局）、『日韓キリスト教関係史資料』II、III（新教出版社）、『この国に思想・良心・信教の自由はあるのですか』（いのちのことば社）他。

一九六八年に入学した当時、キャンパスには、前年の能力検定テスト導入をめぐる大学側と学生側双方が負った傷を癒やし、もう一度建学の理念を取り戻そうとの願いが漂っていた。本館一階の廊下の壁には、教員主宰の聖書研究会の案内が何枚も掲示されていた。私は、旧約は秋田稔先生の「サムエル記」、新約は神田盾夫先生の「マタイによる福音書」の聖研に出席した。振り返れば、学部と院の七年にわたるＩＣＵでの生活で、最も心穏やかな時であったように思う。翌一九六九年二月、私たちFreshman有志の呼びかけを端緒としたＩＣＵ祭が行われ、学生運動の再燃を警戒した大学当局によって警備にガードマンが導入されたことから、三項目要求闘争と呼ばれる全共闘運動が始まった。

当初、私はＩＣＵ祭の執行部の一員でありながら、この運動には距離を置いていた。「力」を行使しての在り方を受け入れることが出来なかったからである。しかし、教会での活動を基盤とした靖国国営化反対などのデモで街頭に出る経験を通して、運動の担い手の一人となった。

闘争は敗北し、私はカナダハウスを追われ、二度と運動を行わないと言う再宣誓書に署名することによって復学を許された。再宣誓書の提出には、保証人として教員のサインが必要であった。多くの学生は途方に暮れた。闘ってきた相手である大学関係者の中で、彼らを批判し、攻撃した私たち全共闘の学生の保証人になる教員などいるはずもなかった。しかし、ただ一人、無条件でサインをして下さる教員がいるとの知らせを耳にした。大衆団交で、学長代理として私たちから厳しく責められた経験のある会計学の中島省吾教授であった。私たちは彼のもとに集まった。彼は何も言わず、「敵」であったはずの見ず知らずの学生の求めに応じて、保証人欄にサインをし続けた。彼がいなかったら、私はＩＣＵでの学びを続けることは出来なかった。

敗北の結果、かつて執行部としてＩＣＵ祭を共に担ったＩＣＵ祭実行委員長と委員会議長は除籍され、キリスト者であった副委員長は自死した。私と同学年の副議長は退学し、執行部で大学に留まったのは私だけであった。

一方、学部・院での私のテーマは天皇制であり、長（武田）清子教授の指導の下で論文を書いた。学生運動の中では相容れない立場であったが、私は先生によって学問研究を導かれ、その恩は消えることはない。

復学が許された後、私はＩＣＵの建学の理念を追った。学生夏期修養会を呼びかけ、週の初めの朝には授業前の朝拝を呼びかけた。そこでは運動を知る者も知らぬ者も集い、豊かな出会いと交わりが与えられた。私たちの呼びかけに応じ、修養会には教員たちも参加した。荒井俊次、加山久夫氏らＩＣＵ教会牧師の他、都留春夫、原喜美、大口邦雄、丸山愛、田坂興亜、岡野昌雄、柿内賢信、絹川正吉、田中敦、D. Loeliger、並木浩一の諸先生方である。信濃町教会の福田正俊牧師は、一九七三年度の修養会講師を引き受けて下さった。

大学闘争以降、これらの取り組みを共に造り出した仲間たちによって、私の歩みは支えられた。しかし、大学院を終えた後、長い間、私はICUのキャンパスに足を踏み入れることが出来なかった。院までの学びは続けたものの、私の心に生まれた深い挫折感が消えることがなかったからである。運動を担った私たち多くの学生が抱き続けていたICUの存在意義への問い、建学の理念への問いに対し、深い亀裂をそのままにして歩みを続けるICUに、問いへの答えを見出すことは出来ず、ICUは遠い存在となってしまっていた。それから半世紀が過ぎ、再び出会ったICUで、この原稿を書きながら、改めて思うのである。私にとってのICUとは何であり続けているのかと。

その時、私にとってのICUを呼び覚ます一冊の本がある。『THE ICU』65／66、VOL. VIII である。「ICU学生会小史」と「生協問題」が特集されているこの小冊子の頁を開くと、この時代にはいなかったにもかかわらず、何か懐かしい香りがするのである。全文を読んだわけではないが、「全学ストライキ」の光景を写した四頁の写真には、当時のトロイヤー副学長、神田盾夫先生、湯浅八郎学長、座り込む学生、椅子や机などが積み上げられたバリケードなどの写真が幾葉もあり、当時の様子を知らせる。

一九五三年に創立されたICUは、私の知る限り、六〇年代に入って学生運動と共に歩まなければならなかった。一九六三年の学費値上げ反対闘争、一九六五年の生協闘争、一九六七年の能研闘争、そして一九六九年の三項目要求闘争と。

私の覚える懐かしさ、それは、これら全ての運動の底流で、ICUの建学の理念と日本及び世界におけるICUの存在意義が問われ続けていたことにある。さらに言えば、Iとは何か、Cとは何か、Uとは何かが、運動を担う学生たちに共通する問いとなっていたことである。全共闘運動も同じであった。運動の担い手としての私の問題意識は、常にIとCとUにあった。Iを生きるとは何か、Cを生きるとは何か、そしてUを生きるとはどのようなことであるかである。

歩んで来た道を振り返る。私にとってIを生きるとは、日本の軍事的・経済的侵略の下に置かれたアジアの国々と出会い直すことであった。Uを生きるとは、その和解を呼び起こす作業の一つとして、一九二三年から二〇一〇年に至る日本と韓国のキリスト教関連の資料をまとめ、両国の交流の内実を明らかにすることであった。そして、Cを生きるとは何かである。

「神と人に奉仕する良心的な人材を育成する」。

ＩＣＵの大学設立の目的として掲げられたこの言葉は、幼い私の心に刻まれた大井バプテスト教会附属あけぼの幼稚園の保育理念と重なる。「暗い世に曙を告げる人材を育むことを使命とす」と。

Cを生きるとは、私にとってこの理念に生きることである。この理念に生きるとは、世の困難な現実を見出し、その現実に分け入り、その課題を負うことである。

三一年間の公立中学校では、墨田区と足立区を経験し、そのほとんどを生徒指導の分野で過ごした。世に生を受けてからわずか一三～一五歳にして、私の歩んだ人生とは比較にならない生活の厳しさに耐え続けて生きている彼らの現実を知った時、いつしか私にとっての生徒たちは、人生と言う旅路を共に生きる仲間となった。

定年退職後、牧師になってから一三年が経つ。欠け多き、力弱い自分ではあるけれど、それでもキリストの後を追い、キリストが働かれている場を見出し、負われているその荷を少しでも分かち合い、私にも負わせていただきたいと願っている。そのための、新たな準備が始まっている。

私の知る先輩の一人に滝本豪徳さんがいる。生協闘争当時のＩＣＵ学生会執行委員長であった彼の言葉で忘れることの出来ない言葉がある。「理念とは、それを生きようとする者の実在である」。幼い魂に育まれた人生を生きる理念は、ＩＣＵで蘇った。それ以来、生涯を賭けてそれに生きようとして来たように思う。理念は私に実在している。

キャンパスには木々が溢れている。それぞれにとっての木々と同じように、それぞれにとってのＩＣＵがある。私は、私のＩＣＵを生き続ける。私の人生に、これだけの影響を与えているＩＣＵは、やはり私にとってかけがえのない存在なのだろう。そこで出会った友たち、先生方、そしてこの大学での学びを私に与えて下さった神に感謝する。

教師たちのことば3

森　有正

私はパリの大学で日本の思想の入門のような講義をしておりまして、日本の思想のいろいろ特色を述べておりますが、日本人の大きな特色はあらゆる外来文化を自分に同化してきた、ということです。本来の文化はもちろんあったわけでありますけれども、それは非常にプリミティヴなものであって、いわゆる大文明を築くべきものではありませんでした。あらゆる文明を日本人は摂取し、同化して今日の文明に至りました。その場合、日本の、日本人のある質というものは非常に強くて、最後までそれが残っている。仏教を採用した時でも、あるいは儒教を採用した時でも、あるいは更に中国の言語である漢文を摂取した時でも、日本人が持っているある一つの質と言いますか、あるいは物事の考え方と言いますか、感じ方と言いますか、そういうものは執拗に持っております。これは日本語の例を詳しく説明してみるとよく分かりますが、自分のものを持っていて、他のものを摂取して自分に同化してゆく、自分でそれを使ってゆく、そういう点について日本人は非常に強いけれども、日本人は自分のほうから出発して、他の中に入り込み、そこで自分の新しい世界、新しい自分というものを築き上げるという力は非常に劣っているように思います。

私は文明のタイプを、アシミレイション（assimilation）の文明と、それからフランス語でアヴァンテュール（aventure）と言いますが、冒険の文明の二つに分けますが、日本人はどうしてもこのアシミレイションの文明に富んでいる。ところがアブラハムは全然それとは反対の型の一つの文明を知らしめている。これが今日のヨーロッパ文明の根底まで入っているのであります。

（ICU講演集『アブラハムの生涯』より）

キャンパスのCスポット

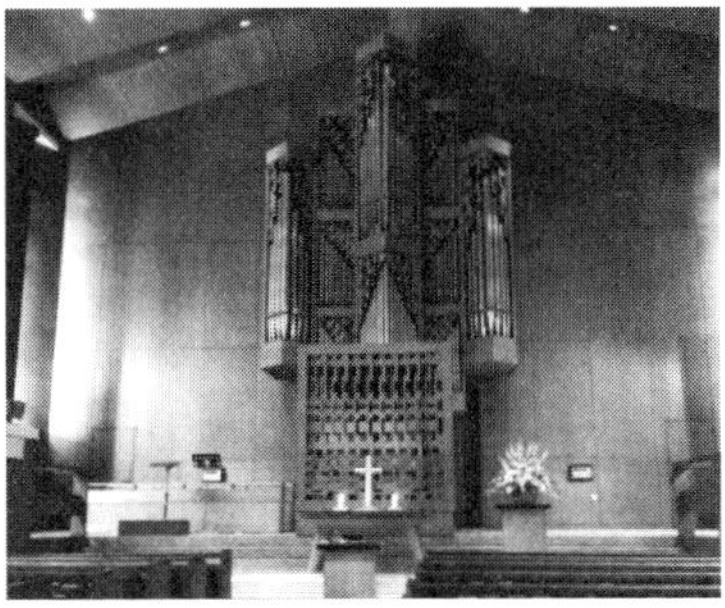

パイプオルガン

ICU教会のパイプオルガンは、1970年にオーストリアのリーガー社から輸入し設置されました。このパイプオルガンのために最初の寄付をしたのは、初代理事長東ヶ崎潔氏の妻三壽（みす）氏でした。入学式、卒業式、大学礼拝等で学生達はこのオルガンの荘厳な調べに心洗われ、世界へと遣わされて行きます。

末吉高明　SUEYOSHI Takaaki

一六期
奈良県立生駒高校教員、米国ジョージア州 Interdenominational Theological Center（神学修士）。大阪女学院高校教員、一九八六年四国学院大学赴任。二〇〇三年から学長職。著書等『黒人文化と黒人イエス』（単著）、『Malcolm X Speaks』（CDブックス訳）など。

一九六八年一〇月二二日早朝、私は、第二男子寮の友人たち三人と、六時間近くかけて、徒歩で新宿から寮へ戻った。途中、吉祥寺駅構内の立ち喰いそばで、空腹を満たした。前夜、国鉄中央線は、学生たちのデモ隊が新宿駅構内に乱入し、ストップしたままだった。一九六八年一〇月二一日国際反戦デーの記憶は、友人たちと夜通し翌朝まで歩いて新宿からＩＣＵキャンパスに戻ってきたエピソードとともに、いまだ鮮明だ。

一九六八年、世界中の大学キャンパスが燃えていた。同年秋のＩＣＵ大学祭は、私たちのキャンパスでの学生運動の発火点だった。当時の言葉でいえば、「ノンポリ」と呼ばれる政治的には無関心なポジションにいた私だが、一九六八年に続くＩＣＵキャンパス学生運動の歴史は、それまでの私のキリスト教信仰理解を根底から問い直すものだった。当時、ＩＣＵ学生運動の中核では、一年上の先輩〈荊冠の神学者〉故栗林輝夫氏が果敢に仲間たちと闘争の実践に身を投じておられた。隣接キャンパスの東京神学大学では、在籍していた神学生の大半が、「死せる言葉に終焉を！」（東神大闘争のスローガン）と叫びながら退学した。青山学院大学では、やがて神学部が学生運動の中核となることを恐れた理事会によって、廃部に追い込まれた。

一九六八年、世界をうねりのなかに巻き込んだ学生運動の問いは、次のような知性への問いを否応なく含んでいた。

「社会的矛盾を前にして、知とは何か。その知を先端で担う、学者、そして、学生の日頃の営為は、一体、何を意味するのか。」

さらに、同時に、知性のあり方に関する問いは、キリスト者であった私にとっては、信仰的問いとなって、共鳴する。

「神の義は、何処にあるのか。そして、キリスト者として現代社会で、隣人を愛するとは、どういうことなのか。」

ＩＣＵキャンパスにおいて深く突きつけられた問いに暗中模索するなかで、私は、かろうじて脱出口の兆しを、新約学とＩＣＵ教会が派遣したプログラム、被差別部落での子供会活動に見出した。キリスト者として、私の希望への道程が、二つ出現した。いずれも、二人の特定人物が関係している。新約学は、Ｕ・ルッツ先生、そして、同じく、新約学専攻で二年上の先輩、和田献一氏との出会いである。Ｕ・ルッツ先生のもとでの勉強を通して、私は、それまで自縄自縛となっていた私の硬直した信仰理解からの解放を経験した。また、和田献一氏は、ＩＣＵ教会が派遣した滋賀県近江八幡市の子供会活動のリーダーであった。和田氏の部落差別への深い理解と真摯なコミットメントは、私がその後、キリスト者として生きる道の通低音を奏でる源泉となった。ちなみに、現在、和田氏は、部落解放同盟栃木県連合会執行委員長として活動しておられる。

ＩＣＵ教会とキャンパスでの学びと生活は、キリスト教信仰とは、個人の心理的ホメオスタシスではなく、徹頭徹尾、現代社会の人々の苦悩と共におられる神への信仰である、という神理解を私に呈示したのである。この新たな信仰理解は、私が米国黒人社会へ足を踏み入れることを決意させた。具体的には、これまた、第二男子寮での二年先輩で同室の山下慶親氏（のちに日本基督教団牧師）との出会いがあった。私は、彼からの情報を通して、ジョージア州アトランタの黒人神学校 Interdenominational Theological Center、そして、黒人大学 Atlanta University で合計三年半のあいだ学び、アトランタ黒人社会と教会で生活することとなった。その後、同じく今度は、山下慶親牧師の直接紹介によって大阪女学院高等学校で、七年間教鞭を取る道を歩んだ。

大阪女学院高等学校では、「学校という近代空間に生きる人間の苦悩」に照準を合わせることを学んだ。近代批判として、学校教育における種々の課題に取り組むことがキリスト者として教壇に立つ者のミッションであるとの認識を、日頃の教育実践を通して探求した。たとえば、ある生徒の問題行動に端を発した差別事件を機に、教学体制の改革と人間の尊厳を確保する教育に取り組んだことは、四〇年近く前のことであるが、記憶に新しい。

その後、当時、四国学院大学で教えておられ、みずから被差別部落出身者として神学していたキリスト者、栗林輝夫氏の紹介を通して、一九八六年、私は、彼と同じ教育研究の場所に移動し、現在に至っている。（栗林氏は、数年後、関西学院大学に異動された。）こうして、振り返ってみれば、私の人生の大きな結節点においては、ICUキャンパスでのキリスト者との出会いが決定的であった。

さて、讃岐の片田舎にあるコンパクト・キャンパス、四国学院大学に赴任してからも、「学校という近代空間に生きる人間の苦悩」に接近して、彼女ら・彼らとともに「出エジプト」を探求する私の姿勢は、不変だった。一九九五年、私は、米国の公民権運動に学んで、アファーマティブ・アクションを大学入学者選抜制度に導入することを教養部長として実現した。当時は、まだ、第二次ベビーブーム世代が多く大学に入学する状況で、大学教育の機会均等を、身体障害者、被差別部落出身者、被差別少数者に保障することは、積極的差別是正策として機能した。

他方、一九九〇年代の四国学院の大学教育コンテンツは、旧態依然たるディシプリン、学部学科という伝統的フレームワークに沿って構成されたものだった。誤解を恐れずにざっくり裁断すれば、機能主義的には、多くの日本の大学と同様に、一部の学生に勉学・研究する環境の提供を行い、他の大半の学歴・学校歴の取得を主目的としてキャンパス生活を消費する学生のためには、本学は、適切な「擬似学問共同体」であったと言えよう。そもそも、これまた、他の大学と同じく、教員間で、大学教育はいかにあるべきか、という教育論そのものが、口にされること自体が皆無であった。米国アトランタの黒人神学校に留学する前から、及ばずながら、教育の現場に真摯にコミットして来た私は、貧弱な大学教育の実情を前に、学長職として出来ることに手をつけることとなり、今に至る。

二一世紀に入って、日本の私立大学を取り巻く環境が激動の時代を迎える。言わずもがな一八歳人口の激減である。キリスト教主義大学にとって、終末論的状況は、まさにその存在価値が根本から問われる好機だ。ミッション・スクールとしての大学教育とは何か。四国学院大学は、この問いに答えるべく、全学的カリキュラム改編を行い、メジャー制度、ピア・リーダー制度、演劇教育、スポーツ教育、自主講座、そして祝祭空間の創造を導入した。そして、キャンパス・ライフにおいては、あらたにアドバイザー・チームをともなう教育学寮を創設した。これらのプロジェクトは、いずれも、建学憲章の改正を嚆矢として、学部を超えるリベラルアーツ教育、身体性をともなう共同性構築を目的理念としている。

現代の日本社会におけるキリスト教主義大学教育に託された使命は、「学校という近代空間に生きる人間の苦悩に、具体的かつ直接に対峙しつつ、来るべき社会創造に、次世代とともに模索すること」であると私は考えている。私立大学の存続にかかわる構造的変革期にある今こそが、キリスト教主義大学が、隣人愛の実践とその証し、を実現する千載一遇の時であろう。

▼信仰と社会の関わりを探って

鎌野善三　KAMANO Yoshimi

一七期
一九七七年関西聖書神学校卒業、二年間の米国留学を経て、日本イエス・キリスト教団の諸教会（服部喜望、神戸新生、池田中央、西舞鶴、西宮聖愛）で四〇年間牧会伝道。その間、教団委員長、関西聖書神学校校長を務める。著書『三分間のグッドニュース』、『チャレンジ聖書通読』（以上ヨベル）。

私は、日本イエス・キリスト教団西宮聖愛教会の牧師をしています。現在七三歳ですが、健康で牧会伝道の働きをフルタイムですることができるのは、主の大きな恵みです。

丹波の田舎町で、牧師家庭の八番目の子として生まれた私は、両親の篤い祈りの中で育てられました。直前に二人の子どもを死産した母親は、私が胎に宿ったことがわかったとき、「この子が元気に生まれてきたら、あなたに献げます」と祈ったそうです。ですから、言葉が話せるようになったらすぐに、祈ることを教えられました。二〜三歳ごろ、「大きくなったら何になるの？」と問われると、「ドンデンチャ（伝道者のこと）になる」と答えていた、と教会の方から聞いたことがあります。

小学校に入学した頃、口語訳聖書が出版されたことがきっかけで、毎日聖書を一章ずつ声に出して読むようにと母から命じられました。これは、尋常小学校で学んだだけの母ができる最善の教育法だったと思います。それで本を読むことが好きになり、小学校の図書館の常連になりました。成績もよく、学校でも優等生でした。中学生になると男の子は新聞配達をして家計を助けることが鎌野家のならわしでした。朝五時半になり、父親が隣の部屋で大きな声で祈り始めるのが目覚ましがわりだったことを思い出します。

そんな私が自分の意志で牧師となる道を選んだのは、高校生二年生の夏でした。中高生のための集会で、エレミヤ書一章五節が語られたのです。「わたしはあなたをまだ母の胎につくらないさきに、あなたを知り、あなたがまだ生まれないさきに、あなたを聖別し、あなたを立てて万国の預言者とした」（口語訳）。これは、自分に対する主の召命のことばだと思いました。でも、罪を隠したままで主の呼びかけに応えることはできません。主の前に罪を悔い改め、主ご自身が私を「預言者」として召してくださっているとの確信を持つことができました。

三年生になり、どの大学に進むべきかを考えていました。たまたま、教会の友人から「国際基督教大学を知っている？」と尋ねられた時、「国際」という言葉が強く耳に残りました。「万国の預言者」に召されたという思いがあったからでしょう。すぐに大学要覧を取り寄せ、これこそ主の導きだと直感しました。学費のことを心配する両親や、学力のことを気遣ってくれる担任教師を説得して理解してもらいました。それから半年間、何とか合格したいという思いで、過去問を捜し出して備えをしました。

ＩＣＵは、キリスト教に閉鎖的な田舎町出身の自分には別世界でした。チャペルでの入学式や学内礼拝は驚きで、キリスト教のこと、聖書のことを、何の遠慮もなく話すことができたからです。フレッシュマン・イングリッシュに悩まされながらも、大学の理念や教育スタイルに感動し、「この大学に入学できて良かった」と何度も思いました。クリスチャンの教授や友人もできて、忙しい中でも有意義な一年間でした。

だからこそ、二年目、大学紛争が始まったことは大きなつまずきでした。大学のもつ理想を現実の社会で実現することがどれほど困難かを実際に体験したのです。このことによって、キリスト教信仰と社会とのつながりを学びたいと願うようになりました。幸いにも、簡単な手続きで入学時の人文科学科から社会科学科へ転科することができ、長清子教授や大塚久雄教授の授業を受けることになりました。長教授にはアドバイザーになっていただき、様々な疑問を提出したことを思い出します。そんな議論の中で、内村鑑三の日本社会への関わりを卒論のテーマとすることになりました。

紛争が始まったころ、二人の友人とともに、聖書研究会「しゃろうむ」を始めたことも、学生生活を幅広く豊かなものにしてくれました。学生だけで聖書を読み、そこで学んだことが自分たちの学問分野とどうつながるかを話し合っていたのです。卒業のころには、三〇人ぐらいが幾つかのグループに分かれ、充実した時をもっていました。その時の仲間とは、五〇年近くたった今も、年に一度、シーベリーチャペルで会っています。

卒業後は、関西聖書神学校で牧師となる訓練を受けました。その後、大学時代からの念願だった信仰と社会、信仰と文化の関わりを研究するため、米国の神学校で「宣教学」を学ぶことができました。そこで、多種多様な文化的背景をもつ友人と出会い、「変わることのないもの」と「変えることができるもの」について議論できたことは、その後の日本における牧会伝道に多くの益を与えてくれました。

ＩＣＵで得た信仰と社会のつながりについての関心は、この半世紀の間、私の伝道者としての学びと実践の底流となっています。そこから生み出された私の確信を、五つほどの項目にまとめてみたいと思います。といっても、私自身、失敗続きで、今もなお、それを実現できるように祈り求めている者にしかすぎません。ただ、同じ召しを受けた方々に何かの参考になればと願っています。

第一に、聖書は確かにクリスチャンの信仰と行動を築きあげるものです。私は小学校一年生から毎日聖書を読み続けてきました。幼いころはただの物語だったものが、何度も繰り返して読む間に自分の生き方を変え、また支えるものとなりました。毎日聖書を読み続けることが、私の考え方と行動を変えていったのです。聖書全巻を通読するための手引き書である『三分間のグッドニュース』全五巻は、その確信のゆえに執筆しました。

第二に、聖書を読むことによって、現在自分が抱えている問題に立ち向かうための、神からの導きの声を聴くことができます。直面する問題は多種多様ですが、「神は今の自分の状況を知り、答えてくださる」と、神を信頼して読むなら、必ず答えられます。信徒がその答えを得るための手助けをするのが牧師の務めだと思います。

第三に、信徒の問題の多くは、周囲の人々と良い関係を築き上げることによって、解決の糸口が見つかります。神を信頼することが信仰生活の基本なら、人を信頼することは社会生活の基本だからです。過去の生き方をみて信頼できない人であっても、その人と話し合うことをあきらめてはなりません。問題の渦中にある人が、互いに信頼できる関係を築き上げられるように、支える者となりたいです。

第四に、神と人との関係、人と人との関係を修復するために、神は教会を与えてくださいました。「教会での人間関係は煩わしい」という声を聞くと、本当に悲しくなります。牧師と信徒が信頼しあい、信徒同士も信頼しあう関係が生まれるなら、教会はまさに「神の家」「祈りの家」になります。一歩ずつでもその姿に近づきたいものです。

第五に、以上のような信頼関係が生まれるなら、教会もそこに含まれている社会に影響を与えることができます。日本でも世界でも、一人の偉大な信仰者が社会を変えたことよりも、その信仰者が周囲の人々に影響を与え、その人々が一緒に働いたゆえに社会に大きな影響を与えたということのほうが多いのではないでしょうか。

「国際基督教大学」で過ごした数年間は、楽しいこともたくさんありましたが、それは何よりも難問と取り組むための心構えを学んだ時期でした。これを読んでくださっている方々とは学びの時期は異なり、お会いしたことのない方々が大多数です。でも、この大学のもつ使命の一つを果たしている者としての交わりに入れられていることを心から喜んでいます。

▼揺らぎつつ信じる歩みを続けて

松田繁雄　MATSUDA Shigeo

一七期
日本福音ルーテル定年教職（牧師）。日本福音ルーテル小岩教会付属ルーテル保育園理事、運営委員。社会福祉法人ベタニヤホーム理事、社会福祉法人千葉ベタニヤホーム評議員。

いつの間にか七二という年齢を迎え、ルーテル教会という組織の中で引退教師という立場にあるという実感を持っています。と同時に、生涯現役、生涯一伝道者という意識を持って、広い意味での伝道は続けて行こうと思っています。

振り返ってみれば、わたしとキリスト教との出会いは、実に幼稚会の時代にさかのぼります。まだまだ戦後の雰囲気の残る昭和二〇年代後半、その幼稚会を経営していた中野の教会へ、クリスマスに招待されて通ったことが始まりでした。以来深く考えもせず、キリスト教会と付かず離れずの関係にあるという少年時代を過ごしました。祖母が熱心なルーテル教会員であったという事も、影響があったでしょうし、幼児期に経験した父母の離婚と父親の再婚という出来事も、それとなく教会との縁をつないだ一因になったかもしれません。小学高学年の時期には、間垣先生という神学校教師の息子たちと親友になり、その家に入り浸り、結果として、日曜学校に皆勤するという事にもなりました。

そんな「何となく」の教会通いも、全寮制の高校に入学したことで、途絶えてしまい、教会ともキリスト教とも縁が切れてしまいました。この時期は、生みの母と再会した時期でもあり、親権者を選び直そうかどうか、と悩んでもいた時期で、受験のこともあり、キリスト教の事など考える余裕はなかったのでした。

そんな私が、再びキリスト教と触れ合うことになったのが、ＩＣＵの入学願書であり、そこで自分とキリスト教の不思議な縁について書き込んだ以上、もう一度教会活動に参加すべき、という想念にも捕らわれたものでした。

もっともＩＣＵに入学した私を待っていたのは、遅ればせに激しく燃えた学園紛争の嵐で、入学を許可されても、授業は行われず、連日校庭で寝転がったり、友人たちと話したり、全学集会や団体交渉の場に駆り出されたりと、せっかく大学生になりながら、その実感も持てない毎日でした。そんな中で、友人に誘われ、偶々出席した、全学連主催の自主講座が、田川建三先生の『福音書講義』で、わからないなりに、その熱烈な語り口と、教会批判というキリスト教に対するまったく新しい切り口が、鮮烈な印象を与えてくれました。刺激を受けた私は、田川先生の『原始キリスト教史の一断面』という著作を購入し、読み齧ったものでした。もっとも、神学的素養の無い当時の私には、せっかくの名著がちんぷんかんぷんだったのですが……。それでもその影響は甚大で、「私がイエスを主と呼び、その教えを信じるという事は、私の人生の中でどういう意味を持つのだろうか？」この新しい壮大な問いが心に生まれると同時に、教会に通いながら洗礼も受けず宙ぶらりんで居る現在の自分が、このままで良いわけがないという思いにも捕われました。私は大学の宗教部室に駆け込み、チャプレンをなさっていた古屋安雄先生に面会を求め、「洗礼を受けたいのだが、このＩＣＵ教会で受けるわけにはいかないか？」というような趣旨の質問を投げかけました。古屋先生は、私の置かれている状況など、詳しく尋ねられ、「今通っているルーテル教会で洗礼を受けるべき」という趣旨のご指導をくださいました。ある意味、わたしのこの後の、信仰の歩みを方向付ける、大きな言葉だったと思います。

大学が正常化した後、私が進んだ進路は、以前から興味のあった心理学でした。人数が少ないという面もありましたが、その研究室は、教師と生徒との間が極めて密接で、殆どの専攻学生が本館四階にある心理学研究室にて過ごしていました。その中で、古畑先生、星野先生、都留先生の穏やかなキリスト教信仰に触れたことも、受洗後日も浅かった私のキリスト教との向かい合い方に一定の影響を与えてくれました。

この頃の日常を振り返ってみますと、朝からＩＣＵに通い、講義以外の時間は心理学研究室に入り浸り、家に帰ってからは、わからないなりに、田川先生の本と格闘したり、フロイトの著作を解読したりと、大いに背伸びして過ごし、土日は教会に通い、青年会の集まりや教会学校の手伝いなどを積極的にしていました。

そんな私が、神学校に導かれていったのは、大学卒業後に関わった保育園の学童保育事業における、ちょっとした挫折からでした。詳しい事情は省きますが、決してきれいごとのみでは済まされない福祉の現場に、大人世界の汚さを感じると共に、それまでの自分の人生や理想などが、無に等しいような錯覚に陥ったのでした。そんな時、書店で田川先生の『マルコ福音書註解上』を見つけ、購入しました。聖書にかなり親しんだ、ということもあるでしょうが、この刺激的な本は、当時の私にもごく自然に理解され、興味深く読み進められたのです。精神的にも、現実の仕事的にも挫折の状況にあった私は、いつか、「もう一度聖書を学びなおしてみたい。本格的に。」と、思うようになっていました。時は一九七四年末、翌年三月の入学考査の準備をする日程としては、ギリギリの時点でした。

当時のルーテル神学校は、三鷹のＩＣＵキャンパスの隣に移転して来ており、学長を務めておられたのが、間垣先生、なんと、小学校時代の親友たちのお父上だった、という二重の偶然があり、私の決断の背を押してくれました。

ルーテル神学校では、聖書学を専攻しましたが、もっと言えば、『マタイによる福音書』にのめりこみ、その研究に没頭したと言っても良いでしょう。田川先生がマルコを噛み砕かれたように、私はマタイを読み解いていきたい、それくらいの意気込みがあったと思います。もちろん、卒業研究もマタイを取り上げましたし、卒業後、信州の松本教会の牧会を経験した後、チャンスを与えられた二年間のアメリカ留学でも、マタイ福音書の研究、殊に、末尾の二八章一六〜二〇節の部分の解釈に集中しました。疑いつつ前を向いて宣教へと遣わされて行った使徒たち、彼らの「揺らぎつつ信じる信仰」が、その後に続く私の伝道生活に大きな指針を与えてくれた、と今でも思っています。

いつの間にか七二という年齢を迎え、ルーテル教会という組織の中では引退教師という立場になりました。しかし、このマタイ福音書研究と、長年の牧会生活を通じて得られたキリスト教信仰の分かち合いを、ＩＣＵ卒業生としての矜持を持って、これからも地道に行なって行きたいと願っております。

▼独立伝道者を目指して

有馬平吉　ARIMA Heikichi

一八期

一九七九〜二〇一五年ＩＣＵ高校でキリスト教概論の授業とキリスト教活動指導。二〇〇五〜二〇一〇年ＩＣＵで宗教科教育法の授業担当。一九九一年ＮＨＫブックス『帰国生のいる教室』（共著）「自由の中での宗教教育」担当。二〇一二年新教出版『キリガイ』（編著）発行。

群馬県吾妻郡に高山村という寒村がありますが、ここに名久多教会という小さな木造の教会があります。ここが私のルーツです。私の曽祖父の有馬俊平は明治一八年（一八八五年）、三四歳のときにキリスト教を信じ、星野光多牧師から洗礼を受けました。俊平以外にも村の指導者層の多くがキリスト教徒となり、明治二〇年に信者仲間と共に建てたのがこの教会です（内陸部に建てられた木造教会としては最古の一つと聞きます）。俊平は明治二二年に高山村の初代村長になっています。長男の嘉市は安中教会の海老名弾正牧師から洗礼を受けていますが、同郷出身の新島襄に憧れ京都の同志社で新島の膝下で学びました。しかし、当時ドイツから入ってきた「新神学」の影響で信仰がぐらつき、帰郷後は最晩年に確信を得るまでは鬱々とした信仰生活で、期待されていた働きができませんでした。安中教会からは、柏木義円牧師もよく名久多教会に指導に来られ、また長男の柏木隼雄牧師とも有馬家は長い付き合いがありました。

そういった関係もあって、私は安中市の新島学園高校に入学しました。二代目校長の柏木隼雄牧師の未亡人宅に三年間下宿させて頂きました。有名な「上毛教会月報」の研究のために、よく同志社大学の学生や教授が来ておられたのを覚えています。安中教会の日曜礼拝や、伝統ある「金蘭高校生会」にも通いました。新島学園での朝の礼拝もまじめに聞きました。聖書が全て分かった訳ではありませんが、聖書が私に示したことは、自分は罪深い人間だということでした。それまでは周囲からも一応「優等生」扱いを受けて来ていましたが、自分の内面はその真逆で「劣等生」そのもの。自分は罪の塊であることがよくわかったのです。それからは、本当に悩みの日々が続きました。もし地獄があるならイの一番に落とされるのはこの私だと思っていました。そんなある時（二年生時の秋）学校が休みの日があり、どこへだったか自転車に乗っている最中、フト「自分はたしかに罪深い。でも、ああそうか、あのイエス様がこの私の罪を全部背負ってその罰を十字架で受けて下さったんじゃないか！」という思いが心の中に一気に入ってきたのです。胸がじーんと熱くなり、地獄の底から天上に昇ったような気持ちでした。その時の感激は、今も忘れることができません。それ以来、私の心の中にはイエス様がずっと居続けています。

私の献身の思いはＩＣＵに入る前でした。当時はベトナム戦争の時代で若者はギター片手に「反戦ソング」など歌っていたものです。私もその一人でしたが「なぜこんな愚かなことを人間はいつまで続けるのか」と深く考えていくうち、それは人間自身が変わらないからではないかと思いました。現象面を「モグラ叩き」のようにいくら追いかけても何も変わらない。人間そのものの変革が必要なのだと思い到り、自分はその事のために自分の一生を使おうと思いました。それは私にとってはキリスト教の伝道以外になかったのでした。私は「独立（自給）伝道者」を目指しました。ＩＣＵに入ったのは、キリスト教のことしか知らない狭い人間のまま伝道者になるのではなく、広く教養を身に着けたいと思ったからでした。ICUは、私の願いを十分に満たしてくれるところでした。私の入学時は「学園紛争」真っ只中で入学式もなく、入った寮の初寮会には先輩がみなヘルメットをかぶってる、そんな大変な時代でした。新約学の田川建三先生、仏文学の丸山圭三郎先生、独文学の小塩節先生などの新入生向けの講義はあったものの、あとは学園紛争でほぼ一年間授業なし。その後徐々に授業も再開されていきました。英語の授業も楽しみましたが、多くの優れた先生方の授業を味わうことができました。在学中私の心に印象深く残っているおもな授業は、以下の先生方のものでした。川島重成先生の西洋古典、川鎮郎先生のキリスト教文学（有島武郎）、関根慶子先生の源氏物語、中川秀恭先生のブルトマン神学、大木英夫先生のトマス神学、古屋安雄先生の現代神学、金沢先生のバロック音楽（ミサ曲）、武田清子先生の思想史、大塚久雄先生のマックス・ウェーバー、福地崇生先生の経済学入門、斎藤美津子先生のオーラル・コミュニケーション、等々。人文科学、社会科学、自然科学、教育学、言語学と、様々な分野の学びに万遍なく触れたことは本当に良かったと思います。学生同士でも、チョムスキーの変形生成文法や物理学における人間の存在の意義などについて、夜中まで語り合ったことなどは良い思い出です。また「シャローム」や「金曜聖研」などの学生の聖書研究会、そして春休みなどに行われた共同の修養会（先生方も交えて）は、非常に貴重なものでした。ICUで学んだことは、現場で説教や授業をするときに、生きてきます。仮に浅くともかなり広い学問分野に触れていることは、視野を広げさせてくれます。また不思議と、昔学んでいたことが点と点を結ぶようにして繋がり合い、意味ある図形を形成したりします。こういうことは、ICUが与えてくれた貴重な宝物だと思います。

教養を学んだ上で、さらに神学全般を学ぶために（イングランドでなくあえて）スコットランドのグラスゴー大学の神学部に留学しました。帰国後、古屋安雄先生から「ICUに最近ICU高校というのができたのだがキリスト教の授業がまだないので、君がそこで教えないか」というお薦めを頂きました。ICU高校が出来たことは知らずに帰国しました。私としては独立伝道者を目指していたのでどうしようかと迷いましたが、「学校という所がどんなところか見てみてもいいな」と（今から思えば失敬な話ですが）二〜三年「腰かけ」のつもりでお引き受けした次第です。学校に実際入ってみてわかったことは、「学校は素晴らしい伝道の畑」であるということでした。「腰掛け」のつもりが、気がつけば「尻から根が生えて」三六年間も居ることとなりました。授業を行う上で心がけたことは「受け身の退屈なものではなく生徒が能動的に参加するキリスト教の授業」でした（「言うは易く行うは難し」ですが）。その一定の成果ともいうべきものが、新教出版社発行（二〇一三年）の『キリガイ』という本になったかと思います。

ＩＣＵ高校は大学に全入の「付属高校」ではなく、他の様々な大学にも進学します。卒業生は様々な分野で活躍していますが、実は「キリスト教伝道献身者」に当たる働きをしている卒業生もかなりいて、個人的に伝え聞く情報から判断すると約二〇名に上ります。

在学中に入信する者はさほどいませんが、卒業してから「受洗しました」と伝えてくる者もいますし、このようにＩＣＵ高校から献身者も出ていることは、まことに感謝なことです。

高校退職後は（在職中から「二足の草鞋」状態でしたが）、単立（ノン・デノミネーション）の集会（教会）で牧会をしています。歴史的には、ＩＣＵ初代理事長の東ヶ崎潔氏とその父親の東ヶ崎菊松氏とも深い関係のある集会ですが、昔の「伝統」や「因習」には縛られずに、（あくまで聖書に忠実に従いながら）シンプルで自由な牧会活動を行っています。

最後に、「基督教伝道献身者の会」という同窓会支部長を務めさせて頂いていますが、この度このような献身者の「証言集」のまとめと発行に関わることができたことは本当に光栄なことであり、また感謝に堪えないことです。

教師たちのことば 4

大塚久雄

「神は無きに等しい者をあえて選ばれる」という、この精神は、その後もキリスト教の歴史を通じて脈々と生きつづけております。もちろん、長いキリスト教の歴史のなかには、その精神からの逸脱が数多くみられます。いや、むしろ無数というべきかもしれません。が、しかし、確実に言えるのは、信仰の高揚期には必ずこの精神が前面に出てきている、ということです。中世では、修道院生活のなかにこの精神が脈々と伝えられてきましたが、宗教改革はこの精神を広く世俗生活のなかに押しひろげていきました。パウロの手紙にあらわれてくるテサロニケやコリントの信徒たちのばあいに相似して、宗教改革の信仰をうけいれたプロテスタントの信徒たちの中心もまた、はじめは、貧しく身分の低い、そして自分の労働で手から口への生活をしているような人々でした。たとえば、ジョン・バニヤンがベッドフォード郊外の鋳掛屋さんだったことを思い出して下さい。そしてちょうど初期のキリスト教信徒たちが新しいヨーロッパの文化を生み出す一つの大きな推進力であったように、プロテスタントの信徒たちは、ヨーロッパの地にさらに近代文化が生まれでるための一つの大きな推進力となったのです。

チャペル・アワーの今学年の主題は「人格の尊厳」あるいは「個人の尊厳」ということですが、個々の人間はどんなに貧しい人々でも、どんなに能力の劣った人々でも、どんなに身分の低い人々でも、あるいは幼児でも、身体障害者でも、すべてひとしく神の創造にかかるものとして、かけがえのない固有な価値をもつというその思想、それが生みだされるには、明らかに、いままでお話してきたような「神は無きに等しい者をあえて選びたまう」という、長いキリスト教の歴史を貫いて伝えられてきた信仰が決定的な力として働いた、と私は考えます。

それに関連して、お話しておきたいことが一つあります。現在文明諸国に共通の社会制度となっている近代の民主主義が「個人の尊厳」の思想を土台として成り立っていることは言うまでもありません。ところが、そうした個人の尊厳の思想は、歴史的には、古代ギリシア以来の伝統とともに、いま申したように「神は無きに等しい者をあえて選びたまう」というキリスト教の信仰を一つの大きな推進力として生まれてきたものですが、わが国のように民主主義が単なる制度として輸入された、文化的伝統の違った国では、そうした精神史的根源が一般に意識されないのが普通です。そこで、それが制度として順調に機能しないことが多い。すると、すぐに虚妄であるというような声が上がることにもなります。しかし、私は民主主義は今後ますます重要な役割を果たさねばならないと思っております。それは、それがファシズムその他の非合理的な独裁の出現、それを防ぐための最大の防壁となるからです。こういうふうに考えてくると、いままでキリスト教にまったく興味をもたなかった諸君にとっても、キリスト教の信仰が案外自分たちにも疎遠なものではなくなってきていることがわかるのではないでしょうか。

いままでいろいろと話してきましたが、キリスト教の雰囲気にはじめて接して違和感を感じている諸君にも、現代文明のなかでキリスト教の信仰のもつ意味が少しはもう分かっていただけたのではないでしょうか。そして、諸君のなかに、キリスト教のことについてもう少し知りたい、という気持があるいは起こってきたかもしれません。いや、大いに起こってほしいと思います。というのは、キリスト教について知るということは、おそらく諸君のこれからの生涯にとってさまざまの意味で大きな意義をもつようになるのではないか、と考えるからです。そして、そのためには、ＩＣＵの四年の在学期間は、またと得られないチャンスなのです。どうか諸君、このようなチャンスを決して無駄に失うことがないように。私は切に願っています。

（一九七五年四月一五日、国際基督教大学礼拝堂で行なった講演の速記に加筆したもの。『生活の貧しさと心の貧しさ』みすず書房、所収）

▼私にとってのＩＣＵとは

高橋貴美子（旧姓立沢）　TAKAHASHI（TATSUZAWA）Kimiko

二一期
札幌中央ファミリークリニック所長。著書『神経難病在宅療養ハンドブック』。

桜並木を進んでいくと、まず見えてくるのがＩＣＵ礼拝堂である。私はＩＣＵで一八歳から二二歳まで学んだことを誇りに思っている。日本にこのような大学を創り、存続させた人々に感謝したい。

ＩＣＵ卒業後、私は二年間の企業勤務を経て、筑波大学で六年間医学を学び、その後、都立駒込病院、東京衛生病院、東京女子医科大学病院などで研修医・勤務医として学び働き、多くの人と出会ってきた。

医学生時代に日本キリスト者医科連盟（ＪＣＭＡ）に入り、ＩＣＵとも関係の深い日野原重明先生や、日本在宅医学会を創設した佐藤智先生にもご指導をいただいた。ＪＣＭＡから生まれた日本キリスト教海外医療協力会（ＪＯＣＳ）からは、カンボジアに派遣され、約二年間医療活動をし、その後イギリスのバーンミンガムにあったセリオーク・カレッジで家族（夫と一歳の娘）と共に一年間学ぶ機会も与えられた。

今まで私はどこへ行っても日曜日には教会で礼拝を守ることを厳守してきた。そしてそこですべて必要な助けが与えられてきた。主イエス・キリストに仕える人々と出会ったのだ。私は山梨県での中学三年生のとき、『ホーリネス・バンドの軌跡　リバイバルとキリスト教弾圧』（新教出版社、一九八三年）を編集した池田政一牧師夫妻の教会で洗礼を受け、ある意味で狭いキリスト教中心の生活をしてきた。ＩＣＵに入学したとき、セクションメイトの一人から、「あなたが歩いてくるとキリスト教が歩いてくるようだ」と言われたことを思い出す。「私はキリスト教を伝道するためにＩＣＵに入学した」と言ったのもかもしれない。一八歳の私にとって、戦時中に数年間獄に入れられ、それでもキリスト教を「ほんとうに」信じて、祈り、牧会してきた牧師夫妻は、今まで出会った人々の中で「最も確実な歩みをしている人」と私には映った。新約聖書の時代、主イエスと出会ったナタナエルやザアカイやニコデモのように。

その後も、筑波大学時代の牛久教会で、ＪＣＭＡやＪＯＣＳで、カンボジアやイギリスで、多くの人々と出会ったが、心に残っているのは、「イエス・キリストを主と仰いで、この世の人々に仕えている人々」との出会いである。それらの人は目立たず、ただしっかりと〝芯のある〟生き方をしていた。現在は今まで与えられた多くの恵み――池田政一牧師夫妻を始め「涙と共に種を蒔いた」人々から私がいただいた多くの恵み――にお返しする生活をしたいと願う日々である。

今は神経内科を学び、ＡＬＳ（筋萎縮性側索硬化症）を始めとする神経難病のための在宅医療を行なっている。もちろんクリスチャン以外のすばらしい人々ともたくさんの出会いがあり、『神経難病在宅療養ハンドブック――よりよい緩和ケア提供のために』（メディカルレビュー社、二〇一六年）という本を、アイルランドのダブリンで開催されたＡＬＳシンポジウムで出会った日本人医師たちと、札幌郊外の定山渓温泉で合宿をして刊行することができた。その活動も一助となって、日本でも神経難病（まだＡＬＳのみだが）の患者さんの呼吸困難症状に対してモルヒネを使うことができることになったのはうれしい実りだった。

ＩＣＵから「Ｃ」がなくなってしまったら（私にとっては意味のない）一般の大学になってしまう。ＩＣＵはいつまでも「二人、または三人が集まって」真剣に祈る教員が教育する大学であってほしい。いわゆる「クリスチャン・コード」を外さないと優秀な教員を集められないという意見もあるようだが、ＩＣＵの一同窓生の五〇年の経験から、私の人生でクリスチャンの人々との出会いがもしなかったとしたら、その人生はどんなに浅いものになってしまっていたかを考えてしまうのである。

▼「向こう側」の人と自分

中島隆宏　NAKASHIMA Takahiro

二二期
コンピュータ商社を経て指導職として東京ＹＭＣＡで八年間勤務、公益財団法人アジア保健研修所主事として三二年間勤務。この間フィリピン、インドを主に担当。現在はアジア保健研修所フェローおよび特定非営利活動法人名古屋ＮＧＯセンター代表理事。

1．キリストとの出会い

両親は熱心な仏教徒で、私も幼少期から毎朝、毎夕、仏壇に向かうのが日課でした。高校は福岡市の県立の進学校を目指したのですが受験に失敗し、第二希望の西南学院高校に入学しました。そこは今までの自分にとって受け入れがたい礼拝や聖書の時間があり、二年生までは必死に抵抗していました。しかし、聖書科の先生以外にも数学、現国、英語など他の教科でもクリスチャンの先生がおられ、その教える内容以上に人間性や姿勢からも学んだこと、そして友人関係の悩みもあり、高二と高三の春休みに自ら教会に出かけて三回目の日曜日の一九七三年四月二二日のイースターに日本バプテスト連盟平尾教会で浸礼によって受洗しました。パラダイムシフトした三年生の一年間は高校の宗教部にも席をおき日曜日には教会で過ごしました。

2．ＩＣＵでの出会い

ＩＣＵではカナダハウスに住み、剣道部と潜水部で活動しました。全国の各地から、そして、香港チャイニーズやアフリカ系アメリカ人やフィリピン人留学生などとの出会いにより、異なる文化の人を受け入れ、なんでも食べ、どこでも寝られる自分になりました。宗務部でも活動し映画好きの友人の助けを借りてＤ館でシドニー・ポアチエ主演の「野のユリ」の映画会も開催しました。カナダハウスの寮母さんであった塚田さんは、厳しい方ではありましたが、クリスチャンでネパールでの経験もあり、私にアジアへの関心を高めてくださった方でもありました。

3. 教会学校生徒との出会い

七八年に大学を卒業したあと、システムエンジニアとしてコンピュータの専門商社に入社しました。そこでは毎日がコンピュータのプログラミングで明け暮れていました。完全主義者のコンピュータと対話をしてプログラムの開発を行うのですが、一か月に二〇〇時間近く残業をする月もありました。

そんな時にＩＣＵ教会から教会学校の教師にならないか、との誘いがありました。最初は子供が苦手で、と断っていたのですが、何度も依頼があり、思い切って教師をやってみることにしました。そこでは小学三、四年生を担当したのですが、その子供たちは不完全な人間である私のことを一〇〇パーセントまるごと受け入れてくれたのが新鮮でした。コンピュータは私がどんなに頑張って残業して九九・九九…パーセント正しいプログラムを作っても、それは不完全なものとして受け入れてくれません。私は人の成長に関わる仕事をしたいと思い始めました。

4. カンボジア難民

七九年の九月のある朝、通勤電車で、カンボジア難民キャンプの記事を読んでいました。欧米からのボランティアが忙しく働く中で、カナダの若者がインタビューに「同じアジアなのにここには日本人がひとりもいない」と吐き捨てるように言ったという言葉が、自分に向けられたかのように衝撃的でした。

それ以来、私はテレビや新聞で見聞きする「向こう側」の人と自分の関係を追及したいと思うようになりました。ＩＣＵ教会員で日本ＹＭＣＡ同盟の職員の方を通じてカンボジア行を模索しましたが、その年の一二月にはタイ政府が医師や看護師など専門職以外のボランティアへの門戸を閉ざしたことが分かりました。

しかし、あきらめきれない私は七九年の秋にノーベル平和賞をマザーテレサが受賞したことを知り、カルカッタの「死を待つ人のホーム」へ行けないかと必死にその道を探りました。ＩＣＵ教会の加山久夫牧師から上智大学のマタイズ教授が学生を引率してマザーを訪問されていることを聞きました。マタイズ教授を訪問し上智大学神学部の方を、さらに現地のカルカッタで修行していた日本人のブラザーを紹介していただきました。会社に辞表を出し、ボランティア受け入れ依頼の手紙を書いたのは一二月二〇日ころでした。一月の上旬に、受け入れができるとの返信があり、一月二〇日過ぎから一か月間、マザーテレサの男子の修道会でボランティアとして奉仕することになりました。

5．マザーテレサの修道会と「最も小さくされた人びと」との出会い

二五歳の私にとって最初の海外がインド、しかもマザーの修道会でのボランティアということで、相当の覚悟をもっていきました。寮母の塚田さんのネパールでの生と死の隣合わせの経験談が最も参考になりました。

カルカッタの隣のハウラーにある男子の修道会（そこはまた「死を待つ人のホーム」でもある）に寝泊まりし、そこを拠点に奉仕をしました。ブラザーたちと同じ仕事をし、同じものを食べ、そこで寝る三〇日間でした。死にかけた人に食事や薬をあげて、衣服を大釜で炊いたお湯で煮沸消毒し、ひげをそってあげ、また、素手でトイレ掃除をしました。朝は排泄物で汚れた床をデッキブラシで洗い流しました。一月でも昼間の気温は三〇度に達し、午前中の仕事だけでくたくたでした。今、振り返ると介護の仕事そのものでした。また「死を待つ人のホーム」の働きはホスピスのそれでした。

そのほか、死にかけた人たちを駅や高架下、路上で探し、ホームに送る「ストリートワーク」や、スラムの子どもたちの教育のためのスラムスクール、郊外にあったハンセン病患者の作業所においても奉仕をしました。

今振り返ると、私の人生であの一か月間は、キリストに最も従順だったと思います。ただブラザーやシスターたちを真似することだけ。神様にすべてをゆだねて、自分を開く、そんな自分を、みなが受け入れてくれたという実感がありました。

6．東京ＹＭＣＡからＡＨＩへ

一九八〇年三月に東京ＹＭＣＡに入職し八年間、国際理解教育や社会教育を担当しました。アジアの最も小さい人のためのアクションを取ることも試みましたが、十分に広げる事ができませんでした。

時を同じくしてＪＯＣＳ（日本キリスト教海外医療協力会）からネパールに派遣された医師の川原啓美さんは、現地で地域保健を担う人材を育成することが必要と考えて、帰国後の一九八〇年に愛知県日進市にアジア保健研修所（ＡＨＩ）を設立しました。私は東京ＹＭＣＡを退職し一九八八年三月からＡＨＩで働きを始めました。

マザーテレサの働きとＡＨＩの共通点は、両者とも社会の「最も小さくされた人びと」のための働きであるということです。私の理解では社会の中で構造化されている不平等の結果、否応なしに社会の周辺に置かれた人々が「最も小さくされた人びと」になります。彼らも私たちと同様に健康である権利をもっていると、ＡＨＩは考えてきました。

マザーテレサの働きは「最も小さくされた人びと」への個別、具体的な働きかけです。一方ＡＨＩは、当事者がグループを作り、問題を自分たちで解決するための人づくりを行っています。構造を分析し貧困や差別の原因を知り、自らの権利に気づくことで、地域の人々が問題に取り組むための参加型研修を続けています。

7. アジアの健康

私は担当する講座で参加者に「あなたにとって健康とは？」という問いかけを続けてきました。ほとんどの人は個人に関連したことを答えます。二〇一五年の二月、創設者の川原さんは地元テレビのインタビューで同じ問いかけを受けました。彼の答えは「共に生きる」でした。ＡＨＩが目指してきたことが、この言葉に集約されていると思いました。

▼恵みの導き

小野慈美　ONO Shigemi

二二期
広島県因島（現在の尾道市）に生まれる。東京神学大学大学院卒、一九八二年捜真バプテスト教会伝道師・副牧師、アメリカのフラー神学校で宣教学を学ぶ。一九九一年六月潮来教会牧師・潮来幼稚園園長。二〇一三年四月から捜真バプテスト教会牧師、認定こども園捜真幼稚園理事長。日本バプテスト神学校校長を兼務。関東学院理事、捜真学院理事。

これを準備するために自分のこれまでの歩みをふりかえり、気付かされたことをお話したいと思います。それは、神の導きは、人との〈出会い〉、〈御言葉〉、〈状況〉を用いてなされるということでした。私の父小野一良（いちろう）は、一九五一年秋～一九五五年春まで三年半、瀬戸内海の福音丸牧師をしており、その時期に私は広島県因島（いんのしま）で生まれました。一九五五年に、父が茨城県の潮来（いたこ）町で幼稚園を併設する教会の開拓伝道のために招聘されたので、私は二歳から一八歳まで潮来で育ちました。

【ＩＣＵとの出会い】

一九七一年春、大学受験に失敗し、お茶の水の予備校に通いました。そのとき通っていた練馬区の教会に鎌野善三さん（一六期）〈出会い〉がおられました。鎌野さんのお誘いで、まだ浪人中の一一月にＩＣＵキャンパスを訪れ、「しゃろうむ」という聖書研究会に参加しました。高三の時にはその存在さえ知らなかったＩＣＵに翌年四月に入学したのも鎌野さんとの出会いがあったからです。入学後すぐに「しゃろうむ」に加わりました（「しゃろうむ」の交わりは今でも続いており、年に一度Reunionをしています）。同時に、鎌野さんが入っていたテイラナスホールという学生寮に入りました（この学生寮を作った Corwin 宣教師〈出会い〉の勧めで、後にアメリカの Fuller 神学校に行くことになります）。入学後、古屋安雄先生のアドバイジーとなり、オープンハウスに招かれたのですが〈出会い〉、これが、やがて大きな意味を持つことになります。

【献身のきっかけ】

一九七四年のC－Weekに無教会の髙橋三郎先生が来られました。その講演を直接お聞きすることはできなかったのですが、後日、その講演記録を読みました。その最後に記されていた「この若者たちの中から、伝道者として献身する者を起こしてください」という祈りの言葉がとても心に残りました。しかし、身近に伝道者としての偉大な父の姿を見て育ちましたので、自分にはとても無理だと思っていました。そこで、「献身しなくても良い」と確信させてくれる聖書の箇所はないものかと探し始めました。（ちなみに私は二年間留年したので、六年間ICUに在学しました）。大学四年の秋でした。「あなたはどこにいるのか」（口語訳創世記三：九）という箇所を読んだときに、「捕まってしまった」という思いがしました〈御言葉〉。この御言葉が、「私が呼んでいるのはわかっているだろう。無駄な抵抗はやめておとなしく出て来い」という神からの抗しがたい言葉として聞こえてしまったのです。不承不承の消極的な献身でした。「神様、もし、私が伝道者として失敗しても、知りませんよ。」そんな思いでした。

【神学校入学から潮来教会牧師まで】

潮来教会は日本バプテスト同盟に加盟する教会で、この教派の献身者の多くは、関東学院大学の神学部で学んでいました。ところが学生紛争のため、神学部が廃部になってしまいました。どの神学校にいったら良いのか迷っていたときに、たまたま古屋先生とお話する機会がありました。先生の「迷う必要ないじゃない。東神大行ったらいいよ」という一言。これで決まりました。

東神大入学が決まると、並木浩一先生〈出会い〉が声をかけてくださり、先生のもとでICUの非常勤助手を四年間務めました。貧乏学生のための経済的支援の意味があったのだと思います。その時期に、並木先生から多くのことを学びました。その一つは、「忍耐」ということです。白黒つけられないことがあるときに、グレーであることに耐える。そして、どうしても難しい判断をしなければならないときにも、自分は神ではないことをわきまえ、神を畏れながら決断するという態度です。また、こんなこともありました。先生と二人だけでいるときに、先生の抱えておられる問題を一神学生に過ぎない私に分かち合ってくださいました。話し終わった後、「小野くん、祈ってください」と言われました。私は、自分が日々祈るときにそのことを覚えてほしいという意味だと思ったのですが、「いや、今、祈ってほしい」とのことでした。大先生を前にして、私は、たどたどしい祈りをしたことを覚えています。このことを通して、弱さを持った一人の人間として神の前に立つ信仰者の謙虚な姿を学びました。

東神大卒業後、横浜にある捜真バプテスト教会の副牧師、付帯事業の捜真幼稚園主事として四年間働きました。その後、アメリカのフラー神学校に留学し宣教学を学び、留学を終えたら日本のどこかで開拓伝道をしたいと思っていました。ところが、留学中に父が脳梗塞で倒れたため、潮来教会からSOSが届き一時帰国、その後、正式に潮来教会牧師、潮来幼稚園園長として招聘を受けました。もし、父が倒れなかったら、他の道を歩んでいたことでしょう〈状況〉。

【再び横浜へ】

潮来教会牧師となって八年後一九九九年七月二七日、朝の祈りのとき、「あなたは生まれ故郷父の家を離れ、私が示す地に行きなさい」（創世記一二：一）という言葉が自分に強く語りかけてくるのを感じました〈御言葉〉。その後、大学のチャプレンや、他教会の牧師としての招きが幾つかあったのですが、神からの導きだという確信はなく、このままずっと潮来にいることになるのかなとも思いました。

一一年後の二〇一〇年の夏、日本バプテスト神学校の校長と捜真バプテスト教会の主任牧師の招聘の話が、ほぼ同時に、それぞれ全く独自に来ました〈状況〉。この二つは横浜にありますので、「私が示す地」とは、「横浜」なのではないかという思いが与えられました。潮来では強い慰留がありましたが、しばらく祈って、この二つの招きを神の導きと信じ、二〇一三年四月に横浜に移りました。それから一〇年目を過ごしています。

潮来教会も捜真バプテスト教会も、たまたま幼稚園を併設しています〈状況〉。自分としては幼児教育に重荷を持っていたわけでないのですが、神奈川県にはキリスト教主義の保育施設がたくさんあるからでしょうか、最近は、保育者のための研修会講師をよく依頼されるようになりました。また、キリスト教主義学校の特別礼拝や修養会などの講師にも招かれます。これらも「横浜」に来たことの意味なのかなと思っています。ＩＣＵに入学してから五〇年、伝道者となって四〇年。献身の原点がＩＣＵにあったことを改めて思わされ感謝しています。

（二〇二三・一一・三、ＩＣＵ「基督教伝道献身者の会」スピーチ）

▼ＩＣＵとの半世紀

森本あんり　MORIMOTO Anri

二三期
東京神学大学、プリンストン神学校修了。国際基督教大学人文科学科教授、同大学教会牧師、学務副学長を経て、名誉教授。二〇二二年より東京女子大学学長。近著に『反知性主義』『不寛容論』（ともに新潮選書）、『異端の時代』（岩波新書）など。

二〇二二年末から、ある月刊誌に「私の読書遍歴」を連載しています。若い頃からどんな本を読んで今に至ったかを紹介する企画ですが、過去に読んだ本を語るということは、それを読んだ自分を語ることでもあり、どうしても自分の人生を振り返りつつ書くことになります。わたしの場合、書きながらつくづく実感しているのは、自分の人生にとってＩＣＵに入学したことがどんなに大きな恵みであったか、ということです。それまでは、洗礼を受けてキリスト者となることも、献身して伝道者になることも、およそあり得ない人生でした。その後思いがけずＩＣＵに帰って教会と大学の両方に仕え、自分に与えられた賜物を精一杯に用いて働く幸いを経験することができました。そんな信仰の旅路を一般の商業誌に書いて多くの人に読んでもらえるのはとてもありがたいことで、自分に課された使命だと受け止めています。ここに記すのはその感謝の思いですが、余所に書いたことの要約ではなく、ICUとその仲間を知っている人たちに共通の想い出と、もう少し私的な場面を書き留めておきたいと思います。

わたしがICU教会で洗礼を受けたのは、二年生のクリスマス、ちょうど二〇歳になった頃のことです。ひねくれた人間だったわたしが、何とか教会に導かれて今に至っているという不思議は、それだけで言葉に尽くせないほどの感謝です。若い頃の自分を思い出してみると、いかにも嫌味で生意気な人間でした。わたしなら、絶対に付き合いたくないと思うタイプの人間です。

ところが、そんなわたしに愛想を尽かすことなく、多くの人が友となり付き合ってくれました。先輩には、原口徹さん、高橋一さん、小野慈美さんなどがおられました。当時「臨時副牧師補佐代理見習い」という立派な肩書きを名乗っていた原口さんとは、ワークキャンプやキャラバンであちこち一緒に行きました。神学校へ行くことを決めた頃には、西南学院への入学を決めていた原口さんに九州まで連行され、ICU大先輩の青野太潮先生から「君もここに来なさい」と強く勧められて迷ったこともあります。高橋さんと小野さんもそれぞれ献身して牧師となられ、その後も長いお付き合いになりました。「カンボジア一歩の会」で高橋さんご夫妻を送り出したこと、小野さんご夫婦とヨセミテ国立公園の山に登ったこと、後にどちらもお嬢さんがICUへ入学して来られ、Cウィークなどの活動を共にしたことなど、思い出が世代をまたいで幾重にも重なってきます。

洗礼は加山久夫先生から受けました。ちょうど古屋安雄先生が研究休暇で不在、荒井俊次先生がアジアキリスト教協議会へと転出なさる頃です。松岡史孝先生も二年ほど牧師チームに加わられました。あの頃の宗務部は黄金時代だったように思います。松岡先生には、その後わたしたち夫婦が研究休暇でバークレーの連合神学大学院に行った時にもお世話になりましたし、「アジア神学」の共同編著者にもなりました。当時のICU教会では、わたしは青年会と教会学校の活動に参加していました。役員会にも一般代表で出ていましたが、そこで出会った教会員の方々には、半世紀たった今も教会の礼拝でお目にかかります。不思議なことに、わたしの目にはみなさん今もあの当時とそれほどお変わりないように見えます。

加山先生には、たいへんお世話になりました。学内の加山宅ではときどき夕食をご馳走になりましたが、断りもなく友人を一緒に連れて行って英子夫人を困らせたこともあります。青年会担当だった先生にはいろいろな場面で何度も叱られましたが、一つだけエピソードを書いておきます。ちょうど神学校へ行こうかと考え始めた頃でした。聖書を読むうちに四福音書の異同が気になり出したわたしは、それらを比較して勉強してみたいと思い、先生のところへ行って、無料で配られているギデオン聖書をもらうことにしました。そこから該当箇所をそれぞれ切り抜き、自分のノートに並べて張る、という計画を立てたのです。自分では気の利いたアイデアだと思ったのですが、それを聞いた加山先生は顔色を変えて怒られました。「君は神の言葉を何だと思っているんだ。ぼくは新約学者だが、聖書を切り刻んで平気だなどとは思わない。その位のパイエティはもってるよ。」これは加山先生だからこそ言えることです。わたしは自分の軽はずみな考えを恥じて深く反省しました。こんな風にまっすぐわたしを叱ってくださったことを、わたしは心から嬉しく思っています。先生、ありがとうございました。

古屋先生にもいろいろ教えられ育てられました。神学生時代には結婚式の司式もしていただきましたし、その後プリンストンにも何度か訪ねてこられ、帰国後は六年ほど宗務部の牧師チームでほぼ毎日一緒に働きました。よくみんなで集まっては、古屋先生の口真似をして笑いころげていましたが、それをいちばん楽しんだのは先生ご本人ではなかったかと思います。大学内でもそんなに変わりません。先生が亡くなられた際の「追憶」（英文）にも書いたことですが、教授会で難しい議論になり、険悪なやりとりが続くと、突然古屋先生が立ち上がって、とんでもなく的外れな発言をします。するとみんながゲラゲラと笑い出し、結局それで議論がおしまいになる、ということが何度かありました。ご本人はしごく真面目なのですが、それがまた可笑しくて、あれは先生でなければできないことだったと思います。

その後わたしは先生の跡を引き継ぐことになりました。人文科の教員枠も、教会の主任牧師も、教育研究棟の研究室も、その中にあった棚いっぱいの古本も。おまけに、先生ご一家が住んでおられた学内住宅にも入居して一四年ほど住みました。森の中の古い木造住宅は、野趣味たっぷりで虫たちに愛され、草刈りと落ち葉掃きを楽しむ生活でした。その間にわが家の娘たち二人はＩＣＵ理学科に入学し、キャンパス内の自宅からＮ館と体育館へ通い詰めて卒業してゆきました。

ＩＣＵの学生だった時とＩＣＵの教員だった時のあいだに挟まれた年月についても、少しだけ書いておきます。卒業後は例の「出家の道」を通って東京神学大学へ行きました。神学を少しだけやっていたので、学部編入ではなく大学院に入り、その代わり三年で修了する、という取り決めです。神学校にいる間は、まだＩＣＵ生の延長のようなもので、もぐりで隣のキャンパスから並木浩一先生の授業を聴講に来たりしていました。いよいよその三年も終わり、四国の松山城東教会に副牧師として赴任することが決まった日、わたしはＩＣＵの桜並木を見に行きました。少なくとも一〇年はここに立つこともないだろう、という覚悟で赴任したのを覚えています。その松山で四年を過ごし、プリストンへ留学した間の五年間は一度も帰国しませんでした。

この春、三〇年勤めたＩＣＵを退職しました。入学以来半世紀になります。今は別のキリスト教大学におりますが、キャンパスの中心に教会があるＩＣＵはやはり特別です。わたしはたしかに、ＩＣＵの森から遣わされた主の僕です。それにふさわしく、与えられた日々を過ごしてまいりたいと思っています。

▼alma mater

伊藤節子（旧姓門脇）　ITO（KADOWAKI）Setsuko

二四期

ＩＣＵ卒業後に渡英し、JCT International UK の現地社員として勤務。一九八四年に帰国し明治学院中学校・東村山高等学校の英語科非常勤講師となり、二年後、英語科専任教諭として奉職。二〇一二年度から副校長、二〇一五年度から二〇二二年度まで校長。

ＩＣＵに教育学科ができる頃、全国のキリスト教学校の教員対象の一年研修の機会が設けられたとのことです。その研修に参加するために、高知の小さなミッション・スクールの教員であった父が内地留学をして、まだ牧場も有していたＩＣＵで川瀬先生や讃岐先生の元で学んだと聞いています。その父が学んだ教育学科を志望して一九七六年に高知から上京し入学しました。入学した時、使える言葉といえば土佐弁だけだった私は、東京言葉が飛び交う会話や、都会のしゃれた雰囲気の同級生たちの様子に気後れがしていました。自分は英語が得意だと思っていたのですが、授業で流暢な英語で受け答えをするセクションメイトの姿を見て、自分の自信はただの勘違いだと気づいて、すっかり元気を失くし、英語も日本語もあまりしゃべらない一学期だったことを覚えています。一週間の大方の時間割を埋めているFreshman Englishの授業をexcuseできる道があるらしいと聞き、挑戦することにしました。面接の先生方の前で英語の歌を歌ってなんとかパスし二学期からの授業の一部免除を勝ち取った時は達成感がありました。が、後々英語を教えるようになってから振り返り、ＩＣＵの優れた授業で学ぶ機会を自ら減らしてしまったのは大失敗だったと心から悔やんでいます。

大学ではグリークラブに所属し日々活動していたこともあり、金澤正剛先生のもとで音楽学を学びたいと人文学科に転科することを考えました。そして人文学科の授業を取るようになって出会ったのが並木浩一先生の聖書の授業でした。音楽学にも興味はありましたが、並木先生の講義の何とも言えない力に徐々に引き付けられていきました。斜め方向にうつむきがちに、時に少し早口で、今まではあまり聞いたことがない物事の捉え方を次々と繰り出し、知の豊かさを心から楽しんでおもしろがって話してくださる講義が楽しみでした。その頃に読んでいた辻邦生著『背教者ユリアヌス』の中に、日々戦いに力を尽くしながらも夜の帳が降りた頃に一人静かにギリシャ古典を読み進めるユリアヌスの姿を描いた場面がありました。私も大人になった時に、仕事や務めとは別に一人の時間を古典とともに過ごす姿を夢見て憧れました。専攻を旧約聖書学に決めました。同級生の奥泉康弘君と共に、イスラエルから帰国した中村一郎先生にヘブライ語を教えていただいたのですが、先生にご苦労をかけたばかりで習得には程遠かった学生でした。並木先生のオフィスに集まる大学院生や学生と過ごす時間が増え、古屋先生と並木先生の丁々発止のやり取りを間近で拝聴する機会もありました。山登り&旧約聖書学の合宿に誘っていただき参加したのも楽しい思い出です。それ以来ずっと今でも、並木先生は尊敬するありがたい恩師であり、教員となった私のメンターであり続けてくださっています。そのころ並木先生の周りの集まっておられ、現在各地で牧師先生や大学の先生などとして社会に貢献されている並木ファミリーの皆さんのことはとても懐かしく思い出します。

専攻を旧約聖書学とし、並木先生から、「ウ～ン、仮説としてはオモシロイかも……」とお困りになったようなコメントをいただいた卒論を提出して一九八〇年に無事に卒業しました。前年より連れ合いが英国で勉強をしていましたので、卒業直後に英国に渡り現地で仕事を得て働いておりました。が、急遽帰国ということになり、東京に戻ってきました。そしてＩＣＵの就職課に紹介いただいた中から、なんとか採用していただいたのが明治学院中学校・東村山高等学校です。ＩＣＵ在学中に専攻を旧約聖書学にすると父に報告した時、好きに学べばいいが教員免許だけは取りなさい、と言われたことに従って英語の教員免許は取得していましたので、それが役立つ時がきました。今振り返ると、明治学院に奉職できたことはとても大きな恵みだとつくづく思っています。が、その時は、心もとない信仰しかもっていない自分であることがわかっていましたので、他宗教の学校ではなくキリスト教学校であることにホッとしたという気持ちでした。

明治学院は今年で創立一六〇年を迎えようとする長い歴史と伝統を有する学院です。キリスト教がまだ日本では伝えられない禁教であった幕末、日本にキリスト教を伝えることを使命として来日した宣教師が何人もおられました。ニューヨークで開業していた眼科医院をたたんでこられたヘボン博士夫妻も幕末に現在の神奈川県にたどり着きました。ヘボン夫妻の働きの一つであるヘボン塾を淵源とするのが明治学院です。明治学院で学ぶ中高生に、学院の歴史を語る機会がありますので、自分自身が勉強をしなければなりません。ヘボン夫妻がはるばる海を渡って危険もある日本にこられた志は何だったのか、聖書の翻訳をはじめその後の日本社会に大きく貢献するものとして辞書や目薬などを残されたこと、そして明治時代の文部省訓令一二号発令時に他のキリスト教学校とともに明治学院の総理たちがどう立ち向かったのか等々を学び、生徒達に伝えつつ、現在のキリスト教学校の役割や使命、するべきこと、できることは何だろうと思いをはせることがよくありました。

明治学院の中高は毎日生徒達と共に礼拝を守る学校です。はじめてキリスト教に触れる生徒も多いのですが、聖書の福音を生徒たちが自分のこととして感じられるようにと苦心をしつつ話を考え続ける日々でした。中高在学中に信仰をもつようになってほしいというよりも、これからの長い彼らの人生を支える土台となる福音の種まきをするというつもりで礼拝の奨励を語ってきました。聖書の授業の課題として教会出席を勧めている学校ですので、生徒たちが教会の礼拝に出席することもあります。キリスト教は日本では数的にマイノリティーな存在ですが、教会と学校は若者に福音を伝えることという点でもっと協力できるのではないかと感じています。

日本のキリスト教学校の集合であるキリスト教学校教育同盟の集まりにときどき参加させていただきました。そういう場でＩＣＵ卒業生にお会いできることは大きな楽しみでもありました。ＩＣＵ在学時に与えられた言葉として「神と人とに奉仕する」があります。この言葉は卒業以来、常に私の心の中にとどまっています。同盟でお会いするＩＣＵ卒業生のお一人おひとりがそれぞれ与えられた場で神と人とに奉仕しておられる姿に触れて心強く思い、また励まされました。明治学院での私の勤務は今年度で定年を迎えますが、ＩＣＵで学生生活を送ることができたこと、そして明治学院で働くことができたという大きな恵みに感謝し、これからも私にできる務めを担っていければと思っております。

▼少なくとも人には従わない

北川一明　KITAGAWA Kazuaki

二四期
神田のサラリーマン、劇団星空通信社主宰、IT関連企業経営、日本基督教団学生キリスト教友愛会主事、同教団四国教区中村栄光教会牧師、単立ソウル日本人教会協力牧師、学校法人明治学院学院牧師、日本基督教団聖書之友教会協力牧師、同教団平塚教会牧師。

マルコ福音書五章に「墓場や山で叫んだり、石で自分を打ちたたいたりしていた」男が出てきます。イエスから奇跡治療を施された他の病人たちは、みな口止めされました。ところがこの男だけは「主が…あなたにしてくださったことをことごとく知らせなさい」と命じられました。墓場で叫ぶ男が自分に思え、この聖句に励まされて神学校に行く決意をしました。

ただ「励まされた」とは、クリスチャン特有の独善的な自己肯定の表現とも言えます。無神論の立場から見れば「本人が勝手に高揚し、神から励まされたつもりになった」と言った方がしっくりくるのでしょう。現在お世話になっている平塚教会では、世間の人々の見かた、感じ方を探りつつ、「普通の人に通じる福音説教」を目指しています。

こうした私のスタンスを嫌う牧師は相当数あります。人に嫌われるのは厭ですし、協働者を見つけるにも苦労します。それでもやりたいこと、やるべきと信じたことを優先しています。自信があるからではありません。ICUで育ったからと思っています。

ICUは聞いたこともない大学でした。友人に誘われて、よく分からないままとにかく受験願書を出しました。それでもいちおう大学を下見しようと、寒空の中、ひとりICUまで行ってみました。広く美しいキャンパスに、ぜひとも入りたくなりました。

父は有神論に強く反対する無神論者でした。その影響で「神はいない、死後は無だ」と信じていました。今でも死は恐怖ですが、子どもの頃はなおさらです。宗教、特に禅仏教を調べました。本物の禅は、無を受け入れようとするもののようです。絶望的な気分になりながら、ますます反神論の確信を強めました。

ＩＣＵ入学後もキリスト教は信じられません。祈りで奇跡が起きる、病気がなおるなどとは、聖書は怪しすぎます。また同級生のクリスチャンは、性格が軟弱だから大きな権威に頼っているように見えました。

ただ「神の絶対他者性」という考えかたにはほとほと感心し、学ぶ価値があると思いました。本を読んで行くうち、神を信じることさえ出来れば牧師になれるのにと思うようになりました。既存の教会は説教がつまらないだけでなく、聖書に反する縛りが多すぎると感じていたからです。

東京神学大学（東神大）には好感を抱いていました。ＩＣＵに受験の下見に行った時です。キャンパス内のバス停を降りるとグレーのロングコートの似合う女性が一人佇んでいました。私は「チャンス！」と思い、そのかたにキャンパス案内を乞いました。すると彼女はＩＣＵは知らない、自分は東神大生だと言いました。申し訳なさそうに謝る上品な物腰に、かえってあでやかさを感じて恋心を募らせました。しかし電話番号を聞く理由がありません。ＩＣＵはやめて東神大に入ろうと思いました。

帰宅後受験情報誌を調べると偏差値が低すぎます。あんな気品の溢れるご婦人が何故ここまで偏差値の低い大学にいるのだろうと訝しく思いました。もはやＩＣＵに入るしか彼女と再会する手立てはないと思い詰めました。おそらく実力以上の何かが働いたのです。合格しました。入るとすぐに自らの世間知らずを思い知らされました。魅力的な女性はＩＣＵには他にもたくさんおられたのです。

せっかくのキリスト教の学校に入っても「死後は無」という確信は変わりません。そこで自分の欲望に対して忠実に生きようと志ざし、精一杯の努力をしました。すると相互に好意を抱いた異性を何人も傷付ける結果になりました。大切な人を傷付けては自分もつらい思いをします。試しに牧師に相談してみました。

大学教会の牧師は「神は居る、自然法があり、君の心にも良心がある、だからつらいのだ」と言いました。しかし私は「良心なんて社会の刷り込みに過ぎない」という思いを拭い切れません。高校の頃からダダイズムに傾倒し、道徳的な刷り込みを取り払う努力を既に四～五年続けていたからです。それでも牧師の言葉は心に留まりました。

死んで無に帰するのが厭で、卒業後も勝手に聖書の勉強を続けました。そんなある日、通行人親子の命が危機にさらされる事故現場に居あわせました。普段の思想信条に反してその親子に助かってほしいと強く願っている自分に気付きました。「神は俺の心に良心と人間性を押し込んだ」と、神にうち負かされた気分になり、神学校に行くことにしました。

東神大を受験するには先にクリスチャンになっておく必要があると聞いて、ICU教会で受洗しました。三鷹駅北口でバーボンを飲みながら牧師が受洗を許可してくれました。武蔵境駅南口の焼き鳥屋二F座敷では、私を囲んで牧師と役員男性数名とが神学校への推薦に内定を出しました。こうした手続きや場所は教会では普通のことと思っていましたが「ひとりひとりを大切にするキリスト教」の、対象者に合せた特別待遇だったようです。

牧師になった私を酷く嫌うのは、特に教団や教区で権力を持つ人たちに多いです。協調性がないからでしょう。ICU教育の賜物です。また「クリスチャンの独善的な自己肯定」ではない「普通の人にも通じるキリスト教」を目指すのは、旧来のキリスト教で成り上がった人たちには面白くないようです。

「人間に従うよりも神に従わなくてはなりません」という聖句を頼りにやりたい通りをやっています。すると書いてある通り「四方から苦しめられても行き詰まらず」途方に暮れることはあっても個人的にはかえってラッキーが続いています。

以前の教区では、議長選挙時に派閥の領袖が厳しい選挙指導をしていました。それに逆らって居辛くなり、一年間外国に逃げました。食べるあてがなかったのに多くの援助を得ました。帰国して神学校の学長に頼んだ教会人事は、前任教区から江戸所払い令が出ているとかで頓挫しました。仕方なく公募に応じて学校チャプレンになると、ギャラが二・五陪に跳ね上がり、子ども二人を外国留学させることができました。

私が神に従っていると言えるのかは分かりません。しかし少なくとも人には従いません。ＩＣＵ教育のおかげさまで、人に従っても良いことはないと、よくよく承知しています。

▼偶然と必然のはざまで

高橋　一　TAKAHASHI Hajime

二四期
日本キリスト教団・下石神井教会牧師、日本キリスト教海外医療協力会（ＪＯＣＳ）カンボジアワーカー、酪農学園大学教授（宗教主任）、山梨英和大学教授（宗教主任）、北星学園理事。

「私が国際協力にかかわるようになったのも偶然です。思うところがあり神学校に入学しました。そこで日本キリスト教海外医療協力会（ＪＯＣＳ）の存在を知り、三九歳のとき、『カンボジアにＪＯＣＳ事務所を作るから行かないか』と誘われました。教会の牧師として一〇年が経とうとしていましたが、ＮＧＯや国際協力に深く関心を持ったのはそれからです。六年前に今の大学に赴任し、ゼミの学生たちをカンボジアに連れて行く試みを続けています。直接人々と触れることで意識が変わるんです。偶然が必然に変わる、自分だけの〈衝撃〉が大切です」（北海道新聞記事）。

長い引用で恐縮だが、これは二〇〇三年に国際協力関連のシンポジウムで、「なぜ国際協力にかかわるようになったのか」を問われた際に、私が思わず語った言葉である。シンポジウムが終わってから、ある年配の参加者が近づいてきて、「偶然が必然に変わる自分だけの〈衝撃〉」という言葉が印象深かったと語りかけてくれた。そう言われてみると、確かに自分の人生は「偶然と必然の交錯だったのかもしれない」と思わせられたのである。

もっとも多くの人もそうかもしれないが……。

私は札幌で生まれ育った。国際基督教大学は当時は北海道ではほぼ無名だったと思う。私自身も最初は、「アルファベットの大学名なんて不思議な名前の大学だなぁ」という程度の認識だった。ただ、全国紙の夕刊に掲載されていた論稿で、西欧精神の源流と精髄を探求する思想家とみなされていた森有正氏や、専門的な内容にもかかわらずどこか心魅かれる論稿を掲載していた経済史家の大塚久雄氏を知り、肩書に「国際基督教大学教授」と記されていたことから、「これらの先生のもとで学んでみたい」と思うようになった。偶然にも東京に転居していた幼馴染の友人が、「この大学はお前に向いている」と言ってくれて、入学案内などの資料を郵送してくれた。最終的に両親を説得しICUに進学することができた。しかし直接の学びを待望していた森氏は、一九七六年にパリで急逝してしまう（享年六四）。

その後、専攻分野選択を含めた紆余曲折と精神的放浪を経て、一九七四年にICU教会で「信仰告白」をして教会活動を続けていたこともあって、自分でも思いがけない選択肢であったが、牧師となるべく東京神学大学に進むことにした。当時古屋安雄先生にその旨を申し出たところ、わずか三〇秒（！）で推薦状を書いてくれた。ICUでは学費の極めて安い時期の恩恵を受けて、休学期間を挟んで七年間に及ぶ学部生活であった。

在学中、森有正氏の講演や礼拝メッセージを聴く機会が何度かあったが、あるとき「みなさん、偶然というものはありませんよ」と、例のごとく性急に断定するような口調で語る言葉があった。森氏はかなりエキセントリックな人物ではあったが（個人的に言葉を交わしたことは一度もない）、その存在感と言葉にはある種の不思議な説得力があった。また、大塚久雄先生や旧約聖書学の並木浩一先生の講義は、単位になるならないにかかわらず、何度も聴講した。

神学校での学びを終え、東京都練馬区にある（いわさきちひろ絵本美術館のそばの）日本キリスト教団下石神井教会牧師として赴任することになった。東京神学大学では、教会に個人的な伝手がない学生には、学長が紹介する教会に赴任するという不文律があった（と思う）。当時学長であった大木英夫氏の紹介で、この教会を四〇年以上も前に自宅を開放して開拓伝道を続けていた小田島嘉久牧師と出会うことになった。大木氏から「私が日本でもっとも尊敬する二人の牧師のうちの一人です」との言葉もあった。顧みてこの〈偶然〉も、私にとっては大きな恵みであった。一〇年間、私自身の不如意の数々にもかかわらず、この教会を通して教えられ与えられた出会いと真実は今も私の支えである。

その後、前述のように、一九九三年（三九歳）のときに夫婦でJOCSワーカーとして内戦終結直後のカンボジアに赴任することになった。古屋牧師が「本ばかり読んでいた高橋がカンボジアに行くなんて何かの間違いではないか」と語ったとも聞いたが、それでもICU教会を中心に師友が「一歩の会」という支える会を立ち上げてくれて、並木先生が会長、森本あんり氏が事務局の責任を引き受けてくれた。多くの友人や教会の人たちが支えてくれた経緯を思うとき、深い畏れと感謝の念に今も襲われる。当時はPKO協力法によって、日本の自衛隊がはじめて海外（カンボジア）に派遣された時期であった。日本人の国連ボランティアが殺害される出来事も続き、カンボジアの政治情勢は緊迫していた。

この分野での自分自身の経験のなさや能力不足を痛感させられ、帰国してから一九九六年に英国のバーミンガムにあるSelly Oak Colleges（現在はバーミンガム大学に改編）で英語力の訓練とともに、キリスト教宣教論、第三世界における開発学、開発教育論などを学ぶ決心をした。が、その途中、これも思いがけず、北海道江別市にあるキリスト教主義の、農業・獣医・環境系のユニークな大学である酪農学園大学から突然の招聘を受け、迷った末に英国での学びを中断して帰国し、一九九七年四月（四四歳）、キリスト教学担当教員として赴任した。ここで「キリスト教NGO論研究室」を開設する。このゼミから何人かの青年海外協力隊員となる学生が生まれたことは感謝であった。大学では後に宗教主任を兼務した。

二〇〇六年から一年間、デンマーク教育大学客員研究員として在外研究の機会を与えられた。デンマークにおけるフォルケホイスコーレ（国民高等学校）運動史やその日本への影響、さらには北欧キリスト教史の一端を学んだり、その過程で、デンマーク国教会の牧師でもあり、劇作家でもあったカイ・ムンクの歩みを学ぶことができた（カイ・ムンクは、第二次世界大戦終了前に、ナチス・ドイツの秘密警察によって虐殺された）。

帰国後、二〇一一年三月一一日に起こった東日本大震災を契機に、酪農学園大学の教職員と学生をコーディネイトし、以後二年間、ＮＰＯ法人・チャイルド・ファンド・ジャパン（ＣＦＪ）や、スリランカで活動する酪農学園大学卒業生が設立したＮＰＯ法人・アプカス（ＡＰＣＡＳ）と連携・協働した被災地支援活動に従事する。二〇一三年三月、酪農学園大学を定年まで五年を残して早期退職（六〇歳）し、後進に委ねた。その後は、札幌にある学校法人・北星学園理事として奉仕。二〇一五年八月には北海道大学で開催された第三三回「開発教育全国研究集会」の実行委員長を務めた。

しかし二〇一五年一一月末まで、私が北星学園理事としてもっとも厳しい生活を強いられたのは、日本で最初に（一九九一年八月）朝鮮半島におけるいわゆる「慰安婦」の実在を報じた元朝日新聞記者の植村隆氏が北星学園大学非常勤講師を務めていたことで、某週刊誌による誹謗中傷報道がきっかけとなって、二〇一四年五月から起こった歴史修正主義者、ネット右翼による脅迫や講義妨害、さらには人権侵害に植村氏と北星学園大学が直面した出来事であった。この出来事には、東京基督教大学で教え、今も『正論』『WiLL』など特定の歴史観を標榜する雑誌に書き続けているＩＣＵ卒業生で某キリスト者も深く関与していたこともあり、ＩＣＵのキリスト教教育とは何だったのか、さらには「キリスト教学校教育同盟」の存在理由とは何なのかをあらためて考えさせられる契機となっている。

ＩＣＵを通しての偶然と必然の織りなす出来事の全貌は、私にはまだ見えてきていないようである。

柴田安子（旧姓民谷）　SHIBATA（TAMIYA）Yasuko

二四期
二〇一三年東京神学大学大学院修了。日本基督教団武蔵野横須賀伝道所主任担任教師。

ＩＣＵ在学中は九月生（セプテンバー）で、編入生（トランスファー）でした。

ごく普通のサラリーマンの家庭に育ち、生後間もなく両親の希望で幼児洗礼を受けました。教会学校に通い続け、高校生時代は大人の礼拝にも出席しました。父の海外駐在のため、子ども時代に三〜六歳と一七〜一九歳の二回、家族で滞米しました。

二度目の滞米は二年間で短く、現地の公立高校三年と私立大学一年生を過ごしましたが、余りにも変化が目まぐるしくて、何のために自分は生きているのかと悩みました。そのため、生きる意味を求めて聖書を読み、信仰へ導かれるきっかけを与えられたと思います。私立大学で一年学んだ後も卒業まで残る事は許されず、家族の帰国に伴ってＩＣＵにトランスファーしました。

ＩＣＵでは火曜日のチャペルアワーやキリスト教強調週間に参加する度、勇気や希望を与えられました。古屋先生の「キリスト教入門」の必修授業を受けたことも懐かしく思い出されます。ただセプテンバーの友人たちや同好会、クラスやキャンパスでは、信仰を語り合える友は与えられませんでした。

帰国して間もなく、自宅近くだった日本基督教団の中渋谷教会に通うようになり、礼拝生活を再開し、未陪餐会員が漸く信仰を告白しました。青年会の交わりを通して、また教会学校の奉仕を手伝いながら、キリスト者としての生活が少しずつ根づき始めました。

卒業して数年間は自動車メーカーに勤務しましたが、ある時、中渋谷教会の青年会から女性の先輩が献身をされ、その方の東京神学大学の入学式について行きました。その様子を見て、私も是非献身して東京神学大学で学びたいと思うようになりました。しかし両親は大反対で、せっかく受験手続まで済ませたものの、その時は献身を断念しました。女の幸せは結婚、牧師になる能力も無い、と言われました。私の献身は家族に迷惑、召命は？で、私の勘違いだった、と思うようになりました。

その後、サラリーマンの夫と結婚し、夫婦で教会生活は続けながら、子どもが二人与えられました。献身を志した日のことや、過去の海外生活とは無縁の毎日を過ごしていました。しかし結婚一四年目に、にわかに夫の海外駐在の話が出て、家族で渡米することになりました。カリフォルニア州に三年、ニュージャージー州に一〇年間、私には三度目の滞米生活となり、思ってもみない事でした。カリフォルニアでは、かつて同じ市に住んでいた、船橋教会時代の教会員から、現地の米国長老教会を勧められ、迷わずその教派の教会に通いました。ニュージャージー州で通った教会（米国長老教会）は、白人人口の割合の多い地域にあり、礼拝出席四〇人ほどの家庭的な教会でした。教会内で唯一だった日本人家族を温かく迎え入れてくれ、今も交流が続いています。二人の子どもたちもそこで受洗をしました。そこには日本の教会には見られない懐の大きさがあり、どこからそれが来たのかと言えば、教会員同志の信仰に基づいた強い信頼関係からだと思いますし、その背後には米国長老教会の歴史に立った信仰もあるでしょう。人種や言葉の壁を越えたところで私たちの一家にとって、このような恵みが与えられたのは、神様の御業だったとしか言えません。

ある主日の礼拝後、有志の大人たちの会で、何故か、自分がかつて献身を志したことがある話をしました。その日は初めて司会を任されていました。すると、ある婦人からこう言われました。「で、あなたのその夢は、いつ実現するの？」一度は諦めた夢、もはや実現不可能だと思っていたので、その言葉にはびっくりしました。それからです。諦めていた献身を再び考え直すようになりました。既に四〇代後半でしたが、自分の夢をこのまま捨てて人生を終えるのは後悔するに違いないと思いました。

ただこの証しは献身までのものです。その先が問題です。献身して、牧師として遣わされ、いざ今の教会に仕えて講壇と牧会を任されると、何と、夢物語で甘い事を考えていたのかと、反省します。単なる人間の夢実現、自己満足のために、教会が在るわけではないのです。神様が先ずそれを許されません。

派遣後の六年間は、失敗の繰り返しで、悩みながらつまずき、悔い改めることの連続でした。その中で主が教会のために、このような器を守り導いてくださったから、今の地点まで辿り着いているだけです。二〇一七年の赴任の年、与えられた四人の役員中の三人が時をずらして病気のため辞任し、その後さらに一人が辞任し、一人は召されました。さいわい一人は復帰し、夫も新しく役員に加わりました。これほどの変化はこれまで無かった筈です。過去四〇年間の教会の歩みを振り返ると一〇人の牧師が交替し、そのために役員会は疲弊しました。近年は少子高齢化の進む一方で、新たにコロナ感染症が流行し、今は病気や入院中の方が増えています。が、求道者も与えられています。間もなく就任七年目、かろうじて先が見えるありさまで、前途多難です。度重なる試練を通して、神のご臨在をことさらに感じます。

本当に自分は喜んで福音を語れているのか、教会に仕える使命をきちんと果たせているのか。おこがましくて逃げ出したいほどです。主よ、信仰の薄い者をお赦し下さい、と助けを求める日々です。

教師たちのことば5

武田（長）清子

情報化社会におけるエレクトロニックス、コンピューターなど、テクノロジーの急速な発達は、それを駆使できる知識や技術をますます必要としていることは事実である。

しかし、私とは何ものなのか？人間とは？人生の意味と目的は？といった、人間存在の基本的意義を問い、さらに、学問的真理、そして、宗教的真理探究の課題と取り組む精神的冒険の旅、これこそ青年期の人間形成の基本的課題だと思われる。人類の残した古典を読み、先人たちの精神の歩みが伝達する文化的遺産から、自己を超えた真理、超越的なるものを発見し、その前に自己と新たに出会い直す。そして、また、他者をも人格的に責任をもちあって共に生きる仲間として、新たな意味において発見するというような、人間的実存についての深い関心、その意味の探求、これは、人間教育の基本であり、リベラルアーツの教育（教養教育）のはじまりである。

今日、偏差値、専門知識や技術の重視の中で、教養教育（リベラルアーツの教育）の不在の結果、知的に高度な学問・技術を身につけた大学生において、人間的モラルの喪失・欠如を憂えさせる諸問題が、世間に衝撃を与えるケースも多く見られる。物質的、肉体的欲望のあるがままの肯定にもとづく快楽主義が、規範を失って社会・人心を支配している観がある。

多様なものをそれぞれに尊重する多元主義は大切である。しかし、自分のものにも、他者のものにも、本当は無関心な、何でもよい主義の多元主義は無規範な相対主義となる。アニミズム、フェティシズム、シャーマニズム、いろいろの神を信じることを尊ぶ多神教主義がうたわれながら、本当に神を敬うのではなく、無神論的唯物主義をその内実としていることがある。

しかしながら、この問題は、ひとり日本における問題であるだけでなく、他の国々においても今日深刻な問題として提起され、また、議論されていることは周知のことである。たとえば、先にもふれたがアメリカの政治哲学者アラン・ブルーム（Allan Bloom）も指摘するように、一九六〇年代の大学紛争、ベトナム戦争、セックス革命、フェミニズム、離婚の日常化などを通して、アメリカの旧来の信念や価値体系が崩壊してしまった観がである。それと共に、特に、大学教育において、人間とは何か、人生の目的、生きる意味などを問わせる一般教養教育（liberal education）が片隅に追いやられてしまい、人類的な文化遺産が充分に継承されず、大学の教育水準が極度に低下している。学生は無教養となり、価値の相対主義、何の価値にもコミットせず、何でもよい主義、従って他者がコミットしている価値に対しても無関心な相対主義がはびこっており、これがアメリカにおける精神の閉塞の要因だと言うのであり、他者と共に共同体のつくれない、ベニヤ板のようにひ弱で自己中心的な人間が増えているという。ブルームが大学教育にリベラル・エデュケーション（一般教養教育）を充実させ、教養の宝庫としての大学を回復し、再活性化することが急務だと訴えていることにわれわれも共感をもつ。

超越的なるものへの畏敬の心を失うとき、人間は自己抑制を失い、節制、禁欲を忘れて無制限の物質的、肉体的快楽主義におちいる。超越的規範を失う時、社会的連帯は失われてしまうのである。

これが現代文明社会に内在する病根ではないかと考えさせられる。

（『未来をきり拓く大学』より）

▼エンカレッジメント

今村あづさ IMAMURA Azusa

二五期
東京神学大学大学院修了。日本基督教団富士吉田教会、大月新生教会、日本基督教団西大井教会を歴任、自然学園高校（山梨県大月市）非常勤講師

エンカレッジメント！　神学的に訳せば、神の命を受けていることを自覚する、と言うことになるでしょうか。わたしの人生にＩＣＵはそのような刻印を押したのでした。

高校は都立で男女共学でしたが、女子は浪人しても伸びないし、行き遅れ予備軍などと呼ばれ、生きていくのは退屈で悲しいのが現実だろうと感じていました。「四大（四年制大学）に行っても苦労するだけ」と思っていましたが、花の女子大生になれなかった母が「絶対、四大だ」と譲らず、流れで四年制大学を受験し、ほかはどこも落ちたのに、するする受かってしまったのがＩＣＵでした。

それでは、「でもしか」で入学したのか、というと、そうでもありません。仲の良い友人に誘われてキャンパスを見に行って、気に入ったのはわたしでした。本館前の芝生とケヤキの木が、いっぺんで気に入りました。それに、ＩＣＵは、日本で珍しく学生に勉強をさせる大学だと、当時やっと伝道所になった教会の中で、勧められました。団地の中で親戚づきあいのようにしてお付き合いさせていただいてきた人々は、わたしの憧れでしたから、大きな影響力を持ちました。

しかし、ＩＣＵとのつながりは、遙か昔に始まっていました。一家で東大ＹＭＣＡの学生寮に住んでいた時期があります。物心ついた頃には、ここから近くの西片町教会の教会学校に弟を連れて通うことになっていました。東大ＹＭＣＡ学生寮には、武田清子（長清子）先生のお部屋があったと言うことですし、西片町教会には経済

学の村上雅子先生が通われていました。教会学校が終わると、大人の礼拝に人が集まってくる時間で、その中に緩やかにウェーブの掛かった髪のかわいらしい方が出席されていました。天使みたいだ、と憧れていたのですが、実はその方が、後にICUでわたしの卒論担当教授になってくださった村上雅子先生でした。

ICUを卒業すれば否応なしに日本の性別役割分担の現実の中で生きていかなければならないことは自覚していました。一方で、教会が救いの場になっていたか、というと、これも微妙なものがありました。一九八〇年前後の日本基督教団は、一言で言えば新左翼、これもまた、別のステロタイプであったのです。

こんな中でICUでは、FEP、PEの学内ランニングや一キロメートル水泳、野尻キャンプなど、わたしの常識を越えるプログラムが待っていました。数十ページの英文の教科書を読んで授業の準備したり、八時半の始業に合わせて、バス通りの停留所からマクリーン通りを本館まで走り続けるというのも、いやはやです。

もちろん、これだけ頑張ったからといって、待ち受ける現実が変わるわけではありません。「あなたがたには、何でも開かれている」とおっしゃる村上雅子先生の言葉に、実は心の中では反発を覚えていましたし、今ではそれは「開かれているべきである」というのがおっしゃりたいことでは無かったかと思います。しかし、長清子先生が戦前の右翼も含めて公平に評価されるのには唖然として、一つ、たがが外れ、また、並木浩一先生のインクリでは、JEPD文書資料説の話を聞き、「そんな風に聖書を読んでもいいんだ!」と思い、自分が自分にはめていた「たが」は、ぼろぼろになっていきました。

わたしは、あまり成績の良い生徒ではありませんでした。夢中になったのはキャンプで、東京YMCAとYWCAのキャンプ・リーダーになり、日曜日や夏・冬休みにデイ・キャンプを企画しました。また、YMCAの交換プログラムでは、一夏コネチカット州メリデン市のデイ・キャンプに行かせてもらいました。キャンプ・リーダーになったきっかけは、当時は宗務部が主宰していた野尻キャンプです。さらに学生の自主的なキャンプを組織する人たちのグループがいくつかあり、常連として参加していました。ここで、心底、好きになれる、夢中になれることを見つけました。夢中になって何かをやっている自分を発見しました。自分はどんな人間なんだろう。

自分のなかには、何が準備されているのだろう。準備されているものを精一杯、生かしていきたいと思いました。どなたか分からない、準備された方の思いをかけがえのないものに感じました。

教会やキャンプの仲間で、何人かの親しい友人たちが心身のバランスを崩して世を去って行きました。自分の持っているものを生かしきれないで亡くなっていった人は、わたしに強い印象を残しました。そんなことが起こってはいけない。決して！叫ぶような思いを抱えながら、しかし、自分は何もしてあげられない。夜中に起こされ、あちこちを探して駆けずり回り、それでも助けられなかったやりきれなさに、皆で抱き合って大声で泣きました。今では「そこまでよくやったよ」と、当時の皆に声を掛けられるけれど、当時は自分の無力に泣きました。

父がずっと教会役員で、賛育会という社会福祉法人の理事を長年やっておりましたので、わたし自身もそれ以上のことは望んでおらず、富士見町教会で長老に選出された時は、これがゴールだ、と思いました。実際、教会学校の中高科では受洗者も出るようになり、中一から通うミッション・スクールの生徒たちが学年が上がっても出席し続け、大学生にまでつながり、先輩後輩の交わりも出てくるようになっていました。社会委員会では、礼拝に来たくても来られない主に高齢者施設に入所されている方たちを訪問したり、山谷兄弟の家のマリヤ食堂でお弁当調理に加わりました。また、富士見地区の再開発事業の中で、富士見町教会があの地で存続することができたばかりか、これまでにも増して教会ここにあり、と感じさせるようになったことは、大きな喜びでした。

しかし、時の主任担任教師の倉橋康夫先生より、東京教区東支区の山谷伝道所が無牧になった、ついては、山谷で活動をしている長老で説教応援をしてくれないか、と何回も話があり、段々、長老会の中で一番若いわたしにターゲットが絞られてきて、「どうしてもやれ、と言うことならば、責任もあるし、このままではわたしはできませんから、勉強に行かせてください」と言うことで、富士見町教会から勉強に行くのは教会創立者が基となる学校を作った東京神学大学しかなく、神学生になった、と言うところでした。

仕事は、出発もゴールも銀行情報システムの開発で、間にはマニュアルやオンラインヘルプの翻訳、今のSNS、会計システム等の導入支援などをやって来ました。月一〇〇時間の残業生活をしてきたわけです。しかし、倉橋先生に声を掛けられるしばらく前から、体に腫瘍ができ、これ以上ないほど頑張って二年ほど働き続けたものの、仕事を続けることが困難になっていました。神学校に行くことになって、「あの方はここまでやるのか！」と思ったものです。病をくださってまで、わたしの行く場所を変えたということです。

昨年から二つ目の教会に主任担任として赴任しています。小さな教会ですが、喜んで迎えてくださいました。さらに幸せなのは、高校の教師を兼ねるようになったことです。これからも微力ながら、出来ることを精一杯、やっていきたいと思っています。

▼主の御手に導かれて

近藤万里子（旧姓那須）　KONDO（NASU）Mariko

二七期
基督教音楽学校（東中野）オルガン科で河野和雄氏に師事。タコマ日本人コミュニティー教会牧師、近藤義昭の助け手。三人の子供を育てる傍ら鍵盤楽器講師、ピアノ調律技術師（ＲＰＴ）として働き、教会奏楽（オルガン、ピアノ、聖歌隊指揮）、青少年の聖書勉強会等を担当。

牧師／学校教師の家庭の長女として生まれ育ちましたが、福音の真髄を理解せず自分の力やプライドを頼みに生きていた私でした。ある時、高校で学友の言葉に心が傷つき、友を恨み続け、赦せないでいる醜い自分が嫌で、悩み、踠き、苦しんだ末、体調を崩して自律神経失調症と診断され入院。高校三年の時です。

自分にとことん絶望した私が聖書を本気で読み始める機会が訪れたのです。それまでの私にとって聖書は道徳の規範書に過ぎなかったのですが、ローマ人への手紙、ガラテヤ人への手紙と読み続けて行くうちに不思議なほど一つひとつの聖句が渇き切った魂を潤す水のごとくに心に浸み渡っていくのです。そして「私は滅ぶしかない罪人です。神様、どうか憐れんでください！」と神の前にひれ伏したのでした。主の十字架の意味がやっと分かりドッと肩の荷が降りました。この恵みにより、罪を赦され新しい命を主キリスト・イエスにあっていただきました。

間もなく体調も改善され、住み慣れた仙台の親元を離れて救いの喜びを持って神様の導きに従うＩＣＵでの大学生活を始めるのですが、未だ幼い信仰でした。真っ先にキャンパスのBaka山で出会ったＩＣＵ学生が何と統一教会の会員でした。それを知らず、私は、巧みな勧誘に乗って「大学と私」という冊子の予約購読をしてしまったのです。間もなく彼らの〝セミナー〟への招待状が送られてきました。当時の宗務部にいらした大学チャプレン、古屋安雄先生に相談したところ、それは統一教会の雑誌で洗脳セミナーにも誘われるよ、と教えていただき恐ろしくなり、即、冊子の予約購読も解約できるように助けて頂きました。危機一髪でしたが今思えば大切なレッスンでもありました。

一年目のセクションメイトとの交流で、数多くの友情を育む事が出来たこと、その中で救いの証しを聴いているうちに信仰を持つようになったと言う友が出てきた事は大きな恵みと励ましでした。

宗務部でのもう一人の牧師、田中友敏先生には新しい大沢学生ＹＭＣＡをサークルとして立ち上げる際に、顧問となっていただきました。ルーテル神学校、東京神学大学とＩＣＵの学生達が合同でキリスト者同志の活動が出来たのは楽しく良き思い出です。

三年目は米国のジョージア州にあるウェスレアン大学（音楽大学併合）に交換留学し、オルガン演奏、ハープシコード奏法、讃美歌学等を存分に学ぶ夢のような一年間でした。大学のキャンパスから歩いて教会に初めて出席した日に、ある婦人から、あなたのホストファミリーは？と訊ねられ、未だ決まっていません、と答えると、では今日から私達があなたのホストファミリーになりますよ！と圧倒する愛で私を包んでくださったのです。ホストのお父さんは教会の執事を務める一方、ＦＢＩの特務機関に勤務。ホストのお母さんは子供二人のお母さんですが、教会がまさに彼らの生活の中心でした。私のような留学生に実の娘に対するように暖かい愛を注いでくだった彼らとは四〇年以上経った今も、ネット上で繋がり続けて感謝です。

話が多少前後しますが、現在の夫、近藤義昭との出会いはＩＣＵの交換留学プログラムで飛び立った日のシアトルからアトランタ行きの便に乗り継ぐ待機一〇時間中、付き添い人としてシアトル案内をしてくれる筈の私の父の友人（牧師）の代役人が彼でした。全く予期しない不思議な神様のお取計でした。

翌年卒業して一九八三年にワシントン州タコマ市で結婚し、主に戦争花嫁と呼ばれた世代の日本人クリスチャン女性層を中心に開拓伝道を始めて三九年が経ち、現在に至っています。

この所、米国は色々な分野で五〇年前、いや、二〇年前からは考えられない程変化しております。聖書が公的な所から排除され、良識のある人が蔑視され、悪を善しとする風潮が罷り通るアメリカを誰が想像できたでしょうか。神様によって恵みと祝福を享受していた国が逆に神を排除する姿は悲痛です。戦後、平和の為に、とＩＣＵは米国の多くの教会の熱心な祈りがあって創設され、母（Ｌ一期）も私もそこで学び得たものは代え難いものです。しかし、最近の世の反基督イデオロギーに妥協し、焦点を失って堕落して行く米国の大学が後を絶たない現状を踏まえて、それらに追従しないように、と心から願うのです。人類の平和の希望は真理なるキリストの内にしか見出されない事を知り、主ご自身が再び来臨してくださる日を待ちながら、今という時を神様に喜ばれるように活用する者達を輩出する国際基督教大学であって欲しいです。

神様は私達夫婦に三人の子供と四人の孫を与えてくださり、特に高校生までは歯科医志望だった次男を献身へと導いて下さいました。Wheaton College と、The Master's Seminary で訓練を受けて牧会者の道を歩み始めた息子夫婦の為に祈るのが私達の日課となっています。み言葉の正確な解き明かし、大胆な真理の福音宣教、託された主の羊を守り養う使命を忠実に果たせますように、と。

永久に栄光が父、御子、御霊なる神様にありますように！

梅津裕美（旧姓竹内）　UMETSU（TAKEUCHI）Hiromi

二七期

二〇〇一年日本基督教団教師検定試験Cコースで補教師資格取得、二〇〇三年正教師按手。滝野川教会伝道師、ベテル教会牧師、本多記念教会牧師を歴任し、二〇一五年より荻窪清水教会牧師。国際基督教大学非常勤講師、頌栄女子学院講師、日本基督教団全国教師会理事長。

私は香川県高松市に生まれ、真面目さと忠実さを誇る国鉄マン（JRの前身 日本国有鉄道職員）の家庭に育った。父は国鉄事務職の苦労から有名大学卒がものを言うと確信し、私の教育に力を注いだ。情操教育よりも学業成績優先で、周りからの評価を得ることが第一の教育だった。地元の小学校から国立大学付属中学を受験し合格、入学すると、地元名士の子弟が多く有産有識社会の香りが漂っていた。彼らに追いつけ追いこせで学業に励み、県内有数の進学高校へ入学。しかしその頃から、自分が何のために学んでいるのかが分からなくなり、学ぶことに空しさを感じ始めた。

そんな時、アメリカ人宣教師に出会い、功績とは関係なく与えられる神の愛に自己肯定感を得た。値無き者に注がれる神の愛を喜び感謝する……それは同時に自分が育った家庭にはなかった宣教師の生き方を知ることでもあった。おそらくそれに惹かれて、私は洗礼を受けたのだろう。受洗後、当時高校生だった私は宣教師に勧められて求道中の中学生に聖書の話をするようになった。何も分かっていないのに知ったかぶりで話をするのだからひどいものだった。その内、わが無知を自覚して「もっとキリスト教の教育について学びたい」と進学先を模索。その時に知ったのが「国際基督教大学」。どんな大学かもっと知りたいと関係する本を探し読み、「森有正」という思想家に出会う。受験勉強の傍ら彼の本を読みあさった。その著作に高邁な思索を感じ、こういう学びがしたいとICUを受験、晴れて合格。

ところが、私に洗礼を授けた宣教師はアメリカ南部の超保守的なバプテスト派、リベラルなＩＣＵに入学するのは悪魔の巣窟に入るようなものと心配した。確かにその懸念どおり、入学すると、こんなにもいろいろなキリスト教があるのかと驚愕、どの信仰に身を置いてよいものか困惑、まるで信仰の深い森に迷い込んだ四年間だった。今から思えば、あの頃は真理を探究するよりも、自分の信仰の正当性を主張したい一心で突っ張っていたと反省する。しかも所属していた当時の福音派は逐語霊感説の聖書解釈で「教会で女は語らず」、私が伝道者となる道は閉ざされていた。伝道したいなら牧師になる人と結婚し牧師夫人として生きることが勧められ、それは自分の賜物ではないと断念。あの四年間はキリスト者としての幸い感が抱けないまま、うっそうと茂るキリスト教の森の中を彷徨い続けていた。でも、神は拾う神……その森の中で、落ち着いた信仰を持つ一人のキリスト者と私を出会わせ、結婚へと導いた。これが無ければ、わたしはあの森の中で迷子になっていたかもしれない。結婚を機に、私は日本基督教団の信徒となる。そこでは既に、多くの女性たちが牧師となって伝道の一翼を担っていた。

転機は三九歳の時。既に二〇代で三人の子どもを授かり専業主婦邁進中だった私は、研究者の夫の在外研究で一家揃って米国マサチューセッツ州アマーストで暮らす。その町には五つの教会があり、その中で一番大きな教会の牧師が女性。祈っても、説教しても、子どもに語っても、他の男性牧師たちよりはるかに秀でていた。日本ではまだ見かけないタイプの女性牧師で、目からうろことはこのこと「なあんだ、やっていいんだ」と。そこで隣町にあるマウント・ホリオーク女子大学で新約聖書学を聴講し「勉強は嫌いではない。ならば聖書を学んでそれを人々に説き明かす伝道者になろう」と calling を受けて帰国、三九歳の誕生日に「三九歳はサンキューだから感謝を創める、わたしはこれからの人生を神に捧げる、牧師になる」と家庭内宣言。夫が反対するかと思きや、ただ一言「いいことだからやりなさい」。三人の子どもたちは、教育熱心な母が伝道熱心になれば自分たちに自由が訪れると大歓迎。でもどこでどうやって学ぶのか、子育てをしながら通える神学校はない。そこで、大学入学資格検定（通称大検）のように必要科目を一つずつ受けて牧師資格を取得する道（日本基督教団Ｃコース）があることを知り、先のことまでよく考えずにそれで進むことした。

最短の三年で難なく合格はしたが、現実は神学校による卒業生優位の人事が立ちはだかり、私には任地のきっかけさえない。不安倍増の中、そこに拾う神あり。なぜかこの所属不詳の私を心にかけてくれる天使たちが現れる。滝野川教会、ベテル教会、本多記念教会、そして荻窪清水教会と、神は時に適って私を拾う人を備えて伝道する場を与えた。不思議なことで「もはやこれまで」と思う時に、拾う人が現れる……神の憐れみ続きだった。

一方で教会は高齢化、待てども待てども若者は来ない。それならと……こちらからキリスト教学校に乗り込むことにした。ＩＣＵ在学中に取得した英語科教員免許に加えて、東京神学大学の科目等履修で宗教科教員免許を取得。するとまたもや拾う人が現れ、頌栄女子学院中高で週に一日聖書を教える講師の職を得た。遣わされた教育現場で、いかに生徒に聖書を語るか創意工夫・試行錯誤を重ねる内に、また拾う人あり。母校ＩＣＵで宗教科教員免許を取得する学生たちを教授する非常勤講師の職を得て、現在は「リベラルアーツで学んだ者ならではの教授法があるのでは」と学生たちと探究している。その探究の中で、リベラルアーツＩＣＵで学んだ伝道献身者たちの働きを検証する意義深さを思い、その記録を残したいと献学七〇周年に合わせてこの本をまとめることを提案した。私がボランティアとしてこの本の編集を担ったのは、そのような背景がある。

かつてＩＣＵの森を彷徨った私であるが、今度は非常勤講師となり教える立場でＩＣＵキャンパスに通いながらふと思ったのは、「わたしは今も森の中にいる」という気づきだった。今、教会は多様性の洪水の中に漂っている。二〇〇〇年を超える教会史の中で、伝道危機の時代を迎えているとも言える。教会の現実は、「信条」と言いつつも日本的な「心情」主義が横行している。この伝道地でいかに聖書を説き明かし人々を福音に招くかが問われ続けている。教会に仕え、教区・教団に仕え、キリスト教学校に仕えながら、絡み合った複雑な諸事情に耐えて福音宣教を続けることは、深い森の中に置かれているに等しい。この務めは、混沌の中に「光あれ」と言葉によって新しい創造をする神に信頼することなしにはできない。そう！　わたしはあの学生時代、ＩＣＵの森の中で森に耐える力が養われたのかもしれない。混沌の森の中に、神の光が射す瞬間がある。森に閉じ込められ迷子になりそうな私を拾う神がいる。その時を待ち、うっそうとした森の現実の中で、今日一日の聖務に喜んで臨む。リベラルアーツＩＣＵの教育は、深い森に耐える力、森に射す光を信じる信仰を養うのかもしれない。私の生涯にこの森があったことを神に感謝する。

▼英国で出会った和解の旅

ウィリアムズ郁子（旧姓半田） WILLIAMS（HANDA）Ikuko

二七期
英国国教会司祭、英国リーズ大学病院チャプレン。日本キリスト教団武蔵野教会協力牧師。ＩＣＵにて礼拝説教奉仕、読書会、和解フォーラム幹事、てばなすぺーす主催。聖路加国際病院非常勤チャプレン。

この三〇年ほどは、ＩＣＵで知り合った夫マークの仕事で、イギリスで暮らしていましたが、つい数年前、その夫が思いがけなくＩＣＵに副学長として呼ばれたため、今は二人でＩＣＵのキャンパスに住んでいます。夢のような心地です。

私がＩＣＵに九月生編入生として入った時は、アメリカから帰ったばかりで、自分は日本人というより、アメリカ人の感覚で、ＩＣＵでも様々なことが異文化に感じられ、違和感の多い毎日でした。そんな中で、宗務部主催の「学生セミナー」という、新しい企画に出逢いました。それは、学生が四人の先生（カナダから来ていたハーダー教授夫妻、横田洋三国際法教授、加山久夫副牧師）と共に八王子セミナーハウスで泊まり、一つのテーマについて、それぞれ学生も教員も個人としての思いを語り・聞き合うという趣旨のものでした。そこには、四月生も九月生も混ざっていて、オープンに語り合える場があり、異文化間の問題も、信仰についてのことも自然に話題にできる雰囲気がありました。

その後、この泊まりがけ「学生セミナー」を企画する側に何度も加わりました。クリスチャンもノンクリスチャンも居る中、自分の信仰において本当に何が大切なのかを探究できた空間でもありました。こうしたセミナーで出会った人たちの多くとは今でも繋がっていて感謝です。

卒業後、アメリカでの修士課程修了後、ＩＣＵに一年だけ助手として戻った際には、アメリカから新しく来た異文化間コミュニケーションの客員教員のリタ・ツカヒラ夫妻が自宅で始めた月一回のバイブルスタディの集まりを私も手伝うこととなりました。毎回、二〇人以上の学生たちとの大変熱の入った時間となり、いつも終電ギリギリで帰ったのを覚えています。私自身、伝道の道へと呼ばれる声を最初に心に聞いたのはこの場であったと思います。

結婚後、マークの博士課程で、カリフォルニアのバークレーに数年住み、そして研究のために日本に住んだ後、マークがイギリスのリーズ大学で日本学を教えるために、一歳半になる長女を連れてイギリスへ移ることとなりました。

イギリスに向けて一九八九年一月に日本を発った日は、奇しくもちょうど昭和天皇が亡くなられた日でした。イギリスに着いて、連日テレビ、ラジオ、新聞で大きく報道されていたのは、先の戦争で日本軍から苛酷な扱いを受けた元戦争捕虜たちの日本を激しく非難する声でした。軍国日本の最高責任者であった昭和天皇が亡くなったことを受けて、彼らの感情が一気に表出したのでした。

私にとって、まず彼らの日本人への厳しい態度はショックでしたが、彼らの話で知った東南アジアでの日本軍の残虐行為は、より大きなショックでした。さらに、自分の国のやったことを知らないで彼の国に来てしまったことを大変恥ずかしく思いました。その時代に自分は生きていなかったとはいえ、イギリスに来た一人の日本人として、彼らの言葉を、他人事としては聞けませんでした。と言っても、英国人元捕虜たちに会いに行く勇気は私にはありませんでしたし、また私が謝罪したところで、何も事態が変わることはあり得ない、と半ば諦めていました。

そして数年後、ＩＣＵから英文学の斎藤和明教授が研究休暇で私たちの街にご夫婦で来られました。先生は既に元英国人捕虜アーネスト・ゴードン氏の手記を日本語に翻訳・出版されておられました。（その手記の翻訳は、今も『クワイ河収容所』という名前で出ています。）斎藤先生がイギリスを去られる時、私は思わずこう尋ねました。「私は日本人として、元戦争捕虜の人たちに、情けないことにまだ何もできていません。一体どうしたら良いのでしょうか?」するとと、先生のお答えはこうでした。「郁子さんが今やっていることを続けていってください。つまり、このイギリスの社会で出会わされる一人一人に誠意を込めて接し、信頼に基づく関係をコツコツと築いていってください。それで良いのです。それが大事なのです。もし、何か他にやるべき時がきたら、それは神様が示してくださいます。」これは非常に大事なアドバイスでした。

そして、一九九九年、つまりイギリスに着いてちょうど一〇年経った時、ロンドンで英国人元戦争捕虜と日本人とのための日英和解礼拝というものがありました。加害者側の人間としての罪責の念から、どうしても行かなければいけないという思いで、ロンドンまで二時間半列車に揺られて行きました。その礼拝では、ある日本人の牧師先生が日本人を代表して、懺悔の祈りを捧げてくださいました。神の前で、そして元捕虜たちとその家族の前で、日本の国と日本人が犯してしまった罪を告白し、その罪を悔いて、赦しと癒しを祈ったのです。赦しなど到底望めないような状況であっても、すべての人間の罪と過ちを背負って十字架にかかられたキリストの愛の故に、このように祈れるのだという恵みに胸が打たれました。私は、その時、初めて本気で、赦しと癒しの主に出会えたのでした。すると思いがけず、それまでどうすることもできなかった加害者側としての捕らわれからの救いがありました。感謝で涙が止まりませんでした。そして礼拝の終わり頃、司式者より、出席者同士で握手を交わすよう促されましたが、私は、元捕虜の人たちに握手を求める事に躊躇してしまいました。しかし、あちらから、つまり英国人元捕虜たちが、私たち日本人に握手を求めてこられました。イエス様の「敵を愛せよ」という教えの恵みがそこにありました。「和解」とは、神様がギフトとしてくださるものなのだと生まれて初めて知った瞬間でした。

「和解」というのは、私たちが作り出すものというより、神様がくださる贈り物、ギフトなのであると知りました。

この大きな経験が与えられたことで、それまでのためらいを払拭し、自分の置かれた場所で用いられるべく、英国国教会の伝道者となる訓練を受け、按手へと導かれたのでした。長老派の教会で育ってきた自分にとって、聖公会という教派の牧師、司祭になるということは、全く予想外の展開でした。そして、按手を受けてから数年後、私は病院チャプレンとして働くようになりました。

チャプレンとして、出会う一人一人に寄り添う毎日を過ごしていましたが、ある日、私がたまたま病室に訪ねた患者さんは、私は知らなかったものの、ビルマの戦場での経験から、絶対に日本人と話さないという主義で生きてこられた方であったのです。ところが、後日聞いたことには、この患者さんの日本人への怒りと憎悪は、思いがけない日本人のチャプレンの訪問によって、不思議と消え失せ、平安に満たされたというのです。これは、私にとっても大きな驚きでしたが、これこそ神様が与えてくださった和解のギフトなのだと思いました。

そして今、ＩＣＵのキャンパスで、学生や教職員と和解について共に学び話し合う日々が与えられています。もしかしたらＩＣＵ和解センターなどというものも始められるのではという夢も与えられています。そのようなセンターができるか否かに関わらず、私たちには、「和解のために奉仕する任務」（第二コリント五・一八）が授けられています。ＩＣＵに関わりを持つ皆さんと共に、和解の主に感謝し、復活の主にある希望を持って和解の務めに用いられていきたいと願うものです。

▼真珠湾を望む丘の上の教会から

石渡敬子 ISHIWATA Keiko

二八期
米国パールシティ第一バプテスト教会日本語部牧師。

一九八〇年四月、ＩＣＵに入学した私は、「横浜からは、とても通いきれない」と思い、入学式直後の日曜日、ＩＣＵの近くにある下宿を探しに母と出かけました。その「ついで」に参加したＩＣＵ教会での主日礼拝で、私は確かに主の語りかけを聞いたのです。私たちにとって「ついで」と思えた出来事も、神様にとっては、ご計画の一部だったのだと今、分かります。その日曜日の礼拝は、確か、「入学記念礼拝」と名打たれていたと記憶しています。その朝の古屋安雄先生のメッセージは、主に新入生に向けられたもので、ＩＣＵで学びを終えたあとの卒業生たちの進路について、先生は、語られました。企業に勤め、海外勤務に就く卒業生もいれば、イエス・キリストの福音を宣べ伝える宣教師となって海外に出る者達もいるという話でした。「あなたの人生を神様にささげませんか?」というチャレンジだったと記憶しています。この古屋先生のメッセージを聞いた私は、「ＩＣＵを卒業したら、何らかの形で神様に仕える仕事をしたい」という思いが与えられました。ただ、ＩＣＵを卒業したら、英語科教員になることが、ＩＣＵ入学時の私の望みでしたから、自分がキリスト教の宣教師や牧師になるとは、当時の私は、思ってもみませんでした。

ＩＣＵ在学中は、英語科教員免許を取得するのに必要な単位を取りつつ、古屋安雄先生や並木浩一先生から、キリスト教や聖書について学ばせていただきました。卒論は、並木先生の指導のもと、「イエスのたとえ話」について書きました。卒業前の夏休み、四国で行われた「卒論中間発表会」に参加し、並木先生と一緒に石鎚山を登りました。その翌朝、同室の女子四名そろって寝坊したことを今でも覚えています。

大学四年生となった時も、英語科教員になろうという願いに変わりはありませんでしたが、できれば、キリスト教系の学校で仕えたいと思っていました。主の御手の中、横浜市金沢区にある関東学院六浦中学高等学校に導かれ、そこで八年間、英語科教員として働かせていただきました。関東学院は、バプテスト系のミッション・スクールでしたので、当時すでにクリスチャンとなっていた私は、学内礼拝でメッセージをする機会をいただきました。多感な時期にある生徒たちに聖書から話をするというのは、チャレンジであり、またやりがいのあることでした。そうするうちに、聖書をもっときちんと学びたいという思いが与えられるようになっていったのです。

ある日、関東学院六浦中高での同僚の先生から、「石渡先生、アメリカの東海岸や西海岸には、日本の人たちが大勢暮らしています。この方達のための日本語を話す牧師が必要なのだそうですよ」とお聞きしました。まさか、自分が「東海岸」でも、「西海岸」でもない、ハワイに牧師となって行くことになるとは、当時は思いもしませんでしたが、このことを聞いたことがきっかけとなって、アメリカのカンザス州カンザス・シティにある神学校で学ぶことになりました。

神学校での三年間の学びのあと、さらに一年カンザスに残り、病院でのチャプレン実習をしました。その後、紆余曲折を経て、ハワイ州パールシティにあるパールシティ第一バプテスト教会で日本語牧師として仕えることとなりました。一九九六年一一月のことです。

パールシティは、真珠湾を望む丘の上にあります。真珠湾は、日本軍が爆撃した地でありながら、その周辺には、多くの日系アメリカ人が暮らしています。私たちの教会は、英語部が中心であり、私の着任当時は、主任牧師も、英語部の執事（教会リーダー）も、ほとんど日系アメリカ人の方達でした。

また、ハワイには、日本語を主に話す人々が大勢暮らしており、私が責任を持っている日本語部（Japanese-speaking congregation）は、日本語での礼拝、バイブル・スタディ、祈祷会、交わり、伝道などを行っています。二〇一六年からは、ワイキキ・バプテスト教会の会堂をお借りし、日曜日午後四時からの日本語礼拝も行っています。

また、ハワイという地（特にホノルルを中心とするオアフ島）には、日本語教会・日本語会衆が、十以上あり、ハワイ日本語キリスト教会連合（略して「連合」）を構成しています。この連合に連なる日本語牧師の一人として、連合がスポンサーとなっている二つのラジオ番組を担当しています。ハワイには、ラジオＫＺＯＯという日本国外唯一と言われる日本語ＡＭラジオ局があり、日曜日の朝には「連合アワー」、週日の午後には、「心に光を」という番組をこのラジオＫＺＯＯからお届けしています。私は、二〇〇七年秋から、母を呼び寄せてパールシティで一緒に暮らしているのですが、英語のあまりよく分からない母にとって、ラジオＫＺＯＯからの情報は「命綱」となっています。多くの日本語族の方達が、ラジオＫＺＯＯを聞きながら生活されているようです。ですから、そのような方達の「お茶の間」にまでイエス・キリストの福音をお届けすることができています。（顔を見せなくてすむのも、私にはありがたいです。）

真珠湾には、アメリカ海軍基地があり、すでに書きましたように、一九四一年一二月七日（日本時間では一二月八日）、そこをねらって日本軍が爆撃をしました。今でも、真珠湾にあるアリゾナ・メモリアルを日本人が訪ねると、肩身の狭い思いをすると言われます。いまだに耳にすることのある、Remember Pearl Harbor（真珠湾を忘れるな）ということは、敵・日本のしたことを忘れるなということでもあります。そんな過去のある真珠湾を望む丘の上に日本人の教会があるということは、普通に考えたら、ありえないことなのではないでしょうか？

私たちの教会の英語部のメンバーで、すでに九〇歳を超えられる方が、当時のことを聞かせてくださったことがあります。真珠湾を望む丘の上から、日の丸を付けた爆撃機が飛んでいるのを見たときの驚き。祖国日本が、日本からの移民が大勢いると分かっていながら、ハワイに爆撃を仕掛けてきたとわかり、「裏切られた」と思ったという人もいます。兄弟が、日本とアメリカに別れて、戦争に参加したという方も知っています。

しかしながら、この真珠湾を望む丘の上の教会において、かつて敵同士だったアメリカ人と日本人が、共に主イエス・キリストを礼拝している事実に、もはや私達は、「日本人対アメリカ人」というくくりを越えて、イエス・キリストの十字架によって共に神の子とされている恵みを思います。真珠湾を望む丘の上の教会の日本語部として、神の恵みを証ししていけますようにと祈ります。

「実に、キリストはわたしたちの平和であります。二つのものを一つにし、御自分の肉において敵意という隔ての壁を取り壊し、規則と戒律ずくめの律法を廃棄されました。こうしてキリストは、双方を御自分において一人の新しい人に造り上げて平和を実現し、十字架を通して、両者を一つの体として神と和解させ、十字架によって敵意を滅ぼされました」（エフェソの信徒への手紙二章一四〜一六節）。

▼消しゴムの働き

神代真砂実　KOJIRO Masami

二八期
一九八七年、東京神学大学大学院卒、日本基督教団富士見町教会伝道師・副牧師、アバディーン大学（英国・スコットランド）博士。一九九八年〜現在　東京神学大学常勤講師・助教授・教授・学長。訳書『キリスト教神学入門』教文館、二〇〇二年、著作『ミステリの深層――名探偵の思考・神学の思考』教文館、二〇〇八年、他。

この度、教授会の推薦と理事会の承認とを頂いて、四年にわたって学長を務めることとなりました。お支えをよろしくお願いいたします。もとより学長の器ではありませんし、能力も足りません。しかし、そのような私に、正規の手続きを経て、この務めが委ねられた以上、これを神様の召しと受け止めなければならないと思います。そしてまた、このような私に学長職が委ねられたということから、これからの私の働きの、その基本的な姿勢あるいは性格が明らかになっているとも言えるかもしれません。

もう、かなり前のことになりますが、青年を対象とした、ある修養会の講師に招かれたことがあります。そのプログラムの最初に、当然のことながら、自己紹介の時間がありました。ただ、この自己紹介には一工夫あって、それは、自分を文房具に譬えるということであったのです。限られた時間の中で、あれこれと考え、ようやく納得のいくものを思いつきました。それでは、その文房具とは何かというと、それは「消しゴム」でした。これは、私の働きが消しゴムのような役割を担うものであったという事実を反映しています。

特に、このとき思い浮かべているのは、私が留学から帰って、教授会のメンバーに迎えられたときのことです。当時の松永希久夫学長は、私に、順に二つの教会で代務者となることを求められました。もっとも、代務者とは言っても、この場合は、実質的には代理牧師であって、役員会・長老会の議長にとどまらず、礼拝説教（特に、一つ目の教会では、ほぼ毎週）やその他の集会、葬儀等の務めも負いました。それぞれに、牧師の辞任の経緯などから、直ちに後任を迎えるよりは教会の体制を整える時間をとった方がよいであろうとの松永先生の御判断であったものと思います。一つ目の教会では二年、次の教会では三年の間、代務者・代理牧師の働きをし、それぞれに後任の牧師を迎えることが出来たのでした。

私が消しゴムの働きということで考えているのは、そのようなものです。ですから、一切を白紙に戻し、何か過去（の一部）をなかったものにするというようなことではありません。そうではなくて、次に来られる方が、十分に働ける環境を整えるように努めることを考えています。それを今回も心がけたいと思います。さらに言えば、消しゴムは、いつまでも、そこにいるようなものではありません。四年後に、よい形で、この務めを次の方に引き継ぐこと、それが私の願いです。そして、そのときに大切なのは、それこそ、教会の代務者・代理牧師のときにも意識していたことではありましたが、基本に忠実であること・基本を確認することです。従って、今回も私の心がけなければならないのは、東京神学大学の基本を再確認するということになるでしょう。

それでは、その基本とは何でしょうか。――今回、私が、そのことを学ぶために読んだのは、東京神学大学の初代の学長、桑田秀延先生が書かれたものでした（『全集』第五巻）。桑田先生によれば、（東京神学大学の）神学教育の方針には三つの方向があるということです。一つは、（教師や学生同士の）交わりの中で神学生の信仰生活が深められるということ。次に、学問研究を重んじること。最後に、実践的な使命の場、つまり、日本基督教団を始めとする教会（さらに、当然、キリスト教学校を付け加えなければならないでしょうが）を大切にすること、です。確かに、これらは今日に至るまで、この神学校において大切にされてきた事柄であると言えるでしょうし、私も学長として、引き続き、これらを重んじていきます。

さて、桑田先生が神学教育の三つの方針の中で特に詳しく語っておられるのが、学問研究についてです。さらに具体的には、健全な神学を身に付けた卒業生を送り出すことを、重視しておられるのです。その「健全な神学」とは、キリスト証言としての聖書を重んじること、イエス・キリストによる救いという福音の真理を重んじること、そして、イエス・キリストが、今日、生きて働いておられる教会を重んじるということです。これをもう少し言い換えて、正典としての聖書を大切にすること、イエス・キリストの十字架と復活による罪からの救いという福音を大切にすること、イエス・キリストが聖霊によって生きて働いておられる教会を大切にすることとしてもよいでしょう。

いずれにしても、こうした方向性をもった神学が教えられ、身に付けられるところであることが、東京神学大学には期待されているわけで、もちろん、これまでもそうであったように、これからも大切にしていかなければならないことであると考えます。このことを土台としてしっかりと確認し、実現していく四年間でありたいと願っています。そのことによって、東京神学大学が教会とキリスト教学校に、よく仕えていけるように、私は、この学び舎に仕える者でありたいと願っています。祈りによる皆様のお支えをよろしくお願いいたします。

（東京神学大学学長就任あいさつより）

▼神の恵みに包まれて

佐野正子（旧姓岩崎）　SANO（IWASAKI）Masako

二八期
聖学院大学人間福祉学部教授・チャプレン（日本基督教団滝野川教会協力牧師兼務）を経て、現在東京女子大学現代教養学部教授、同大学キリスト教センター長・大学宗教委員長。共著『歴史と神学』下巻（聖学院大学出版会）他。

神様は私の思いをはるかに超えた不思議な仕方で伝道献身者となる道を備えてくださいました。私は現在（二〇二三年）東京女子大学のキリスト教学教員としてまたキリスト教センター長として、キリスト教学の教鞭を取りまた礼拝を通して若い魂にキリスト教の福音を宣べ伝える務めが与えられています。しかしキリスト教の伝道者になりたいという想いが与えられたのは結婚してからのことです。私がＩＣＵの学生になりその後どのように今日に至るかをご紹介させていただきたいと思います。

私は祖父母四人とも、そして両親や弟・妹も皆キリスト者というクリスチャンホームで育ち、中高は女子聖学院というミッション・スクールに通いました。幼児洗礼を受けていた私は中学一年のクリスマスに信仰告白をしてキリスト者になりました。両親は、母教会の日本基督教団大宮教会の谷川真海牧師ご夫妻が教会のない東大宮の地に伝道所を開設することになった時に、牧師を支え牧師と共に伝道に励む熱心な信徒でした。そのような環境でしたので、私も幼い頃から神様が常に見守って導いてくださっているという安心感の中で育ちました。しかし同時に神様から命を与えられこの世に生を受けたからには私にも神様から与えられている使命があるはずだと、思春期には私の人生をどのように生きるべきか神様に問いかける日々を過ごしました。

ＩＣＵに入学した後、学部時代には教育学科で教育心理学を専攻し、英語の教職課程として英文学の科目を履修したことにより斎藤和明先生と出会い、ＩＣＵの比較文化の大学院に進み斎藤先生のもとでヘブライズムとヘレニズムというテーマでジョン・ミルトンの作品を学び、川島重成先生からはギリシア悲劇を学びました。将来夫となる佐野好則（現在ICUの西洋古典学の教員）とは川島先生の授業で出会いました。ICUでの先生がたや友人たちとの人格的な交わりは私の人格形成においてとても重要なものであったと、ICU時代を振り返る時感謝の気持ちでいっぱいになります。学部時代に卒論のご指導をしてくださった原一雄先生や、大学院でご指導くださった斎藤先生や川島先生、そして聖書研究会に参加させていただいた絹川正吉先生、またキリスト教週間のオープンハウスで、何人かの先生がたのお宅にお食事やお茶に招いていただいたことは忘れられない思い出です。そのような時には奥様もそのお交わりにご参加くださっていたことも印象に残っています。ICUは教室だけではなく、キャンパス内の教員住宅も学生の人格形成の重要な場所として用いられていることは、創設以来のICUの良き伝統だと思います。

学部時代にはICU教会員の辻始子さんが、辻ハウスというICUの女子学生たちのための六名の寮を裏門の近くで始めてくださり最初の六名のひとりとして私も入寮させていただきました。辻おばあちゃん（と私たちは呼んでおりました）は、私たちの誕生日に美味しいお料理やケーキをご馳走してお祝いしてくださり、娘のようにかわいがってくださいました。そして私たちは週に一回ずつ六人分の夕食を作って皆でいただくという、共同生活を通して共に生きるということを学ばせていただきました。辻ハウスは教室だけでは学ぶことのできないトータルな人間教育の場であったと思います。

今私は夫とICUの森に佇む教員住宅に住んでいます。W・M・ヴォーリズが設計され、神田盾夫先生ご夫婦が最初に住まわれた住宅です。斜め横にはエーミル・ブルンナー先生が住んでおられた住宅が見えます。玄関を入って横には暖炉のある広いリビングとダイニングルームがありますが、それは学生たちを招いて集会を持つことができるためです。私たち自身が学生時代にしていただいたことの恩返しの気持ちを込めて、私たちも事あるごとにICUの学生たちや東女の学生たちを招いて交流の時を持っています。教員住宅のお庭の端は「ハケ」と呼ばれる国分寺崖線となっていて、崖の下には湧水がとうとうと野川に流れ込んでいます。ICUの森は野川公園の森と繋がっており、うちの庭にも多くの鳥たちが訪れ、鳥のさえずりで目が覚めます。庭にはバラやハーブを植え、お庭の片隅では土が腐葉土で肥えているので、大豆やジャガイモその他様々な無農薬の野菜を育てています。このＩＣＵの豊かな自然を通しても神様の創造の豊かさを日々感じています。

ＩＣＵの大学院の終了直後に結婚し、創立されたばかりの聖学院大学の英語の助手として一年生の英語のお手伝いをしていた時のことです。聖学院大学のキリスト教センター長を兼任されていた東京神学大学の近藤勝彦先生をはじめ毎日の礼拝で伺うメッセージが、毎回「お前の人生はこれで良いのか」と私の魂に揺さぶりをかけ私の人生を問い直す時（カイロス）となり、若者にキリストの福音を宣べ伝える伝道献身者となりたいという想いが神様より与えられました。結婚当初まだ東京大学の大学院生であった夫はキリスト者ではありませんでしたが、人生の意味を求めて教会に共に通い、夜には二人でブルンナー先生の信仰書や神田先生はじめＩＣＵ創立期の先生がたの礼拝のメッセージなどを読むうちに、信仰を与えられＩＣＵ教会で古屋安雄牧師より受洗しキリスト者となりました。そして結婚三年目に私は東京神学大学に学士編入し、大木英夫先生や近藤先生のもとで組織神学を学び、東神大の大学院の一年目に夫と共にオックスフォード大学に留学する機会が与えられました。私の所属したマンスフィールド・コレッジは思いがけず昭和初期に神田先生が師事されたＣ・Ｈ・ドッド博士のおられたコレッジで、若き日の神田先生も同じところにおられたのかと思うと感慨深いものがありました。驚いたことにオックスフォード大学の先生がたもまた、アジアから来た留学生である私たちをもご自宅のお食事に何度もお招きくださり、人格的な交わりを大切になさってくださいました。ＩＣＵ創立期からの伝統はこのような欧米の大学の伝統につながるものなのだと感じました。帰国後東神大での学びを終え、聖学院大学チャプレン（日本基督教団滝野川教会協力牧師兼務）を経た後に現在の職場に派遣され今日に至っています。

私の今日までの人生の歩みを思う時、ＩＣＵでの学びや経験、様々な方との出会いは神様から与えられたかけがえのない贈り物でありました。力弱く小さな者ではありますが、これからも神様の僕として歩みを続けていけましたら幸いです。Soli Deo Gloria！　神にのみ栄光あれ！

▼一信徒としての証言

林原淑子（旧姓松田）　HAYASHIBARA（MATSUDA）Yoshiko

二九期

キリスト者詩人「藍森翔」として、信仰を証しつつ、世間の人々とネットで交流。忌憚ない対話ができるのはむしろ未信者という、ねじれ現象を楽しんでいる。著作はKindle Book中心で、他はHPや掲示板やSNS等、多方面に散らす。

大学には、ＩＣＵ高等学校の一期生として、推薦入学しました。それ以前は、小学生から中学生の間の三年半弱、シンガポールで過ごした帰国子女でした。しかし、自身の希望で、インターナショナルスクール等でなく、日本人学校に通いました。その直感が正しかったことを後に知りましたが、すなわち、英米のこどもたちの人種差別が大変きつかったのです。きっと、まずその親たちがそうだったのでしょう。

シンガポールは多民族多文化多宗教のコスモポリタン国家ですから、形骸化した日本の宗教と違った、生活に活かされる生きた宗教を目の当たりにして帰国しました。それで、ＩＣＵ高校には、帰国子女の日本人学校枠で入学しました。受験番号は、一番でした。そこでわたしを待ち構えていたのがイエス様だったわけで、一年生の夏には受洗を志望していました。あいにく父親の反対に合い、ＩＣＵ教会で受洗できたのは二年生のクリスマス礼拝でした。

ＩＣＵ高校生初のＩＣＵ教会受洗者となったわたしは、学校と寮のいずれものキリスト教行事にも、幹事として先生方から引き合いに出される立場になっていました。

ＩＣＵ教会で受洗後は、高校生のうちから宗務部に出入りし、教授の方々からもニックネームで呼ばれ、並木先生に教授室に呼び出されて、高校内でユニセフのクリスマスカードを販売せよとの命を受けながら、数日で完売したのはよい思い出です。高校初の文化祭では、ＩＣＵ図書館秘蔵の各国の聖書をお借りし、展示しました。

大学では最終的に組織神学を専攻し、勢いでお隣の東京神学大学の大学院に進学しました。ICU在学中、周囲の知人たちから、いずれ牧師になると思われていたことを知ったことが刺激になったと思います。

しかし現在わたしは牧師の配偶者且つ一信徒に留まっています。東神大在学中に、福音書の「『先生』は主のみ」とイエス自身が言っている箇所、また、主が日毎の糧で養うと「明日」を保証している箇所等を指し示されつつ、主から「わたしのようにレイマンで居なさい」と言われたように受け取ったからでした。

この立場で実感・痛感させられているのは、教会における牧師の連れ合いの置かれた状況の問題性です。新約書簡では、もはや主人や奴隷もないし、男や女もないと建前を言う箇所もありながら、他の箇所では本音として旧約同様の男女観を披露している箇所も見られます。これが現在に至るまでの教会の性役割を支えているのでしょうか。

わたしは「牧師夫人」という概念は、共同幻想だと思っています。按手も謝儀も発生しないですし、当人にしてみれば、夫が牧師だったというだけのことです。今どきは、女性が牧師で、連れ合いが信徒というケースもありましょうし、連れ合いが未信者という場合もあるでしょう。

二〇二三年の『信徒の友』一月号の特集は「教会とジェンダー『性別による役割分担ではなく、与えられた賜物によって神と人に仕えていくために』」とあります。実際、性役割とは性差別であり、それは性奴隷なのだと考えます。現代にあって、奴隷がいないと回らない組織とは、大時代が過ぎます。生物学的な肉体構造と賜物に、相関性はありません。この多様性へ開けつつある時代にあって、時代錯誤な当業界に、未来はあるでしょうか。

ここ六年間は東北に居りましたが、異動前から、地方で予想される性差別を憂慮していました。とは言え、それまでの経験値を活かして、「教会の『嫁』」のような扱いがし難そうな印象を持ってもらう工夫をして、しのいで参りました。日本中の教会の方々が、今年の『信徒の友』一月号を精読してくれていれば、次の任地は、多少安心です（笑）

そしてこの特集のタイトルに続く文にある通り、性別に無関係な、与えられた賜物を捧げることが、一信徒と見逃してもらい難い立場の者の、切なる願いだったりします。　それにしても、年々加齢していく教会員のうち、女性信徒だけが、教会の掃除を丸投げされているのだけは看過できません。男性会員は、定年退職しても、掃除に加わらない、そんな教会に身を置いた際には、信仰生活の未来に絶望したりしました。幸い、今在籍している教会は、男性方も一所懸命掃除してくださっていますが。また、別の教会では、きれいに使われていない男子トイレの掃除を婦人方にさせていることに憤慨した男性の社会人神学生が、男子トイレの掃除を申し出たケースもあります。因みに女子トイレは、きれいに使われていました。掃除する人のことを考えて使っているか否かですよね。

多くの教会は過半数が女性です。教会の現状が変わらない限り、その将来性があるとは思えませんが、聖書の神のお考え次第では、わたしの方が締め出されかねないです。ただし、聖霊降臨体験もあるので、神存在は疑い得ないですし、板挟みな感じです。ＩＣＵと東神大で先輩に当たる、新約がご専門の松永希久夫先生がお元気だった頃「天国でパウロに会ったら、男女観の件でケンカしてしまいそう」と言って、先生を困った顔にさせたこともあります。

いずれにしろ、こんなわたしを創られたのも神で、そこには意図やご計画もあったことでしょう。早く生まれ過ぎたのかもしれませんが、その時期ひとつとっても御心とあらば、途方に暮れるばかりだったわたしの半生にも、何か意味があったのでしょうか。

これからは、自分の人生をもっと明るいものにしたいと思っています。冒頭のタイトルにも書いた通り、情報化社会にあって、キリスト教を知らない人は多くないでしょうが、二千年前の主のように、教会では会えない人々とネットで楽しく意見交換はしてきましたし、そちらの方が、素を出せるのには切ないものもあります。

未信者の人との方が通じ会える言葉を持っているのかもしれませんが、そうした垣根のない、誰にでも通じる言葉を用いてロゴスを表現するところに、わたしのタラントは集中しているかもしれません。夫が牧師であるために、物理的には「『籠』の鳥」ですが、ネットの普及がわたしの『空』でした。そして今後は、物理的にも、教会の外でも用いられたいと祈っています。わたしのタラントが、場外向きだからです。教会が牧師の連れ合いに求める素養は持ち合わせておりませんが、それでもこの世に生まれたからには、何処かに用いられる場所があるはずだからです。詩人を名乗って発信しているのも、それを探す手段なのかもしれません。

本当は、肩書も不要な、ただわたし自身で在ることが正しいのだと思います。

▼教室の片隅から呼び出されて

平野克己　HIRANO Katsuki

二九期
日本基督教団代田教会牧師、代田幼稚園園長。著書に『主の祈り・イエスと歩む旅』、『説教を知るキーワード』、『使徒信条・光の武具を身に着けて』など。訳書にR・リシャー『説教の神学』（共訳）、B・B・テイラー『天の国の種』など多数。

一九八〇年四月。準備のない入学でした。

卒業した高校はおおらかな校風でした。授業に欠席することは学生の権利とうそぶき、ノートの一頁目の「星取り表」で出席時数を数えた上で、中野の名画座で一日過ごしたり、新宿御苑まで昼寝に出かけたり、関心のない授業は近くの喫茶店に抜け出したり。忌野清志郎より一〇年遅れた世代ですが、彼の「トランジスタラジオ」の歌詞そのままの高校生活でした。のちに都立高文化と呼ばれる空気がまだ生きていたのです。もちろん、勉学に打ち込む多くの友人たちがいました。それでも私に居心地がよかったのは教室の片隅。サッカー部だけには真剣に打ち込み、部活動から退いたのは高校三年の一一月。受験勉強はその後のことと決めていました。それなのに、国際基督教大学だけは合格。独特な入学試験と相性がよかったのでしょう。「神のユーモア」です。

入学するまでＩＣＵがどのような大学なのか、まったく知りませんでした。

私は三代目のキリスト者。日本基督教団阿佐ヶ谷教会で幼児洗礼を授けられました。教会にＩＣＵ生が二人、また物理学を教えておられた三宅彰先生が長老（教会役員）を務めていました。きっとどなたかが薦めてくださったのです。

思いがけず大学に入っても、集中を欠く性格と生活は変わりませんでした。サッカー部と劇団黄河砂を駆け抜け、三鷹ボランティアセンターで障がいのある子どもたちのサークル「あそびっこクラブチクサク」に携わりました。当時は「ボランティア」という名のもと、若者が自主的に社会を覗き見る機会が数多く提供されていたように思います。毎夏には、仲間たちと伊豆大島にある知的障害者支援施設・大島藤倉学園で七泊八日の労働奉仕。また、留年を決め込み、一学期休学して日本キリスト教協議会主催のネパール・ワークキャンプに参加。約一か月半山奥の村で過ごしたのち、カトマンズを放浪し、その後バンコクのスラム街で子どもたちと遊び続けたこともありました。

こうして過去の記憶をたどってみると、学問に打ち込んだ記憶がありません。私にとってＩＣＵでの五年間は、当時の若者の心的態度を言い表すためによく用いられた言葉、「モラトリアム期間」――大人の領域に踏み込めずにうろうろしている状態――そのものでした。

そして、そのような私にとって、ＩＣＵはすばらしい環境でした。

まず、関心のあるクラス、しかも濃密な授業に自由に登録できたことです。

古屋安雄先生のキリスト教概論、並木浩一先生の旧約聖書学、長清子先生の日本思想史、斉藤和明先生の英文学、村上陽一郎先生の科学史、などなど。相変わらず教室の片隅に座っていた私にも、学問という世界には何かがある、と肌で感じる日々でした。複雑で混沌としているこの世界を、粘り強く「言葉」によって捉えようとする道があるという感触を得たのです。

また、数多くの魅力的な教授たちに出会えたことです。キリスト者として大人になるとはいったいどのようなことであるかを、体験から知ることができました。

ある人が、教会に「友情の共同体 A Community of Friendship」という名を与えています。神の子イエスが弟子たちに「私はもはや、あなたがたを僕とは呼ばない。……私はあなたがたを友と呼んだ」（ヨハネ一五・一五）と語ってくださったからです。大人たちと「友」として出会うことができる。それが私にとってＩＣＵで受けた最大の教育だったと思います。

教授たちは常に対話的な態度で私たちを迎え入れてくれました。ほとんどの先生は、学生が発する質問がどれほど稚拙で奇妙なものであっても、正面から受けとめてくれました。

私が特に慕ったのは古屋安雄先生でした。元気がなくなると、宗務部に古屋先生を訪ねました。あれから四〇年経った今でも、先生の言葉の断片を思い出しながら、自分を笑う力、そしてもう一歩進んでみようという思いを与えられてきたように思います。

今でも思い出すと内臓がキュッと縮むのは、並木浩一先生の授業の一場面です。相変わらず教室の隅に座っていた私は、生意気な紙礫を投げ、先生の発言の揚げ足を取りました。それに対して先生は、用意しておられた計画を投げ捨て、私の発言に回答するために授業時間すべてを用いました。それは、まことに論理的な言葉を、少しムキになった口調で続けるものでした。その真剣さに心を強く揺さぶられ、自分の軽薄さを恥じました。

特に忘れられない情景があります。それは、入学後間もなく、学生がキャンパス内の教授宅を訪問するプログラムでの出来事でした。私は一〇名を超える新入生たちと、数学の教授の家を訪ねました。先生はとても美しい食器と手製の茶菓を用意して迎えてくださいました。大学教授と呼ばれる方の家を訪ねるのは、おそらく新入生の多くにとって初めての体験だったでしょう。緊張と興奮が入り交じった声高の会話が続いていたように思います。

そのとき、同席していた長く美しい黒髪の新入生が質問しました。

「先生の罪とは何ですか？　先生はご自分が罪人だと思っておられるのですよね？」

素朴で他意のない問いでした。しかもそれが真摯な問いであったことは、彼女の声音から明らかでした。しかし、先生の表情は一変しました。口から出た言葉はこうでした。

「君は思い上がっているね。これまで自分に絶望したことなどないんだろ？」

意外な答えに、彼女の大きな目から涙が流れました。新入生歓迎ムードはその瞬間に終わりました。あの日の集いがその後どうなったのか、記憶はありません。――それから何年かののち、彼女は洗礼を受けたと聞いています――

私は大学入学と同時に、信仰告白式（堅信礼）を経験していました。自分の魂に自分では払拭できない黒い染みが張り付き、しかもそれが増殖し続けていることをうっすらと感じていたからです。それでも、いま思うと、「罪」という言葉が人間のどのような事態を言い表す言葉なのか、一八歳の私にはほんとうの意味ではわかっていなかったように思います。いえ、六〇歳を超えた今でも罪の真相を知りません。だからこそ、外側から注ぐ神の独り子イエス・キリストの赦しの光の中でしか、自分の内側を覗き見ることはできないことを、歳を重ねるごとに知り続けています。それは厳しい自覚でありながら、唯一の希望です。その長い旅路が、あの瞬間に開かれたように思います。

やがて、モラトリアム期間を謳歌していた私が、阿佐ヶ谷教会の礼拝で、決定的な言葉を聞くことになります。大学四年の冬、あと一年の留年生活を残していた頃のことです。

愛に敗れ、主イエスからも逃走し続けたペトロに、復活の主イエス・キリストが語りかけます（ヨハネ二一・一〇以下）。

「ヨハネの子、シモン。私を愛しているか」

その声が、その日の説教を語る老牧師を通して、主イエスの肉声として聞こえました。私を「友」としてくださる方が、真剣に私に問うてきたのです。そこに主イエスの言葉が続きました。

「私の小羊を飼いなさい」

その礼拝体験、説教聴取体験をきっかけにして、牧師への道に進み、説教学に取り組むことになりました。ICU入学に続く「神のユーモア」です。

やがて少しずつ、教室の片隅に座ることではなく、主イエスのあとを歩むことにほんとうの自由があることを知っていくようになります。少しずつ、少しずつではありますけれど。

ICUでの五年間は、そのために必要な助走期間でした。

▼主に導かれて

山本英美子（旧姓塚田）　YAMAMOTO（TSUKADA）Emiko

三〇期

聖書キリスト教会　東京教会　牧師補一九九四年〜二〇〇一年。日本基督教団　水戸中央教会　担任教師二〇〇二年〜二〇一九年。日本基督教団　大宮前教会　担任教師二〇二一年〜現在に至る。

私がキリスト教と初めて出会ったのは、小学四年生の時に家の近くの小さな教会の英語教室に通い始めた時だった。友達と一緒にその教会の教会学校にも通った。しかしその頃は「お祈りする対象は神様でも仏様でもいいのではないか」と思っていた。中学生になるとその教会とのつながりは切れてしまったが、ICU高校に入学することになり再びキリスト教との出会いが与えられた。本当は都立高校が第一志望だったのだが、ICU高校を受験した後、あの緑の木々豊かなキャンパスにどうしても通いたくなった。親に頼み込んで、兄弟の中でひとり私だけ私立高校に進学させてもらった。今思えば、この進路選択の背後に神様の御心があったのだと思う。

ICU高校では、有馬平吉先生がキリスト教概論のクラスを教えてくださった。授業の中で唯一成績のつかないこのクラスはとてもリラックスした雰囲気だった。「いつか神様を信じるならば、キリスト教の神様を信じよう」と心に決めた。

ＩＣＵに進学し、Ｃ－Ｗｅｅｋのイベントに参加したり、ごくたまにＩＣＵチャペルに足を運んだりした。しかし残念ながら学生時代に私が信仰告白へと導かれることはなかった。それは私に「自分の人生を自分の力で生きることができる」という傲慢な考えがあったからである。

ＩＣＵを卒業した後、外資系の証券会社に就職した。それは男女雇用機会均等法が施行され女性が総合職として働き始めた年であった。大きな希望を胸に社会人となった私に突き付けられた現実は、厳しい仕事の世界だった。学生は成績で量られ、それは勉強した量とある程度比例する。しかし、社会人はいくら努力しても報われないこともあり、認められないこともある。そのような中で私は人生で初めて自分の力では乗り越えられない壁に当たった。私の傲慢は砕かれた。その時「教会に行きたい」という思いがふつふつと心に湧いてきたのである。

就職して半年後の秋の日曜日、私は教会の門を叩いた。それはＩＣＵ高校の私のクラス担任の先生が通う聖書キリスト教会だった。そこで、尾山令仁牧師より聖書の教えを受けた。どんなに平日仕事が大変でも、教会に来ると心が安らいだ。そしてトマスのように疑い深かった私も、主の愛に押し出されるように信仰告白へと導かれたのである。

信徒としての教会生活はとても楽しかった。私は青年会で信仰の友との学びや交わりを持ち、日曜日は毎週一日中教会で過ごした。教会の学生会は私の属していた青年会よりもさらに活動が活発だった。それを見ると羨ましく、「私もＩＣＵにいた学生の頃にクリスチャンになっていたらどんなに良かっただろうか」とよく考えた。

しかしその後、教会全体が揺るがされる事態が起こり、私の信仰生活は一変した。「教会に行くのが辛い、でも教会から離れられない」という状態の中で、私はただ教会のために一心に祈ることしかできなかった。「教会が痛むと、自分も痛む」、「教会と自分は繋がっている」ということを身をもって体験した。そして、教会がその問題の解決に至ったその日、私は主から御言葉を通して献身者として召された。

「けれども、私が自分の走るべき行程を走り尽くし、主イエスから受けた、神の恵みの福音をあかしする任務を果たし終えることができるなら、私のいのちは少しも惜しいとは思いません」（使徒の働き二〇・二四、新改訳聖書）。パウロのように生きる、それが私の献身者としての指針となった。

聖書キリスト教会の神学校で牧師となるための学びと訓練を受け、その後八年間、母教会で牧師補として奉仕をした。学生会や教会学校で奉仕をし、セルグループや一対一の聖書勉強会も行った。当時は超教派の集会で貴重な学びや交わりの機会もたくさん頂いた。

その後、日本基督教団の正教師である山本隆久牧師と結婚し、私も日本基督教団に転入することになった。結婚して最初の一七年間は茨城県の水戸中央教会で奉仕をした。そこでは教会学校がなかったので、まず土曜日の午後に子ども会をすることにした。この子ども会では聖書のお話や歌だけでなく工作やゲームをすることにした。すると、毎週楽しみに来てくれる近所の子どもたちが段々増えてきた。そして、クリスマスにはページェントをすることができるようになった。子供たちとの関係を長く持ち続けられるように教会で英語を教えることにした。自分が子どもの頃キリスト教に最初に触れたきっかけが教会の英語クラスであったことを思うと、深い主の御心を思わざるを得ない。その頃、韓国のサラン教会の青年会が何度も短期宣教チームを送ってくれ、一緒に様々な伝道活動を行った。水戸市の隣にある大洗町には在日インドネシア人教会があり、豊かな交わりの機会も与えられた。教会主催でコンサートや講演会、讃美歌教室、聖書入門講座などの伝道活動も行われ、教会は活気にあふれていた。

二〇一一年三月一一日、東日本大震災が起こり状況は一変した。教会の会堂と牧師館は大規模半壊と認定され、すべて再建することが必要になった。そして今まで行っていた伝道活動はそのほとんどが中止せざるを得なくなった。幸い礼拝堂とその隣の集会室は損傷が少なく、礼拝は一回も休まず持つことができた。会堂・牧師館再建に当たっては、日本基督教団の全国募金や世界中の教会、主にある兄弟姉妹の多くの献金に支えられた。自らも被災者となり、主にある兄弟姉妹の豊かな愛を受ける恵みに与った。ただただ感謝である。新しく建てられた会堂は新来会者が入りやすいように門から近いところに入り口が設置され、以前と同じように再び伝道集会を行うことができるようになった。

その後、親の介護のため東京に戻ることになり、一時的に牧会から離れた。その時、私の心に「御言葉を語ることへの飢え乾き」が起こってきた。それは心の内側に重いものを抱えているような、とても苦しい体験だった。それまで御言葉を語る奉仕をごく当たり前だと思ってきたが、それは主の大いなる恵みであったのだ、と気づかされ、悔い改めさせられた。また献身の時に自分が主から受けた召命に忠実であることの大切さを思わされた。

二年後、東京都杉並区にある大宮前教会に夫と共に赴任することとなった。コロナ禍の真っ最中であり、様々な制約がある中でのスタートだった。手指の消毒や換気はもちろん、緊急事態宣言中は聖餐式の中止、教会学校をインターネットで行うなど、様々な対応が求められた。しかし、大宮前教会も一度も礼拝を休むことなくこのコロナ禍を過ごすことができている。礼拝は信仰生活の要である。普段はインターネット配信を見ながら礼拝しているご高齢の兄弟姉妹も、久しぶりに会堂に来られると本当に喜ばれる。神の宮である教会に共に集う礼拝の大切さ、主にある兄弟姉妹の交わりの大切さに気付くことができたのはコロナ禍の恵みである。

今ようやくコロナのパンデミックからの出口が少しずつ見え始めている。これからまた新たに主の働きをすることができる希望と喜びに満ちている。私の牧会者としての歩みはまだまだ道半ばである。「主よ、終わりまで仕えまつらん。みそば離れずおらせたまえ。世の戦いははげしくとも、御旗のもとにおらせたまえ」（讃美歌三三八番）。

▼マンガ牧師の誕生

塩谷直也　SHIOTANI Naoya

三一期
日本基督教団中京教会、知立伝道所、梅ヶ丘教会を経て、青山学院大学宗教部長、法学部教授。著書『迷っているけど着くはずだ』（新教出版社、二〇〇〇年）、『うさおとあるく教会史』『信仰生活の手引き　聖書』『使徒信条ワークブック』（日本キリスト教団出版局）。

右肩の先から腕が伸びていることを普段私は意識しません。同じようにその腕に手がつながり、その手からマンガが生まれ出てくることも、私にとっては自然なことです。手でつかみ、手を振り、手で体を洗うように、手でマンガを描きます。それは趣味や仕事ではなく、日々の営みの一つでした。

幼い頃母が私をあやしながら、マンガの登場人物を紙や布に写し取ってくれました。やがてそれでは物足りず、母の真似をして自分で描くようになりました。小学校に入ったら早速ノートや教科書に落書き開始です。余白あるところは全て私のマンガノートとなります。雨の日は硝子戸の内側に指でマンガを描きます。外を歩くみんながマンガに気付いてくれることを願って。校庭の地面にも描きました。私の背後に見物人が一人、一人と増えていくことが楽しみで。描き続けると不思議にストーリーが頭に浮かびます。そこでマンガ専用のノートを一冊別にそろえ、真っ白な一ページ目から今度はマンガを連載することとなりました。何と贅沢な遊びでしょう！　読者はクラスメート。どんな授業の書き取りよりも、力強く、情熱的に、一心不乱に取り組むのです。今も昔も下書きはしません。頭の中で登場人物の言動があふれ出そうになって、それを右手で次々とつかみ出しているにすぎないのですから。しばしば頭の中のストーリー展開に、手の動きが追いつきません。結末を描く前に、頭の中ではすでに終わりの映像が生まれ、一人吹き出していました。みんな不思議そうな顔で私を見つめていました。

中学三年の頃、このマンガノートがクラス担任に見つかり、あわや退学か、との騒動がありました。運悪く、没収されたマンガの主人公はその担任だったのです。彼が激怒するのも無理はありません。職員室で教師に囲まれ、一人の社会科の教師にこう言われたことを覚えています。「しおたに、お前はろくな人間にならん」。私も同感でした。美術の教師からは「お前の描く絵はみんなマンガっぽい」と批判されました。これも同感でしたが、なぜそれがいけないのかはわかりませんでした。マンガはいつの時代にも先生方には不評です。けれどそれは私の「営み」ですから、やめるわけにはいきません。犬が野原を走ることを忘れないように、鳥が明け方自然に鳴くように、私は高校でも、大学でも、神学校でもマンガを描き続けました。

牧師としての最初の任地は名古屋でした。そこで平日、一日だけ金城学院中学校に聖書を教えに行きました。当時の私は、何とも小難しい授業をやっていました。うまく教えられないもどかしい日々が過ぎていきます。試行錯誤の果て、どうも子供たちに授業内容が伝わっていないな、と感じたある日、私はとうとう「要するにやね～」と言いながら、黒板にマンガを描いて説明してしまったのです。その瞬間!何とも幸せそうに黒板を見詰める子供たちの顔が眼前に広がりました。澱んだ空気の教室に、涼風が一気に吹き込んだ感じです。そこには、かつて母のマンガをじっと見詰めていた幼い私の顔がありました。地面に描いたマンガを熱心にのぞきこんだほこりまみれの下級生の顔、私のマンガノートの連載の続きを今か今かと待ってくれたクラスメートの顔が、ほら、そこにあります。……ああ、私がやることはこれなのだ。やっとわかりました。そこから私の「マンガ牧師」としての歩みが始まりました。マンガなら任せろ!　余白の落書きならだれにも負けない!かつて余白にいたマンガたちが、黒板全面に侵入し始めました。何十年と私の教科書の隅っこに生息していた脇役たちが、教室の黒板で堂々と暴れ始めたのです!やがて私は授業ごとに一つの作品を仕上げるごとく憑かれたようにマンガを描き始めました。この「営み」は基本的に今の大学での授業でも変わっていません。

神様は不思議です。マンガを私から奪うどころか、そのマンガに聖霊の息吹きを与え、神様の働きのために使えと言ってくださったのでしょうか。「本性は恩恵によって完全には変えられないが、恩恵との出会いによって用いられる」とルターは言いました。この言葉は事実です。「ろくな人間にならない」私を用いる神がいます。

硝子戸のマンガも、先生に怒られ続けた日々も、全て私が用いられるための準備だったというのでしょうか。

小学校時代の複雑骨折で、若干右手に障害が残り、描き続けると手首あたりの鈍痛が続きます。最近はなかなか痛みが取れなくなり、もう今ではかつての様な勢いでは描けません。今後痛みが増し、もし描けなくなったとしたら、それは神様がそうさせるのです。神様が描きなさいとおっしゃるなら、描き続けられるでしょうし、もう描く必要はないとおっしゃるなら、やめるだけ。そのように「下駄を神様に預けた」思いでいることが、実はもっとも愉快にマンガを描けるのだと知った今日の私です。

一人でも多くの方が、キリスト教の神秘的で壮大な歴史ドラマに招かれますように。そしてその神のドラマの中では、「ろくな人間にならない」はずの人をも、キリストが見事にもちいられるという真理を、あなた自身が知ってくださいますように。神のご計画によって二〇世紀から二一世紀に日本の地に生きた一人の伝道者として、心の最も深いところから、願いつつ。

（『うさおとあるく教会史』より）

▼「悩みの種」が「心の痛み」と戻る時まで

徳田　亮　TOKUTA Makoto
三一期
東京神学大学大学院卒業後、金沢長町教会、佐川教会、宮城学院中高、八戸小中野教会、下石神井教会にて牧会伝道に従事。日本基督教団教師。

一九八三年に洗礼を授けられた私は、一九八七年春に大学を卒業して神学校に入学。一九九〇年に卒業して現在に至っています。私がキリスト者となった当時の聖書は口語訳でした。当時、歴史ある教会ではまだ文語訳で聖書朗読を行っていると聞き、驚いたものです。新共同訳が出たのは神学校に入ってからでした。はじめは比較的大判で分厚い聖書でした。それを今も、聖書解釈の参考のために大いに使わせてもらっています。

神学校を出て最初に遣わされた教会も、次に遣わされた教会も、口語訳を用いていました。地元のキリスト教主義学校も口語訳でしたので、説教も学校での授業もそれほど困難は記憶していません。二つの教会の後に遣わされたのは女子中高でした。遣わされた年に、使用する聖書が口語訳から新共同訳へと変わりました。しかし高三の生徒たちは、使い慣れた口語訳を携えていました。もっとも中一から高三の女子のみが相手ですので、口語訳と新共同訳との多少の翻訳の相違にはほとんど触れずに過ごすことにしました。縁あって近隣の神学校でもヘブル語を教えさせて頂きましたが、特に口語訳と新共同訳との違いでの困難は覚えていません。三つ目の教会では、さすがに新共同訳が用いられていました。しかし文語訳の時代からの方を含めて、ほとんどの方には口語訳がなじみ深い状態でした。さて私の説教ですが、語りたいことが途端に半分になってしまいました。新共同訳が読まれ、読まれた新共同訳で説教するのですが、聞く皆さんは明らかに慣れ親しんだ口語訳での説教を期待しています。ですから説教の中で、口語訳と新共同訳との訳語の違いにも触れなければなりません。説教は講壇から口で語られています。聞く方々は耳で聞いておられます。勉強会でも聖書研究会でもありませんから、必要最低限の解説は毎回の説教でしなければなりませんでした。四番目の教会では、説教要旨を礼拝の前に求められました。初めはあらすじを記していたのですが、せっかく出すのであればと、読むだけでも聖書の御言葉が伝わるように工夫するようになりました。そのうちウェブにも掲載するように求められました。直接面識のない方々も読まれるわけですので、表現にはさらなる推敲が求められました。

そして聖書協会共同訳刊行の運びとなりました。比較的時間に余裕が生まれた時期でしたので、原典と対照して一字一句を味読する幸運に恵まれました。それまでそれほど整理されてはいなかった文語訳、大正改訳、口語訳、新共同訳、協会共同訳、各々の特色が理解されていきました。以下、私の献身伝道と被る点を記してみたいと思います。

創世記二六章には、末尾に「エサウの妻」（新共同訳の小見出し）が記されています。そこには「彼女たち、エサウの妻たちは、イサクとリベカにとって悩みの種となった」と訳されています。「悩みの種」とは日本語的な表現ですから、動的等価の一例かなと見做すことができます。ただ、「悩みの種」と訳された二語には解釈上の問題があり、ミルトスの解説にも、注として『語源については二説がある。「反逆、反抗」あるいは「苦しみ、苦み」』とあります。ちなみに新共同訳でも箴言一四章一〇節にほぼ同じ表現が「魂の苦しみ」と訳されており、判断に迷うところです。すっきりしないまま新共同訳を用いてきた中で、二〇一八年に協会共同訳の刊行を迎えました。当該箇所は「心の痛み」と訳されています。これは新共同訳が用いられてから二八年を経た、一つの結果と言えましょう。一九五五年私が生まれるより前ですが、口語訳でも「心の痛み」と訳されています。さらに遡りますと、文語訳では「心のうれひ」と訳されていました。

もちろん翻訳は数ではありません。全ての学問に、全ての真理に通じる事柄です。問題なのは日本語で聖書を読む際に、それをどのように受け取るのかということでしょう。何人かの先生の解説に触れていますと、息子のエサウが外国人の妻たちを迎えたことが、エサウの父母であるイサクとリベカの悩みの種となったような理解が示されているようです。学問は自由です。可能性は無限です。しかし教会は困ってしまいます。私たち信仰者の祖イサクは、自身の子エサウの外国人との結婚を憂いたのでしょうか。聖書は全ての人に開かれています。ここは読まないでと、ゴート語の聖書のように読ませたくない所は訳さないという訳にはいかないのです。私が教会に遣わされてから三十有余年の中でも、教会に繋がる方々の属性は多少変化しています。多くの国の方々が集われます。様々な婚姻の形もありました。一つの教会の中でも、伝統的な日本人による、日本語の、日本のための教会の礼拝出席者の過半数は、それ以外の方々になっています。けれども賜物が与えられていない私は、聖書を日本語で読み、日本語で説教を続けて現在に至っています。日本語での日常会話がおぼつかない多くの方々が礼拝に出席下さったのは、何よりも神様の恵みです。

過日家内が、職場の同僚である牧師に告げられたそうです。その方は私と家内との最初の任地である教会の礼拝に、しばらく出席されていたとのことでした。家内は打ち明けられるまで、全く気がつかなかったと言います。その後私たちは次の任地へと遣わされたわけですが、その方は洗礼を授けられ、献身され、奥様と共に牧会をされて今に至っておられるようでした。私も病との付き合いが長くなり、高齢者の仲間入りをした中で、その話に何よりの励ましを頂いた思いです。これからも、このような奇跡のような話が再び頂けるのでしょうか。洗礼を授けられて今年で四〇年、献身伝道に出されて三三年。これからも神様にお許しが頂けるまで、この道を歩みたいと願っております。

最後に一言、洗礼を授けられて以来、楽しいことばかりで夢のようなひと時でした。ここまで私の拙い文章をお読みくださって、ありがとうございます。

▼キリスト教学校に仕えて

鵜﨑　創　UZAKI Hajime

三一期生

旭化成工業を経て米国在外教育施設テネシー明治学院高等部理科教諭、恵泉女学園中学・高等学校副校長を務めた後、二〇一六年より女子学院学院長。日本基督教団仙川教会員。

私は二〇一六年から学校法人女子学院の学院長を務めています。女子学院は一八七〇年に築地居留地に設立されたA六番女学校を創立の起点とする学校で、毎朝の礼拝、聖書の授業や平和教育など、キリスト教を基盤とした教育を創立以来続けてきました。個を尊重し、自由を大切にする校風、またリベラルアーツ教育は、ＩＣＵとの親和性も高く、卒業生をＩＣＵに送ると同時に、ＩＣＵの卒業生も教員として多くかかわっている学校でもあります。先代学院長には風間晴子先生、先々代学院長には田中弘志先生と近年はＩＣＵ関係者が連なっています。

湯浅八郎先生が初代校長を務めた群馬県の新島学園中高に学んだ私は、一九八三年当時の理学科に入学を許されました。高校時代の英語の先生もＩＣＵの卒業生でありましたが、大学入学後は更に磨きのかかったFEPの授業に四苦八苦しながら、理学（化学）との両立、教員免許の取得など、日々忙しくも楽しい大学生活を経験させていただいた記憶があります。そもそもＩＣＵを志望したのには、複数の学びを同時進行で行える魅力があったからでした。社会に資する人材育成のための特化した学びばかりが重視される中で、ＩＣＵのリベラルアーツ教育はとても魅力的でありました。多くのふれあい、気づき、経験を通して、視界が広がっていく感覚を持ちました。田舎から東京へ出てきた私には、都会の魅力もさることながら、ＩＣＵのキャンパス内にある密度の濃い交わりと出会いが、とても貴重な宝物でした。個性的な友人たちとの出会いを通して、自らの未熟さを知ることもあれば、かえって自分自身の中に大切に培ってきたものを知ることもありました。

それぞれが個性的ではありながらも、同じスピリッツのもとに集められた同志には、互いに心をゆるして議論し合える雰囲気があり、大学生活の中で安心して過ごせるいくつかの居場所を見つけていくことができたこともよい思い出です。そして、この生活の中で大きな影響を与えて下さったのが、先生方の忍耐強くあたたかな対応でした。欠けているところばかりで、穴だらけの未熟な学生一人ひとりを丁寧に扱っていただき、壊れないようにしっかりと包み込んで下さった先生方のご努力を考えると、今となっては恥じ入るばかりです。この場をお借りしてお詫び申し上げます。それぞれが研究に向き合われていらっしゃる日常において、先生方はその立派な背中を見せるだけではなくて、振り向いて正面から向き合って下さった。そういう印象を強く持っています。研究者としての姿勢を大切にしつつも、私たちと接する時にはいつも教育者としての立ち方をして下さり、知識の伝達のみならず、人格的な交わりの中から学びを与えて下さいました。教職課程をとりながら、教師の道を志すか否かを決めかねていた私にとって、ＩＣＵでの先生方との交わりを持てたことは、教育への大きな希望となり、教師を志す力となったのだと考えています。

キリスト教学校の集まりがあると、多くのＩＣＵ卒業生の方々にお会いします。キリスト教学校教育同盟の総会などでは、小規模な同窓会がもてるほどです。教育界にこれほど多くの卒業生が進まれていることに当初はたいへん驚きましたが、大学での経験がその根底にあることを思えば、なるほど教師を志す卒業生が多かったことにも納得できます。多感な青年時代の人格的な交わりがいかに大切であるのか、またその機会を逃さずに、忍耐して向き合って下さった方々のおはたらきの尊さを、あらためて覚え、感謝する次第です。そして次の世代にその任を担うことを求められている重責をも受け止めています。

学生時代に教師を志したものの、実は卒業後すぐに教職に就くことはかないませんでした。母校からの招きもあったのに、いったんは母校以外で経験を積むことを願って辞退し、キリスト教学校のみに絞って就職活動をしましたが、思うようにマッチングできませんでした。その結果、化学系企業の研究部門に就職することとなり、二年半の間、企業で研究生活を送りました。大きな会社でしたので、たくさんの人との出会いがここにもありました。社員寮での生活、会社のクラブ活動など、キリスト教とは縁のない社会ながら、多くの人の助けを得て育てられました。その様な生活の中、教職への道は断たれたものと覚悟していたのですが、思わぬ招きがあり、明治学院が設立することになった米国の在外教育施設、テネシー明治学院高等部に理科教諭として勤務することとなったのです。明治学院の併設校でありましたが、全寮制の共学校で全校生徒数二〇〇名程の、生徒と生活を共にする小規模な学校でした。教師生活の始まりとしては、少々特殊な入り方となったわけですが、ＩＣＵで学んだコミュニケーション力はとても助けになりました。

何よりも、一度はあきらめていた教職に就くことができ、神様によって道が備えられていることへの実感が、不安を超えて何事にも安心感を与えてくれました。先が見えずに無我夢中でただただ進めてきた学びの延長が、備えられた道に通じることを確信することができました。米国で高校を開校することは、すべてが手探り状態での船出でありましたが、導きを信じて進むこと、生徒と正面から向き合うことを目指しつつ教育の業を続けてきました。様々な困難に直面しても何とかなる、失敗を恐れず進めばよいとの思いをもつことができたのは、神様に守られているとの確信から生まれてくる自信なのかもしれません。学びの中にＩＣＵの〝Ｃ〟があることが、どれほど重要なことなのか、キリスト教学校に学び、勤める者は皆実感していることなのではないかと思います。教育の中心に絶対者の存在があるＩＣＵの教育は、どこに行っても、どのような状況に置かれても、私たちの力となり、自信を与えて突き動かしてくれる原動力となりました。ＩＣＵで与えられた多くの出会いと経験から、私たちは神様が共にいてくださることを知り、大きな力を得たのです。本当に素晴らしいことです。

帰国後も、恵まれたことに私はキリスト教学校に導かれました。女子校という新たな世界に働きの場を得て、戸惑いながらも、教師としての経験を更に積むことができました。教科教育と同時に、神様の存在を日常生活の中で伝えることができる、貴重な職に就くことが許されていることは感謝です。

ＩＣＵでの多様な経験と出会いが教えてくれたものは、神様が常に共にいてくださって、私たちに道を備えて下さるということではなかったかと思います。先の見えない状況に陥ったとしても、その先は神様にゆだね信頼して任せればよいとの安心感があります。困難なことがあっても導きの先には希望があるとの確信があります。ＩＣＵで培った力は全世界において通用する私たちの宝です。卒業後三六年を経た今、あらためて、当時気づくことができなかった教育の素晴らしさに思いを馳せます。この教育をもって大学は更に優秀な教師を輩出し続けています。教育界に身を置く卒業生として大いに誇りに思います。ＩＣＵがこれからもこの尊いはたらきをもって、世に光を照らす存在であり続けることを祈っています。

▼アンビヴァレンスの克服

河野克也　KAWANO Katsuya

三二期生
一九九一年東京聖書学院卒業、日本ホーリネス教団の諸教会（横浜いずみ、八王子・陣馬高原、中山［船橋市］）で三二年間（一二年の米国留学を含む）伝道。二〇二三年度より東京神学大学特任准教授（新約聖書神学）。著作：共著『聖書神学事典』（いのちのことば社、二〇一〇年）八項目執筆、翻訳：リチャード・B・ヘイズ『イエス・キリストの信仰』（新教出版社、二〇一五年）。

ＩＣＵを卒業して三五年になります。不思議な導きで、二〇二三年度から東京神学大学で特任教授として新約聖書神学を教えることとなり、懐かしいキャンパスのすぐ隣まで戻ってきました。

私は在学中、ＩＣＵの「Ｃ」に対してアンビヴァレントな感情を抱いていました。日本ホーリネス教団の牧師の両親のもとに生まれ、小学三年生の夏のキャンプで信仰告白をし、小学五年生の夏のキャンプで将来牧師になることを決意しましたので、ＩＣＵ以前の私の信仰生活は、いわゆる「福音派」の枠内で完結していました。当時、父がホーリネス教団の神学校である東京聖書学院の男子寮舎監だったことで神学校の学生たち（「修養生」と呼びます）と交流する機会が多く、聖書語学の学びが大変だと散々聞かされていました。それで、神学校に入る前にヘブライ語とギリシア語を学んでおきたいとの思いからＩＣＵを受験したわけです。今となっては笑い話でしょうが、どうやら父は、ホーリネスが「リベラル」と警戒する東神大から「リベラル」と警戒されていた（？）ＩＣＵに入学することになった息子を案じて、内心、心理学を勉強してほしかったようです。そんな状況でしたので、私自身もその「福音派」バイアスから、どこかＩＣＵの「Ｃ」の中枢に踏み込む勇気が持てず、学内のキリスト教関係の活動としては、ＫＧＫ（キリスト者学生会）にのみ関わっていました。

それでも、聖書語学目当てに足を踏み入れたヒューマニ（人文科学科）では、宗教専攻ということで様々なクラスを履修し、自分自身の信仰について多少なりとも俯瞰的に見る視点を獲得していきました。挙げ出すとキリがないですが、葛西実先生の宗教学関連のクラス、古屋安雄先生の神学関連のクラス、並木浩一先生の旧約関連のクラス、そして卒論でお世話になった永田竹司先生の新約関連のクラスを通して、聖書を学問的に学ぶ楽しさにのめり込んでいき、少しずつですが、警戒心が緩んでいったように思います。それでも結局、ＫＧＫ以外の「Ｃ」に踏み込まないまま、ＩＣＵを卒業しました。今にして思えば、実にもったいないことをしたと思います。

卒業後は、予定通りそのまま東京聖書学院に入学し、三年後の一九九一年四月に、当時あった横浜ドリームランドのすぐ脇の横浜いずみ教会で日本ホーリネス教団の牧師としての歩みをスタートしました。こちらも不思議な導きですが、東京聖書学院在学中に、メノナイト派の宣教師である故ロバート・リー博士が客員教授として来られ、ホーリネス教団の神学校のキャンパス内に東京ミッション研究所が開設されました（一九八九年）。ＩＣＵの英語教育で鍛えられていた私はその開設当初から学生主事として関わり、卒業後も横浜いずみ教会の牧師をしながら同研究所の主事を続け、その関係で翌年夏にインディアナ州エルクハートにあるＡＭＢＳ（合同メノナイト聖書神学校）に留学することになります。ちなみにリー先生は、ハーヴァード大学大学院で日本の近代化における「個」の問題を分析した論文で学位を取得した宗教社会学者ですが、その前に最初に日本に宣教師として派遣された一九六〇年代前半には、まずＩＣＵのキャンパスで日本語を学んだそうです。

メノナイト派との関係で言えば、ＩＣＵ創立期の一九五二年から五六年に教養学部長を務めた経済学者カール・クライダー博士は、北米メノナイト派のリベラルアーツの拠点であるゴシェン・カレッジで学長を務めていました（『国際基督教大学創立史』一四〇頁、Goshen College, Press Release, February 7, 2002）。今回、この証しを用意する中でこのことを知り、ＩＣＵの「Ｃ」の源流にメノナイト派の平和神学があるだけでなく、「Ｕ」にもゴシェン・カレッジのリベラルアーツが流れ込んでいたのだと思うと、感慨深い思いがします。

在学中はアンビヴァレントな感情を抱いてＩＣＵの「Ｃ」に踏み込めずにいましたが、それは具体的には、一方では「リベラル」とのバイアスから警戒しつつも、他方では並木先生や永田先生のクラスで高度な聖書批評学に触れたことを通して、そうした健全な学問に裏付けられたＩＣＵの「Ｃ」に魅了されていたということです。とはいえ、在学中は先生方の講義の内容を十分理解できていませんでしたので、あの時にもっとよく理解できていればと悔やまれます。

さて、東京聖書学院では、先述のリー先生の授業を履修する中で、並木先生や永田先生から学んでいた聖書学者たちの重要性、つまり聖書批評学の意義に改めて目を開かれることとなりますが、それが留学して新約聖書学をさらに学びたいという思いを強くしたきっかけでした。そして、最初の留学先であるＡＭＢＳ（ゴシェンの隣町）では、教授たちが体現する深い敬虔と高度な学問的研究の一体性に感銘を受けるとともに、「福音派」と「主流派」といった線引きが不毛であることを痛感するようになりました。その後さらに新約聖書学の学びを深めた二カ所（デューク大学神学部とＳＭＵ［サザン・メソジスト大学］大学院）でも、やはり深い敬虔と高度な学問の一体性を体現する良き師に恵まれました。振り返ってみて、ＩＣＵ在学中はこの線引きが重要だと考えていたため、向こう側にある魅力的な世界を眺めつつも、自らその線の「福音派」側に留まろうともがいていたのでしょう。

その後、いろいろな事情から博士論文執筆の途中だった二〇〇四年六月に帰国し、日本で牧師をしながら論文を仕上げようとしますが、教会が忙しく思うように論文に時間が割けない日々が続きます。意を決してホーリネス教団から休職を認めてもらい、二〇〇八年四月から論文に専念することにしました。休職中はＩＣＵ教会で礼拝を守ることにしましたので、先生方との懐かしい出会いを喜ぶとともに、ＩＣＵの「Ｃ」に養われる信仰生活が始まりました。ところが、その年の七月末に父が白血病を発症し、急遽、協力牧師として休職中ながら両親の牧会する中山キリスト教会の説教応援をするようになりました。私が自由に動けるようになったタイミングで父が発病したのも、不思議な導きだと思います。その期間にもＩＣＵ教会で礼拝説教する機会が与えられ、さらには永田先生から声をかけていただいて、ＩＣＵチャペルで卒業生のための結婚式の司式もお手伝いするようになりましたので、思いがけなくＩＣＵの「Ｃ」に深く関わることになりました。またこの時期に、二〇〇九年度から青山学院大学で非常勤講師としてキリスト教概論を講義するようになりました。二〇一五年二月末に父が召されて以降は、正式に中山教会の主任牧師を務めています。今後は、ホーリネス教団の牧師を継続しながらですが、東京神学大学でフルタイムでの神学教育が主軸となります。平和が後退りするような時代状況にあって、聖書から平和のメッセージを丁寧に聴き取り、勇気を持って語り続けたいと思います。ＩＣＵ時代と留学時代を通して多くの恩師から学んだ深い敬虔と高度な聖書学の融合を体現し、学生たちに手渡せる神学教育者でありたいと願っています。

▼アジア学院とＩＣＵとわたし

荒川朋子　ARAKAWA Tomoko

三三期
一九九五年よりアジア学院勤務。二〇一五年より同校校長。著書『共に生きる「知」を求めて——アジア学院の窓から』（二〇二三年、ヨベル）

私は一九九五年から現在までアジア学院という学校で働いています。アジア学院は一九七三年に栃木県北部に創立された専修学校で、アジア、アフリカなど発展途上国の農村指導者の育成を目的としています。アジア学院とＩＣＵのつながりは大変深く、三〇年近くアジア学院に根を下ろしている私は、ＩＣＵとも切っても切れないつながりを持った人生を歩んできたと言わざるを得ません。

アジア学院のルーツは、東京町田市にある農村伝道神学校内に一九六〇年に設立された東南アジア農村指導者養成所（後に「東南アジア科」に変更）にあります。その養成所がアジア学院として独立して歩むようになった背景に、一九七〇年と一九七一年に起きたバングラデッシュでのサイクロンによる甚大な被害がありました。日本キリスト教協議会（ＮＣＣＪ）奉仕部はカリタス・ジャパンと協働して現地の復興に携わる五〇人の青年を日本から派遣する計画を立ち上げますが、その団長に当時「東南アジア科」の科長であった高見敏弘氏が選ばれます。高見はその直後にアジア学院の創設の準備に取り掛かるのですが、この派遣事業には当時ＮＣＣＪ奉仕部で仕事をしていた楠利明さん（一三期）が関わっていました。楠さんは一九八〇年からアジア学院で働くようになりますが、バングラデッシュに派遣された青年の中にも一名のＩＣＵ生がいたと聞いています。

アジア学院は有機農業によって自給自足をする農的コミュニティーをそのカリキュラムの基盤としていますが、浅井重郎さん（一〇期）はアジア学院草創期に、特に野菜栽培の分野において無農薬・有機栽培のパイオニアとして大きな貢献をされました。浅井さんの存在がなければ、有機農業を基盤としたアジア学院の研修スタイルも価値観は違ったものになっていたかもしれません。アジア学院と深い関係のある西那須野教会の会員の丹羽芳雄先生（ＩＣＵ名誉教授、体育学）は、浅井さんのＩＣＵ在学当時のアドバイザーであったということで、浅井さんを通じてアジア学院の存在を知ったと語っていました。ＩＣＵ教会員であった丹羽先生は、浅井さんが栃木からＩＣＵ教会にアジア学院の卵を売りに来ていたことをよく覚えていらっしゃいました。

実際にＩＣＵ生や教員がアジア学院に来るようになったのは、一九七〇年の初め頃にＩＣＵ教会の有志で作られた「飢餓救済委員会」を通してだと聞いています。その委員会に顧問のような形で関わっておられたのが、二〇〇〇年代初めにアジア学院の校長（後に理事長）に就任される田坂興亜元教授（化学）でありました。田坂先生のお話では、七五年頃に「飢餓救済委員会」でアジア学院に行ってみようという案がひとりの学生から持ち上がり、一二月の寒い日に実施されたということです。今はないプレハブの Farm Shop の二階の倉庫に皆で雑魚寝をして、干しておいたタオルが明け方に凍っていたというエピソードを聞かせてくださいました。これがＩＣＵの学生と教員がグループでアジア学院に来た最初ではないかと思います。その後もＩＣＵからはほぼ毎年、多くは宗務部主催のワークキャンプの形で、近年はサービスラーニングで多くの学生、教員の皆さんにアジア学院に来ていただいています。

アジア学院の職員の中にも、浅井さん、楠さんを皮切りに現在まで切れ目なくＩＣＵ卒業生が含まれていて、現在は私を含む過去最多の四名の卒業生（井澤酪［四七期］、江村悠子［五九期］、篠田快［六八期］）が働いています。理事、評議員、監事の中にも、必ずといってよいほどＩＣＵ卒業生の名前を見つけることができます。ＩＣＵ教会の古屋安雄牧師は高見敏弘夫人の実兄で、一九九七年〜二〇〇五年までアジア学院の理事長を務めていただきましたが、二〇〇一年には校長が不在だった一年間、校長職にも就いていただきました。

私自身のこれまでを振り返ってアジア学院とＩＣＵが交差するのは、私が初めてアジア学院のことを耳にした母校新島学園中学・高等学校（群馬県安中市）在学時です。当時のアジア学院の校長の高見敏弘氏が新島学園に講演に訪れ、「アジア学院」という名前が私の記憶に刻まれました。また新島学園はＩＣＵと大変縁の深い学校でありました。新島襄の精神を受け継いだ安中教会の人々と地元の有志らによって新島襄の郷土に一九四七年に設立された新島学園中学校の設立運動の中心にいたのは湯浅八郎氏の甥にあたる湯浅正次氏でした。現に湯浅八郎氏は新島学園の初代校長、理事長を務められ、以後理事長はずっと湯浅家の方々です。私はＩＣＵに入学してキャンパス内に湯浅八郎記念館を見つけた時に、なぜか妙に親近感を覚えたことを記憶しています。

さて、新島学園からＩＣＵに進学した後、実際にアジア学院に足を踏み入れるには時間がかかりました。卒業も間近い最終年の一一月末に、宗務部主催のアジア学院ワークキャンプに参加したのが初めてでした。参加の動機は、所属していたワンダーフォーゲル部の先輩であった功能聡子さん（三二期）が、勤めていた企業を辞めてアジア学院に就職したということを聞いたからでした。尊敬する先輩が就職したアジア学院とはいったいどんなところなのか見てみたいという好奇心からでした。

初めて参加した二泊三日のワークキャンプは、私の人生初の農業体験の場となりました。といってもほとんどの作業は、春先に苗を発芽させる温床の材料となる枯葉をひたすら集める単純作業でしたが、とにかく新鮮で楽しかったことを覚えています。その後さらに五年を経て大学院在学時に再びアジア学院にインターンとして戻って来る機会を得、その時に生涯忘れることのできない数々の印象的な体験をし、いつしか将来アジア学院で働くことを切望するようになりました。そしてついに一九九五年に生後四か月の娘を連れて、夫を東京に残したまま単身アジア学院にパート職員として戻ってくることにつながっていきます。

アジア学院に勤めてから、上記の歴史も含め、アジア学院とＩＣＵとのつながりをさらに深く知るようになりました。アジア学院の支援者の中にはＩＣＵ卒業生が少なからずいて、学生を連れて訪れる研修先でも、キリスト教会はもちろん、ＮＧＯ、教育、農業、社会福祉分野においてもＩＣＵの卒業生に出会うことはとても多かったです。二〇一六年からは森川有理さん（三五期）にアジア学院の組織コーチングをご指導いただいていますし、二〇一九年から始めた平和学習においては、石原明子さん（四二期、熊本大准教授）にご協力いただいています。栃木県内の卒業生とは、一期生の船津彰さんの呼びかけで一九九九年にとちぎ同窓会が発足し、多くの出会いが与えられました。二期の久世礼子さんなどは、私がアジア学院に来るずっと前からアジア学院に出入りされていて、ＩＣＵの思い出話をいつもたくさん聞かせてくださいます。

アジア学院とＩＣＵは、平和を希求し実践する有用な人材を世界に輩出するという点において同じ理念を共有しています。特にここ一〇年ほどは、アジア学院の平和構築のアプローチを「土からの平和」（Peace from the Soil）と呼んで、草の根で、また「土」に根差して働く人がいのちを大切にすることで平和をつくり出していくことの重要性を呼びかけています。コロナ禍の間にウィリアムズ郁子さんの呼びかけでＩＣＵキャンパス内で始まった『クワイ河収容所』の読書会が、約三年の時を経てＩＣＵに和解センターを設立する構想に発展していって、現在私もそこに多少とも関わらせていただいていることをうれしく思い、ここに至るまでの道がアジア学院とＩＣＵとの関わり合いの中で神様によって周到に準備されてきたように感じています。

▼森の奥から遣わされる恵み

伊藤英志　ITO Fusashi

三三期
日本基督教団三軒茶屋教会主任牧師。「エマオの食卓へ――ルカ福音書における食卓の位置と意義」（東京神学大学総合研究所編『紀要』第一〇号、二〇〇七年）。「復活の証人たちよる教会形成――使徒言行録における食卓の意義」（東京神学大学総合研究所編『紀要』第一二号、二〇〇九年）。

一九八二年四月、仙台にある東北学院高等学校の入学式の日、私は問答無用で買わされた聖書を初めて手にした。毎朝、礼拝堂に集っての全学礼拝が初めての礼拝体験であり、聖書科の授業で初めてキリスト教について学んだ。しかし当時、日曜日に教会に足を運ぶことはなかった。ICU入学後は第一男子寮に住み、目の前にあるICU教会の礼拝に出席するようになり、一九八五年一二月のクリスマス主日に古屋安雄牧師から洗礼を受けた。その後、教会学校の教師、C-Week委員会の活動に携わることになった。

洗礼を受けた翌年の一九八六年三月に宗務部主催のタイ・ワークキャンプに参加し、初めて海外に渡る体験となった。現地の受け入れ先は、タイ国北部チェンマイ市にある一九七四年に設立されたタイ国キリスト教団立パヤップ大学であった。このキャンプはICU教会田中友敏副牧師や化学の教授であった田坂興亜先生がリーダーとなって一九八二年三月から毎年開催されていた。現地では日本とタイの大学生合わせて約四〇～五〇名が北タイ地方の電気もないキリスト教コミュニティに入り、教会建築や井戸掘りや養魚池を掘ったりのボランティア活動を行った。

その詳細はここでは割愛するが、この活動で受けた刺激と衝撃は、日本とタイ双方の学生たちのその後の人生の歩みに、言い知れぬ多大な影響を与えるものとなった。タイ族キリスト者コミュニティのみならず、山岳民族キリスト者からなる村にも入り、日本語、タイ語、北タイ方言、英語、山岳民族言語が織り成す、キリスト教信仰を基盤にしたまことに奇跡的な一〇日間のキャンプが開催されていたのである。

　在学中の毎年三月はこのキャンプに参加したが、ほどなくしてパヤップ大学で日本語講師を求めており、会議で現地を訪れた古屋牧師がその要望を受け入れて話をとりまとめ、私がＩＣＵ教会から海外教育奉仕者として遣わされることになった。それが決まってから私は四年生になって日本語教授法を副専攻として履修することになった。

　当時知らされたのは、第二次世界大戦後にアジアでキリスト教信仰に立った高等教育機関の設立が計画され、最終候補国は日本とタイであった。しかし当時、タイでは私立大学の設立が認可されなった事情があり、計画の具体化は日本で進み、ＩＣＵ設立の運びとなったのである。つまり、ＩＣＵはパヤップ大学とその設立経緯に浅からぬつながりがあったのである。ちなみに、パヤップ大学の前身は一八八八年に開学したマックギルバリー神学校であり、その隣接ミッション病院マコーミック病院看護学校と合わせて一九七四年にタイ国で初めての総合私立大学となって今日を迎えている。

　ＩＣＵ教会アジア宣教委員会からの派遣によってパヤップ大学人文学部常勤日本語講師として四年間を過ごし、延べ人数で四〇〇名近くの学生に第二外国語として日本語を教えた。この間、継続して開催されていた合同ワークキャンプと併せて、言い尽くせぬ信仰的体験を積み重ねることとなった。特に、さまざまな国からパヤップ大学が受け入れた宣教師たちの活動に私は大きな刺激を受けた。家族で移り住み、現地語を自在に操りながら、実に幸せそうに喜びに満ちた宣教生活の実際を垣間見させてもらえた。この体験が、後に自身の献身に結び付いたと回顧できるのである。

　一九九五年三月に帰国後は、大学院修士課程で学び、国連難民高等弁務官事務所の職員採用試験に合格するなどしたが、紆余曲折を経て、国連ＮＧＯアジア医師連絡協議会（現ＮＰＯ法人ＡＭＤＡ）のアジア地域での国際医療保健プログラムマネージャー、後に財団法人平和・安全保障研究所の研究員を務めることとなった。この間、ＩＣＵ教会では当時物理学の教授であった北原和夫先生と共に聖歌隊テナーパートを共にしていた。そして、森本あんり牧師をはじめ師友の勧めにも与って献身の志が顕され、二〇〇二年四月に東京神学大学入学へと導き出されたのである。

神学校在学中は日本基督教団池袋西教会と阿佐ヶ谷教会に二年間ずつ実習神学生として遣わされて得難い経験を積み、二〇〇六年四月から日本基督教団富士見町教会伝道師を経て副牧師、そして二〇一〇年四月から日本基督教団三軒茶屋教会の主任牧師として遣わされた。さらに驚くべきことに、二〇一八年六月からは日本聖書神学校を卒業して番町教会で伝道師をされていた北原和夫先生を三軒茶屋教会の副牧師として迎えることができ現在に至っている。

以上がＩＣＵの森から遣わされた〝とある一人〟がたどってきた道である。当初は思いもよらなかった南国タイ北部の森に住まうキリスト者たちと宣教師たちとの出会いがあり、日本語講師としての体験があり、日本での社会人経験を経て、献身へと導き出された。その道筋は、ひとえに主なる神から授かった恵みそのものである。その恵みはただありがたく受け取るだけでなく、使命が伴っている。しかも、自分一人では到底達成できないその使命に、さまざまな人たちの協力と熱意と祈りが伴うにつれ、驚くべき出来事として実現してゆく。悲しみと失意が希望に変えられ、不安と恐れが勇気に代わり、災いと痛みが深い癒しと喜びとなってゆく。死の現実の先に、光が差し込まれているのが見えてくる。それが、ＩＣＵの森から遣わされた主の僕たちが、今も、その場においていつも新鮮に体験し続けている神の御業の成就なのである。

ＩＴ社会となって、電子的な手段による人々との出会いや交わりが国境を越えて当たり前となった。しかし、主なる神からの恵みに与る体験や、神の御業が成就してゆく体験は、やはり、地上の人間どうしの生々しいやりとり、見えざる霊的かつ人格的な接触を経て証言され得るものとなる。

国を越えた国際的な人間の動きは、これから今以上にダイナミックなものとなろう。それに伴って、経済のみならず学術的な人間の活動も、さらに深化を遂げるであろう。では、その大きなダイナミズムの流れにさらされても、人間の魂は活力を保ち、霊は平安であり続けられるのか。ますます露骨になってゆく人間の欲望の現れに、しっかりと雄々しく対応できる人間性をその若き日々から涵養できるのか。ＩＣＵが高く掲げる理念と立ち向かうべき課題は、ますますその重要性を増している。

ＩＣＵの森の奥から遣わされていった主の僕たちは、それぞれがたどった道の先で、託された使命を果たすべく今も奮闘しているはずである。その奮闘しうる力の源泉は、やはりあの森で蒔かれた種が成長し、いつの間にか結んでいた実である。そのような地道な種蒔きが、今も森の中で進んでいることは、ＩＣＵ建学の精神を密かに、しかし明確に、この地上全体に向かって聖なる恵みの現れとなって具体化していると信じたいのである。

▼垂直的関係の生み出す水平的関係への目覚め

北原葉子　KITAHARA Yoko

三三期

日本基督教団上地教会伝道師（一九九二―一九九六）、山梨英和中学高校学校聖書科教諭（一九九六―二〇〇二）、国際基督教大学大学牧師、教会牧師（二〇〇二―二〇一〇）、日本基督教団西国分寺教会牧師（二〇一〇―）。

「あの頃は、出会いを食べて生きていた。」他大学出身の友人にＩＣＵ在学時代を問われて、私は思わずそう応えていました。濃厚な、栄養価の高い、人格と人格の触れ合いに生かされてきた学び舎でした。同時に、私にとってＩＣＵは学生としてだけでなく、学生を迎える立場で関わらせていただいた場所でもあるので、特に牧師として赴任した際には、くったくなく帰れる懐かしい故郷を捨てることだと認識して赴きました。しかしやはりＩＣＵでは、青春時代を振り返る感傷を濾過してもなお余りある恵みをいただいてきたと言わざるを得ません。

無宗教の家庭で育った私が、キリスト教と出会ったのは中学生から通った地元の単立の、聖書原理主義的な福音派の教会でした。中学三年で洗礼を受け、学校はずっと公立に通いました。体験しているキリスト教は、教会の中のものだけで、学校という文化的様相、教育という形で表された信仰との出会いはＩＣＵがはじめてでした。それまで日曜以外はノンクリスチャンに囲まれ、信仰については全くのアウェイの世界で生きてきたところから、普段の生活でもキリスト教について学び、信仰について語れる教師や先輩、友人にも多くのキリスト者がいる世界で、一気に「社会、世界」が「自分に関係のあるもの」になったように感じました。牧師の娘である寮の先輩の誘いで、すぐに一年生からキリスト教週間実行委員会や学生リトリートに参加し、好奇心でワクワクしながら手帳のスケジュール表が真っ黒になるような日々を過ごしました。

一方、その頃の福音派は、文献批評的聖書学に敵対的で、母教会からはＩＣＵのキリスト教はリベラルであり聖書の権威を軽んじているのであまり影響を受けると信仰がわからなくなる、伝道しなくなると言われており、授業で触れるキリスト教に戸惑い、悩みました。結局、聖書の解釈を、権威主義的にある教派、教会の理解を永遠不変のものと飲み込むのではなく、神との出会い、主イエスからの問いかけを受けながら、主体的、人格的に読んでいくことの大切さを知ることとなりました。何よりそのように聖書と格闘する人々との出会いにより自分の立場を再選択することとなりました。

例えば、新約学の授業で、私が聖書の注解書をそのまま羅列するような発表をした際には、ある教師から「一番してほしくないタイプの発表をしてくれました。」と問題意識を持って、主体的に聖書に向き合っていない姿勢を痛烈に指摘していただきました。

また大学の校内に車乗り入れ禁止のゾーンを設けることで、少し学生と大学側が揉めたことがありました。その際に、私は、「いちいち対話の場、説明の場なんて設けないで、教授たちはこう決まった、私たちについてこい！というリーダーシップを持ってやってくれればいいのに。」と今思えば赤面ものの批判をしていました。するとある旧約学の教授は、「いや、そんなことがいいとは全然思わないね。」と即答されました。どんなにめんどくさくても、決して上意下達な権威主義的なやり方に組みしてはならないという決意を感じました。しかもその教授は学生紛争の時代に、大学と学生の対立の渦の中で深く傷ついた人でした。また聖書の新しい訳で、神がその民を、「お前」と呼ぶように訳された部分があることに憤慨していました。神は、あえて、土の塵に過ぎない人間を、「あなた」と呼んでくださり、そこに聖書の宗教の重要な側面があると語られていました。その教師からは「権威」と「権威主義」が全く違うことを教わりました。今でも世界への向き合い方、物事の判断の基準になっています。

またある哲学教授の合宿では、一切プログラムはなく各自が好きなように過ごすのですが、食事の時間だけは守るというルールがありました。しかし私は友達と散歩していて時間に遅れてしまったことがありました。するとその教師は「出ていきなさい。ここでは外側から強制されたルールではなく、一つだけを定めている、その意味がわからないなら出ていきなさい。」と諭されました。外側から強制されたルールでなく、自分たちで各自の自由を尊重する自律的生活を学んでほしいと思っていたのでしょう。

これら一つ一つの、存在をかけて真正面から人格として対峙してくださる教師との出会いにより、外側から与えられた答えでなく、自分の心で感じ、頭で考える主体として生きることの大切さを知りました。今までの公教育では味わったことのない感覚でした。言ってみれば、神という垂直的関係の生み出す、年齢、性別、出身に左右されない水平的関係に生きることへの目覚めだったと言えるでしょう。

一方学年が上がっていくにつれて私は、入学した時とは打って変わって、鬱状態になっていきました。私は、何か自分の個性を生かして唯一無二の何かを生み出せる道に進みたいと思いながら、それが何か見出せずにいました。周囲には、特出した個性、能力を磨いて、社会である程度活躍している人たちが多くいました。キラキラとその人自身を輝かす人と比べ、自分には何もない、と落ち込みました。大学四年の春、このままではまずい、とカウンセリングのグループに参加し、そこで集まった学生たちと、何ということのない、些細なことを話してお茶をする時を持ちました。その時ふっと心が楽になり、寮に帰って、部屋の窓の外を見ながら祈っていた時思いました。「自分の特別な能力や、個性を生かそう、自己実現を求めようというのでなく、このままの自分を神様に用いていただこう」、と。寮の前の木立の木漏れ日が優しく光っていたのを覚えています。それから、伝道者として献身することを考え始めました。最初は、公立ではなく、神という垂直関係を前提として人格の尊厳に向き合うキリスト教学校で働き、教育による伝道に携わりたいという願いをいただきました。卒業後は、教会の伝道師かつキリスト教短期大学の非常勤スタッフとして働き、教会での伝道牧会への願いが生まれたところで、中学高校の聖書科教師の任地を示され、その後再び教会牧師、大学牧師としてICUに戻りました。自分が学生に向かう時は到底、自分が受けたような人格的チャレンジに満ち、壁となるような関わりはできなかったと忸怩たる思いがあります。むしろ、学生たちの豊かな、人間性、感性にすごいなあ、素晴らしいなあと感動するばかりでした。内部にいて強烈な体験は、学生時代にはなかった制度、人権相談員としての活動でした。人格を尊重する大学の中にあっても、そこは罪人の現実。様々な力関係でハラスメントが起きてしまうのはむしろ当然という認識が必要なのだと思います。これらの経験から、大学の構成員、組織において垂直次元が失われたなら、必ずや人間同士の力関係が絶対的にはなり、どれほど人間による人間の支配が常態化するか、ということを実感を持って知ることとなりました。

二一世紀前半の今、大学にキリスト教が必要か、ということが問われ続け、世俗化がますます進む一方で、権威主義的宗教が力を帯びる世界です。キリスト教的リアリズムに基づき、聖書的人間観、社会観がどれほど大学運営にとって不可欠かということをあらゆる形で確認する必要があるのかも知れません。

教師たちのことば6

古屋安雄

ぼくは上海以来、日本とは違ったところにいたし、日本ってのはおかしいと思ってたからね、（終戦の日に）これで初めて……自由な国、キリスト教っていうことがちゃんと言える国になると思った。軍隊の奴隷生活みたいなモノが、ぼくにとっては初めてこの目で見た日本の現実で、自由学園での自由な生活との違いってのがはっきりした。結局奴隷生活っていうのが負けたんだ、と。で、自由なキリスト教以外にないと。確信を持ったわけ。

その時はっきりと、自分はこれから日本の再建のためにはね、自由な教育、すなわちキリスト教を広める以外にない、と思ったわけ。その時神学校に行こうと決心したの。（略）

それで神学校に行ったら、これもう普通の学校ね。ぜんーぜん、勉強の仕方から違う。最初にとったのは、一高の斎藤光先生の授業でね、英語の原書を読んで。ぼくは真面目だから一番前に座ってるでしょ？斎藤先生が、「じゃ、キミ、訳してごらん」っていったの。ぼくはスラーッと訳したのよ。そしたら、「おお、きみ、なかなかできるね」っていってね、「じゃ、構文説明してごらん」って。（しばし沈黙）「コウブン？」……て聞いたら、みんな笑うわけだよ。「ああ、キミ知らないの？」っていうから、「ちょちょっとぉ……わからない」っていったら、「文法をね、たとえば最初の関係代名詞はどこにかかってる？」ってこういうわけよ。

カンケーダイメーシがドコにカカル！ そういうこと聞いた事ないんだもんぼくは。そすとみんな笑うわけ。みんなは明治学院、青山学院って、ちゃんとベンキョーしてるからね。それでビックリしちゃってさー。「キミ、どこからきたの？」ってきくから、自由学園ですって言ったら、「ア、自由学園ならもういいよ」って。（一同爆笑）

だからホントすべてがわからなかった。今までとは、こう、全く違った教育を知ったわけ。自由学園で教えられたことは、「知らないってことは恥じゃない」。ねー？むしろ、知らないことを知ったかぶりする方が本当は恥ずかしいことなのよ。ぼくは知らないことはなんでも聞くわけ。ところが世の中そうじゃない。

初めね、ロマンス、romanceっていうのがわからなかった。で、「ロマンスってなんですか」って聞くと、ワーッと笑うの、みんな。神学校でさえも。ある意味では軍隊と似てんのよ。ねー？（略）

それで、アメリカのサンフランシスコ神学校に行ったんだけど、アメリカの神学校は大学出た人たちが来てんのよ、Stanford とかUCとか。みんな数学や建築や、神学以外の学問を勉強してきたわけ。だから、たとえば授業で「弁証法神学」(Dialectic Theology) って教授がいうと、すぐにアメリカ人は手を挙げる。How do you spell it? ってまず聞くよ。そいで、What does it mean? って聞くんだよ。そすと我々日本やドイツから来た連中は、アメリカ人ってバカじゃないかと思うわけ。で、わかったような顔するから、教授に「じゃあ古屋説明してみろ」って言われて、「例えば、正・反・合……」なんていうとね、「それはヘーゲルの弁証法だ。じゃあカントの場合は？」って。カントに弁証法なんてあったかな……「じゃあプラトンは？」って、結局何も知らないわけよ。耳学問だけでわれわれ知ったように思うのね。

日本語の面白いところはね、漢字で書くと感じがわかる。ね？「存在論、onthology」。ラテン語やギリシャ語がわからないとオントロジーはわかんないですよ。ところが、日本語は存在論って書くと、なんかわかったような気がするじゃない、存在に関することだなって！（笑）ところがアメリカじゃわかんない、じゃあ勉強しようってことになって一学期かけて本読む。そすと段々わかってくるのよ。日本の場合そういうことしなくたって、存在論、実存論、わかったような気がするでしょ？だから、アメリカ人ってのはバカみたいな顔してるけども、結局はわかるのね。われわれ耳学問の人間は、わかったような顔してて、実際わかってない。この違いだと思ったのね。だからアメリカ行ってまた自由学園式に戻っちゃったわけよ。（略）

ぼくがICUに来たばかりの時、宗務委員会で、偉い人ばっかりいる中、ぼくは歳もまだ若かったし、宗務部長なんて小遣いみたいなモンよ。そンとき一学期かけてキリスト教教育者についてシリーズで学んだらどうかって話が出た。フレーベルとかペスタロッチとか。宗務委員長が Dr. Worth だったの。物理学者でしょ？で、Dr. Worth がその時 "Who is Pestalozzi?" って聞いたのよ。日本人のほかの教授たちはあきれた顔するわけ、知らないのかって。しかしその時ぼくが思ったのはね、いったい何人の日本人がペスタロッチの本を読んだことがあるかって。読まなくたって日本人は名前知ってれば、「知ってる」。ところがアメリカ人は名前ぐらいじゃ知ったってことにならないのよ。読んだことなければ。だから Dr. Worth は平気で聞くわけ。自分の専門以外だからね。

ところが日本人は、教授ともなればそんなこと言っちゃいけないのね。教授ってのは知らなくたって知ったような顔するんだから。

ジャック・マリタンはそのこと言っていたのね。アメリカの大学がなぜヨーロッパをもしのぐようになったかっていったら、「知らないことは知らないって言える」からだって。

考えてみたら、ソクラテスは何を教えたかっていうと、「自分が知らないことを知ることが、本当の知恵だ、そこからフィロソフィアが始まる」ってね。それを教えているはずの哲学者や教授がなぜ、知ったかぶりをするのよ。（一同うなずく）でしょー？　だからぼくは自由学園で教育を受けたことは非常に良かった。だから、ぼくがもし普通の牧師や神学者と違ったところがあるとすればそこなのね。

（『古屋安雄牧師退任記念文集』所収のインタビュー
「古屋二等兵物語」より）

▼ダメだけど、ダメじゃない

菊地恵美香　KIKUTI Emika

三三期
二〇〇四年日本聖書神学校卒業、日本キリスト教団神奈川教区紅葉坂教会、六角橋教会牧会後、新潟市に転居。現在、関東教区新潟地区諸教会の説教協力。敬和学園大学学生寮（向山寮）の寮監。共著『聖餐の豊かさを求めて』（新教出版社）。

私はＩＣＵを三度受験しました。初めてＩＣＵを訪れ、キャンパスを歩いている時、「何としてもここに来なくては」と不思議な気持ちになったことを今でも覚えています。三度目にやっと門が開かれ、他大学からの転入生として入学しました。

在学中は、英語も勉強もたいしてできないし、コンプレックスのかたまりでしたが、学生生活は充実していました。文化人類学のセミナールームが部室。人間に関心を持ち、じっくりと話を聞き、見えないものを見る訓練をしたと思っています。慣れ親しんだ自分のフィールドでは、当たり前で見えなくなっているものがある。それを他所から来た人が見つけ、宝物を発見することができることを学びました。出かけて行き、人と出会うこと、異なるもの同士が出会うことの重要さを知りました。星野命先生と青柳清孝先生に指導して頂き、心理学と文化人類学の両方を学ぶことができたことを感謝しています。

学生時代に住んでいた古いアパートの隣室は韓国人の留学生夫婦。外国人や日本人学生がしょっちゅう遊びに来て、一緒にご飯を食べたり、話し込んだりしました。私も生活の場で、人種も民族も文化も宗教も性別も越えて人は繋がれる、対等になれるという体験をしました。ＩＣＵでの学生生活は、自分の骨格を作ってくれたと思います。

私の祖父母は伝道者でした。神学校を卒業しても女性には牧師の資格は与えられない時代。祖母は祖父と結婚し、「牧師夫人」として伝道しました。聖書のお話がとても上手で「聖書の語り部」と憧れていました。私自身は日本キリスト教団西千葉教会で、高校二年生の時に、同級生で親友の故小宮郁子さん（『讃美歌二一』実務者）と一緒に受洗しました。しかしICU在学中は、教会を意図的に離れました。たまたま家の宗教がキリスト教だったのでクリスチャンになっただけかもしれない。少し離れてモノを見る目を養いたかったのです。

卒業後は出版社に勤めましたが一年で退職し、自然食品・無農薬野菜を扱う八百屋でアルバイトをしました。将来への不安を感じている時に、ICU宗務部・教会事務所で職員を探しているという話がきました。私は一応クリスチャン。「もう何年も教会を離れている私のようなものが働ける場所ではないのでは？」と友人に相談すると「あなたに資格があるかどうかではなく、行けばあなたが変えられる」と言われ、その言葉に押し出されて面接に行きました。宗務部長の古屋先生に「教会に行っていない私に勤まるでしょうか？」と聞くと、「あなた、お酒飲める？」と聞かれ、「はい、飲めます。」と答えると、「OK！」と採用になりました（ホントの話！）。それから一三年間、「宗務部のお姉さん（セクレタリー）」をしました。学生たちとキリスト教週間等の行事を一緒にしたり、職員の皆さんや教会の皆さんと一緒に、青年会、修養会、バザーなど、礼拝以外にも様々な活動をしました。特に社会人青年会の仲間とは、濃厚な日々を過ごしました。聖書を信徒だけで読むという「すたじおん」という家庭集会を始めましたが、そこから自分を含め牧師が四人、神学校、キリスト教出版社、ミッション・スクールで働く人たちも育ちました。八名の牧師たちと一緒に働いた一三年間はとても刺激的で苦労もありましたが、楽しかった。多くの挑戦を温かく見守り、支えてくださったボス、古屋安雄先生と永田竹司先生。今でも天国で見守っていてくださるでしょう。

ICUに初めての女性の牧師、伏井眞紀牧師が与えられ、フェミニスト神学と出会いました。北原葉子牧師のお働きも見ました。お二人を通して、女性の視点、女性教職の働きは今までにない可能性と希望をもっていると感じたのです。そして思い出しました。祖母のような「聖書の語り部」に憧れていたことを。友人の預言「あなたが変えられる」の通りになりました。そして、「すたじおん」仲間の荒井眞理さん（現佐渡教会牧師）、下里綾子さん（現小平学園教会牧師）と一緒に日本聖書神学校に入学しました。

昼間ＩＣＵで働きながら夜間に神学校に通い、卒業の一年半前にＩＣＵを退職しました。神学生時代に夫の転勤で横浜に引越し、なか伝道所に通い、渡辺英俊牧師から「地べたに在す神」、小さくされた者たちと一緒にメシを食うことをされたイエス様の「低みからの福音」を学びました。寿地区の日雇い労働者のおっちゃんたちと一緒に炊き出しのメシを食べ、野宿する人々を訪ねました。北村慈郎牧師のもと、紅葉坂教会の伝道師になった後も、寿地区を青年たち伝える「青年ゼミ」を手伝いました。イエス様は実に様々な人と食事をともにされたキリスト教は「食卓を共にする共同体」、今も「共に食すること」を大切にしています。

六角橋教会では、主任牧師は加山真路先生（ＩＣＵ卒業生）で、牧師として対等な関係を持とうとしてくださいました。「み言葉が生活の中に届くように」と子どもから大人まで、聖書を読むことを大切にしました。また、ひとりひとりを大切にする牧会のあり方を学びました。

夫の故郷である新潟市に引越しして、認知症の義父の介護と看取り、脳梗塞を発症し麻痺が残った夫のサポート。未知の土地に慣れることで、最初の数年は無我夢中でした。先に新潟市に来て動物病院を営むＩＣＵ教会員、浅井厚さんに支えられました。

夫の実家には小さな畑があり、義父が生前、無農薬で野菜を作っていました。その味が忘れられず畑を始めました。新潟自然栽培研究会の方々との出会いがあり、農薬・肥料・除草剤を使わない自然栽培を一生懸命学びました。約九年経ってやっと「野菜たちが望んでいることはこれかな?」ということが少しわかるようになってきたかも。言葉で意志を伝えられない植物たち。さらに土の中は見えない世界。でもそこにはたくさんの働きがあります。「見えないものを信じる」という意味では、信仰の世界と似ています。種を蒔いて芽が出るのを待ち、成長を待って収穫する中から、聖書の世界がまさにここにあると実感しています。

新潟地区の牧師会に顔を出しているうちに、無牧の教会での説教や聖餐式のお手伝いなど、少しずつ牧師の仕事が増えていきました。それに加え、敬和学園大学チャプレンの下田尾治郎先生（卒業生）に声をかけていただき、二年ほど前から学生寮（向山寮）で、辻元秀夫さん（卒業生）と二人体制で寮監をしています。寮で大切にしたいことが一致する、それは二人ともＩＣＵでリベラルアーツ教育を受けたからだと思います。寮は常に問題だらけですが、問題を出し合い、話し合いで解決していくことを目指す。自分と意見の異なる人と出会い、対話し、対等な関係を作っていくことを通して、自分自身が変えられていく。自分の狭い世界から解放され、やがては社会の中で何らかの貢献をしていく喜びを見出してほしい。そう願い祈りつつ寄り添っています。

今でも自信がなく、「ダメだ、自分にはムリだ」と思う自分がいます。でも、そんな私の背中を押し、歩ませ、用いようとしている存在があることを、否定することはできません。「ダメだけど、ダメじゃない。やりなさい」といろんなミッションが与えられるのです。でもどこへ行っても不思議にもＩＣＵ関係者との出会いや助けがあり、共に労し支え合う仲間がいる。そして、大変な中にもじわりじわりと大きな喜びが生まれてくる。そんな日々を過ごしています。

▼あの森で人生の方向転換を

相澤　一　AIZAWA Hajime

三四期
二〇〇三〜二〇一二年、聖学院大学特任講師〜准教授、緑聖教会協力牧師。二〇一二〜現在、フェリス女学院大学准教授、宗教主事。（翻訳）パウル・ティリッヒ『宗教と心理学の対話』（二〇〇九年、教文館）など。

ＩＣＵに入学するまでは、キリスト教とはまったく無縁の人生を送ってきました。教会に行ったこともなく、クリスチャンの友人もおらず、多くの日本人と同様、「宗教は怪しい」「宗教は危ない」「宗教は弱い人間がやるものだ」といったふうに考えていました。

ですから、ＩＣＵに入学することになった時、「名前からしてキリスト教の大学なんだろうけど、関わり合いにならないように過ごしていけば大丈夫だろう」くらいに思っていたのですが、入学して、「Introduction to Christianity は全員必修」と知り、戸惑うと同時に、宗教を強制するのか！と腹が立ちました（もちろん入信を強制されたわけではありませんが、当時の自分は、キリスト教に授業で触れることすら「気持ち悪い」と感じるほど宗教嫌いだったのです）。おかげで、Introduction to Christianity は、春学期は落第、冬学期にお情けで単位をもらうという有り様でしたが、それすらも逆に誇りと感じていました。大学ではクリスチャンの友人もできましたが、チャペルなどに誘われても、「バカがうつると困るから行かない」と、失礼極まりないことを言って断っていました。

そんな自分が人生で初めてキリスト教に触れたのは、先に触れた Introduction to Christianity だったのですが、キリスト教の勉強を強制的にさせられることに反発しつつも、他方で、担当者の古屋安雄教授の情熱的な講義には、強い印象を受けました。今思い返すと、それがキリスト教に惹かれ始めた最初のきっかけだったのでしょうか。また、当時自分が宗教に対して持っていた印象は「洗脳されて目がいっちゃってる連中がほざいている戯言」というものでしたが、それだけでは済まされないものがキリスト教の中にはあるということも、講義を通して何となく感じました。

その後、学年が上がるにつれ、キリスト教関連の科目をいろいろ受講しましたが、それはキリスト教に魅力を感じたからではなく、「今の自分がクリスチャンと議論をしても、きっと丸め込まれてしまうだろう。奴らの決定的な弱みを突く、ぐうの音も出なくなって一言も言い返せなくなるような議論ができるようになりたい」という思いからでした。そこで、神学はもちろん、聖書学や宗教学の授業も受講し、それ以外にも、「敵を知る」とばかりに、チャペルアワーに出席したり、ＩＣＵ教会の礼拝に出席したりもしました。しかし、キリスト教について勉強しながらも、キリスト教に対する反感や嫌悪感は相変わらずで、「たとえどんなにもっともらしく聞こえたとしても、自分は絶対に説得されて信じたりはしないぞ」と思いながらの学びでした。

おかげで、キリスト教に関する知識はずいぶん増えましたが、しかし知識が増えれば増えるほど、いくら勉強をして知識を増やしても、自分とキリスト教とのあいだには壁があると感じました。この壁の正体は恐らく信仰というものなんだろう。だとすると、自分はその壁を越えることは一生ないだろうから、今後どれだけ勉強してもキリスト教の壁の外側の人間にとどまることになるな……まぁ仕方ないかな」とも思っていました。

しかし、転機はある日あっけなく訪れました。ある日、聖書を開いたところ、フト我に返った時、今までずっと抱いていた、キリスト教に対する反感がすっかりなくなっていて、聖書に書かれていることを素直に受け入れている自分に気がついたのです……本当はもう少し感動的な体験だったのですが、事実だけを記すとこういうことです。

そして、信仰とともに献身の志を与えられ、卒業後は隣りの東京神学大学に編入学しました。そして、「神様は自分になにをさせたくて献身へと招かれたんだろう？」と思いめぐらす中で、「自分はキリスト教嫌いで生きてきたのに、大学でキリスト教に初めて出会い、そして救われた。もしかしたから、自分と同じような人間のために働くよう、自分は召されたのかもしれない」と考えるようになりました。ですから、卒業後の派遣先を決める最初の学長面談のとき、「学校でもいいですか？」と聞かれ、迷わず「はい」と答えました。

神学校卒業後、中高の聖書科の教員として働き始めましたが、神学校時代の恩師から留学を勧められ、ニューヨーク・ユニオン神学校に留学。帰国後はやはりその恩師の紹介で、聖学院大学で働き始め、その後、縁あってフェリス女学院大学に移り、現在に至ります。

振り返ると、働き場所は何回か変わりましたが、ずっとキリスト教学校でキリスト教科目担当の教師として働き続けてきました。自分とキリスト教との最初の出会いであった、全員必修のキリスト教入門講義を担当し続けているわけです。思えば、ＩＣＵでキリスト教に出会うまでずっとキリスト教嫌いの人生を送ったことも、神様的には計画通りだったのかもしれませんし、そう考えると、神様は最初からこの道を備えてくださっていたのかもしれないと思えてきます。そう考えると、キリスト教に対する反発心すらよいことに用いてくださる神様のご計画は実に不思議で、人間の思いをはるかに超えてはかり難いと、不思議なようなおかしいような、なんとも言えない気持ちになります。

正直、自分の能力の足りなさにガッカリし、「自分は適性がないのではないか」「自分は牧師には向いてないのではないか」「この道を進んだのは間違いだったではないか」と思うこともあります。しかしそのたびに、この歳までやめもせず続いているということは、まだ神様にこの働きがゆるされているということだろうと考え、あまり悩まないようにしています。ゆるされている限りは、この勤めに祈りつつ取り組んで行きたいと思っています。

三鷹の森というと、世間的にはジブリ美術館かもしれませんが、自分にとっての三鷹の森は、ＩＣＵと東神大がある、あの森です。あの森の中を通り抜けながら、また学生寮の窓から眺めながら過ごした時間は、今にして思うと、キリストに背を向けた生き方から、キリストを見上げて生きる生き方へと、人生の方向転換をする時間でした。

数年前、久しぶりにＩＣＵのキャンパスを訪れる機会がありました。武蔵境駅周辺はすっかり変わってしまっていましたが、キャンパスの森は変わらず残っているのを見て、なつかしく、またうれしく思いました。今後も、あの森でキリストへと人生の方向転換をする人たちがどんどん続いていくことを願い、また祈ります。

▼人生の抜け道も裏道も備えられ

荒井偉作

ARAI Isaac

三五期

日本基督教団名取教会主任担任教師（二〇一一年四月〜）。宮城県内のキリスト教学校や看護学校で非常勤講師として英会話やキリスト教学を教える。

九一年に学部を卒業しましたが、さかのぼればＩＣＵ幼児園の卒園生でもあります。当時、父・荒井俊次がＩＣＵ教会副牧師を務め、家族六人でキャンパス内の職員住宅に暮らしていました。私が七歳の冬に父がＣＣＡ（アジアキリスト教協議会）に移るまで、広大なキャンパスと、狭い職員住宅（加山家と折半）、近隣の職員家族の皆さん、そして騒がしい夜の訪問客（学生たち）が、四人の子どもたちの教育環境でした。

きょうだい全員が敬和学園高校（新潟県）に進学、姉たちのうち二人はＩＣＵライフを享受しました。浅薄な私も古巣に戻ろうと推薦の道を友人と競いましたが、職員室の作戦会議により、推薦枠は友人に譲り、私はＩＣＵ一般入試を勧められました。記念受験のつもりで緊張もせず受験。「サソリの餌の捕まえ方」なる論文を読んで一〇分後に物理学の問題が解けるはずもありません。英語のリスニングもさっぱり。しかしなぜか合格者リストに私の番号を見つけました。その後は母校・敬和学園から一般入試でもＩＣＵに進学するようになりました。人生で初めて、私は開拓者となったのでした。ジュネーブ滞在中の両親に代わって古屋安雄先生が入試の前後にお世話くださいました。

高校時代には平和の尊さを深く学び、また社会で平和を具現化するには教育の力が重要である、との認識に至りました。古屋先生からの忠告に従い教育学科を選択、一年目に教養科目やＥＬＰ（English Learning Program）で触れた心理学に興味を持ち、二年次には専攻を心理学に決定しました。恩師の先生方から多くを教わりました。

私の小さな脳が受け止めた教養と姿勢は、現在まで公私ともに大変役に立っています。

入学早々から成績が低空飛行し、旅程放棄寸前。対策として、高校時代にかじったフランス語を二年次に履修しました。うっかり教員のミスを訂正してしまい見抜かれましたが、重宝もされました。二年目には不思議と成績が安定飛行へ。言語心理学と英語学で同じ調査レポートを提出したのは良い思い出です。ちょうど天皇制の在り方についてキリスト教界が揺れていた秋に日本国憲法を再履修したことも幸いしました。無事に教員免許を取得し進路が開けたのは時代を読む力と笹川先生のご配慮のおかげです。

そのころ私は日本基督教団の南三鷹教会に通い、教会学校教師の任も与えられました。ＩＣＵ関係者が多く活躍する教会でした。私は一年次の冬に二〇歳になりました。友人や牧師の後押しもあり、誕生日に近い主日礼拝で信仰告白をしました（幼児洗礼はＩＣＵ教会にて）。何も変われない自分に「ここからが出発点だ」と言い聞かせるように。今思えば、両親は子どもたち四人に信仰的な押し付けは一切しませんでした。

信仰告白から二か月の春、自分も「キリスト者らしい」ことを始めようと、Ｃ－Ｗｅｅｋ（キリスト教強調週間）の実行委員会を見学しました。突然に古参の数人が立ち上がって声明文を読み上げ、退出。委員会が分裂した瞬間でした。その年の行事は乗り切りましたが、次年度の担当者がいない。ほぼ自動的に私が委員長に選ばれました。最初の任務は委員の結束です。夏に軽井沢の三美荘で遊びまくりました。問題は委員の増員です。秋と翌春に三〇人ずつ集め、大所帯になりました。テーマは議論の末、「ＩＣＵと平和」に決定。**PR** のため本館正面にモダンで格調高い手作り横断幕を掲げ、パンフレットも現代的に装丁。Ｔシャツも全員分を手作りしてキャンパス内を闊歩しました。

最終日の礼拝は委員長の担当。無原稿で、「Peace Lovers なら人の数ほどいる。Peace Makers が求められているのです！」と切々と訴えました。最前列で熱心に頷いていた古屋先生は、その後全国で同じ主張を発信・流布してくださったようです。

余談ですが副産物もありました。Ｃ－Ｗｅｅｋ実行委員の研修のため企画された「熱血！青年塾」なる行事は、その後に他大学や教会に輪が広がり、東京ＹＷＣＡ傘下となり、一二年継続しました。参加者の多くが東日本大震災の被災地でも活躍しました。

卒業と同時に念願の教員生活！と進むはずでしたが、教育実習で自らの無力さを痛感。教員の道を断念しました。「モラトリアム大学院」の目論見も教授にばれ、お先真っ暗な四年次の夏、偶然目にした広告からキリスト教系法人の内定に滑り込みました。

社会人二年目までは国内の教会を巡って不器用ながら経験を積みました。そんな折、ＩＣＵの友人からの一本の電話で転機が訪れました。彼女のお母様（四期生）の勤務校で英語教師を求めているとのこと。ＩＣＵとも関係の深い、自由学園（東久留米市）です。美しい敷地と独特の教育方針に魅かれ、九年間勤めました。今でも、生徒と共に学ばせていただいたと感謝しています。英語以外に聖書、調理、酪農と何でも担当しました。この頃、偶然ながらＩＣＵ正門前で独り暮らしを開始し、母校に足を運びました。

自由学園は礼拝を重んじる伝統があり、私も週に複数回説教を担当しました。当時の羽仁暁（はに・ぎょう）学園長は厳しい方ながら私の説教によく応答してくださり、ご自宅でも家族に「荒井君の説教は、つい聞いちゃうんだ」と語っておられたそうです。

二〇〇〇年に縁あって仙台の女性と出会い、結婚のため〇二年に自由学園を辞して渡仙。父・俊次と同様、若者が安心して集える雰囲気の家庭を築きました。そして仙台でも偶然、ＩＣＵキャンパスの我が家に出入りしていた佐々木勝彦先生（東北学院教授、当時）に「再会」することになります。詳細は割愛しますが偶然がいくつも重なり、佐々木先生のご指導もあり東北学院のキリスト教学科に編入学、現在の職に至ります。

東日本大震災の半月後、被害が甚大な名取市で教会教師として独り立ちをしました。地域全体が大混乱でした。最初の働きは津波で亡くなった方々のご葬儀です。新米教師で何も分かりません。しかしこの職務は天来の使命、不思議と不安は感じませんでした。大げさですが、この記事で紹介した事柄の一つひとつが、現在のこの道へと繋がっていました。ここまで何度「偶然」「不思議」と書いたことでしょう。私の人生の属性そのものです。しかし人の目に不思議と映ることが、実は神さまの手によって紡がれ、備えられています。右も左も分からない弱い私も、その時々に必ず支えられ、導かれてここまで来ました。

愛する母校が、さらに多くの友に相応しい「道」を備える器となりますように！

▼幻を追いつづけて

焼山満里子　YAKIYAMA Mariko

三五期

日本基督教団正教師、東京神学大学新約聖書学担当神学教師を経て、二〇二二年九月からＩＣＵアーツ・サイエンス科准教授。

国際女性デー（三月八日）の新聞に昇進格差に悩む女性の体験が取り上げられていました。大手電機メーカーの研究職として働いていたその女性は「男女雇用機会均等法」が施行され、その適用を受けた第一世代で、入社当初新人の男性が八割以上に対して採用された女性がわずか一割という狭き門をくぐって入社しながら、その後は男性研究員の昇格を見ながら、本人には昇格の機会はいつまでもなく「ヒラ研究員」として働いた、ということでした。それでも仕事に励み、学会発表を重ね、やっと主任研究員に昇格。四〇代で別の大手メーカーに転職し、課長ポストにつきつつも、それ以上の昇格は望めず、やはり自分より年下の男性の昇格を見送る日々に希望をなくし、定年をまたず早期退職したということでした。その時点で女性管理職比率（課長相当職以上）は五パーセントに満たなかったそうです。男性と同じ昇格を望むには「鋼の天井」があった、ということの方の経験は（朝日新聞朝刊）、日本社会で、そしてあるいはキリスト教界においてすらもけっしてめずらしくないのではないでしょうか。

わたしはICUに入学し、キリスト教精神に基づいた教育を心から楽しんで受けました。キリスト教主義の中学、高校から進学したこともあって、キリスト教にははじめから関心があったこともありますが、ICUの教育の中で、自分の生き方としてもキリスト教信仰を与えられて、大学四年生の時にICU教会で受洗しました。ICUを卒業する時、ICUの教育で重んじられていた自由で対話を重んじるキリスト教を広く社会の人々に伝え、自らも実践していくことを願い伝道者の道に進みました。その後は、いくつかのキリスト教組織で働き、また海外留学を経験しました。そして二〇二二年九月にはICUの新約聖書学担当の教員として、二〇二三年二月からは大学牧師として迎えていただきました。

卒業後のわたしの限られた経験の中でも、残念なのはキリスト教組織においても冒頭の女性が経験したような「鋼の天井」に阻まれることがあったのではないかということです。わたしはICUの在学中に信仰を持って自由に生きるという理想を学ぶことがなければ、かえってこの世で「鋼の天井」に苦しむことなく、社会はそんなもの受け入れてしまえば、人生はもっと生きやすかったのではないかと悩むことさえありました。そんな葛藤の中でわたしは、若い時に感銘を受け、わたしを育んだICUのキリスト教はなぜ絵に描いた餅でおわらずに常に実践する努力がなされるのか、そのエネルギーの源は何か、考え始めました。

C・W・アイグルハート著『国際基督教大学創立史』には、ICU創立を準備し、創立後も引き続いて、さまざまな会議を重ねて、方向性を探して行った記録があります。これは真にキリスト教が多様性を重んじ、あきらめずに対話を求める姿勢を実践した記録です。さまざまなキリスト教教派の人々が集まってICUは創立されます。北米のキリスト教はじめ、日本の無教会、日本基督教団…一つ一つ教派的伝統も主張も違う中で、違いを乗り越えて、平和を実現する若者を教育するという明日の大学創立という同じ目的を達成するために話し合いを重ね、協力し、一致点を求め、ICU設立に至ったことは本当に尊いことだと思います。

その一つの具体例として人文科学科の宗教学デパートメントが、当時三鷹の牟礼にあった「東京神学大学と非公式に接触し、組織的な結合とまでいかなくても研究面でのより密接な結びつきを図っ」て両校の行政当局が移転に合意したことを銘記したいと思います（アイグルハート三五二頁）。実際、その後、東京神学大学の移転は実現します。東京神学大学の移転を決断した当時の東京神学大学学長桑田秀延氏の「東神大の将来像」というエッセイが残されています。東神大の学生たちに移転について尋ねられ説明した時のことを書いています。「ＩＣＵへ移ると本学の性格が従来のものと変わってくるのではないか」という質問に対し、また同窓生、交友の方々に向けて学長個人の考えとしながら、以下のように書いておられます。東神大の教育目標は移転後もそれまでと変わらず日本の教会、キリスト教主義学校やその他で教師、指導者として働く人の養成であること、を述べています。その上で学風については学問の中でも神学を強調することも移転後も変わらないとしながら、「神学とは結局キリストの福音こそ真理中の真理である、との信仰の上に立つ学であり、従って一般の文化的な学問とは、その基礎と方法をことにするところのある学」としつつ、「これは他の学問を認めないような、排他的な独善的な精神ではない。神学といえども他の諸学の意味を認め、それらに対して窓を開き、必要があれば補助や支援をそれらから得ることができる」。つまり宗教学の研究ではなく、神学を中心とするとしながらも移転を機会に、ＩＣＵの文化的な学問に接し、ひろい視野に立って神学することを学びたいと思っている。聖書という高峰を見るのに、ただ富士山だけを見るにとどまらず、ひろい裾野とくに高く雲間に聳え立っている富士山をみるような方法を加えてゆきたいと思っている」。最後に日本基督教団との結びつきも「文化的なＩＣＵへ隣接すること」で教会との関係もより深められていく方向へ持っていきたいと書いています。具体的にはプリンストン神学校とプリンストン大学のような協力関係を一つの参考例としたいとしています（『桑田秀延全集第七巻』キリスト新聞社、一九七六年、三四〇―三一頁）。

ＩＣＵにはこのような神学校の希望を受け止め、東神大ばかりでなく、ルーテル神学大学（現ルーテル学院）を隣接地に招き、互いにあるべき姿を求めて行くという、やはり対話の姿勢があります。ＩＣＵのキリスト教の福音の実践の力、対話の力がそれぞれの神学校の発展にも貢献していると思います。それはＩＣＵの福音の実践の力によってもたらされたのだと思います。わたしもＩＣＵの森で学んだことを自ら実践し、社会がよりあるべき姿に近づいていくことを求め続けて行きたいと思います。「鋼の天井」に悩むことや、信仰に行き詰ることがあるとしても、わたしはＩＣＵがしっかりと立つ、福音の力をＩＣＵの森で学びました。主なる神がわたしを用いて下さる限り、ＩＣＵで学んだ福音の原点にいつも立ち帰り、励まされて歩みを続けていきたいと思います。わたしは今大きく立ちはだかる「鋼の天井」も、あるいは他の個人的、社会的課題は、自分とは違う他者と対話をし続けていくことによって必ず取り払うことができるのだと信じています。その力をＩＣＵの歴史から確実に見せていただいています。ですからわたしは迷ったときには、いつも聖書と『国際基督教大学創立史』を読み返すのです。

使徒パウロは次のように語ります。「〝霊〟の初穂をいただいているわたしたちも、神の子とされること、つまり、体の贖われることを、心の中でうめきながら待ち望んでいます。わたしたちは、このような希望によって救われているのです。見えるものに対する希望は希望ではありません。現に見ているものをだれがなお望むでしょうか」（ローマ八・二二―二三）。主なる神に見せていただく幻、希望を実践することの恵みをわたしはＩＣＵで学びました。これからもＩＣＵの森で経験した、福音の力を信じ、福音の力に導かれて歩みたいと思います。

特別寄稿

キャンパスのCスポット

平和の石

サンフランシスコ講和条約で平和を取り戻した1952年に設置されました。ここには、名誉評議員秩父宮妃殿下、初代評議員長の鵜沢総明氏、初代理事長の東ヶ崎潔氏、初代学長の湯浅八郎氏の名前の他に、もう一人の名が刻まれています。それが、キャンパスの園丁（庭師）の宮澤義春氏です。宮澤氏は一日も休まず40万坪のキャンパスの木々を愛護して、終生誠実一途に献身奉仕しました。

本館

本館は、真珠湾攻撃が始まった1941年12月8日に中島飛行機が研究所として竣工した建物。やがて終戦を迎えICUがこの土地と建物を購入し本館として、そのまま使いました。戦争のための研究所が、平和教育のための大学に生まれ変わりました。入り口には、旧約聖書イザヤ書2章4節の言葉が引用されています。

彼らは剣を打ち直して鍬とし
槍を打ち直して鎌とする
国は国に向かって剣を上げず
もはや戦うことを学ばない

教養学部（リベラルアーツ）と伝道

国際基督教大学名誉教授　並木浩一

あなたがたは私に悪を企てましたが、神はそれを善に変え、多くの民の命を救うために、今日のようにして下さったのです。

（創世記五九・二〇）

1　リベラルアーツとしてのＩＣＵ

準備委員の方々から私は「教養学部と伝道」との主題で奨励するように依頼されました。それは牧会の実践や他の牧師たちとの交流を顧みて、ご自分の考え方や献身の背景にリベラルアーツがあると感じておられ、そのことの源泉と理由を確かめたいとの願いが込められているようです。そう願った方々にはすでに心当たりがあり、私が何かを言う必要はないでしょうが、ご依頼ですから、最初にＩＣＵの過去と現在について簡単に語ります。

ＩＣＵがリベラルアーツを標榜していることには創立事情に関係があります。ＩＣＵ設立の計画段階では、人々は高度の学術機関の設立を構想していましたが、当時の文部省は大学院だけの大学の設立を許可しないために、やむなくリベラルアーツの大学として発足させました。結果的に、それは大変よかったと思います。ご承知のように、リベラルアーツはアメリカの大学の特色です。少人数と寮生活を重んじ、学問の専門分化の傾向に抗し、学問諸分野を総合的に体験することを学生たちに求めます。ＩＣＵも全寮制を理想として発足しました。現在では学寮の数が増え、収容人数も九〇〇人に達しています。最近まで六学科から構成されていた教養学部は、現在、アート・サイエンス学科のみとなりました。その中に三一のメジャーが置かれ、学生は一つまたは二つのメジャーを選択することができます。また一つのメジャーと一つのマイナーを選択してして組み合わせることも可能です。専攻の自由度は以前より明らかに高まり、知の幅と深さを同時に求めるというリベラルアーツの理想に近づいています。

ＩＣＵのリベラルアーツにとって本質的な重要事は、教員が学生を独立した人格として尊重し、関わりを持つことです。これが、ＩＣＵの専任教員にキリスト者であることを求める根拠です。学生の一部は自覚的なキリスト者教員との交わりを通して、キリスト教への興味を抱きます。自分もキリスト者でありたいと願う学生も出現します。実際に、そのような学生がキリスト者となり、さらに伝道者への道を進んだ人は少なくありません。なお、昔の調査ですが、ＩＣＵ入学時のキリスト者は一割で、卒業時には二割と聞いたことがあります。また、早くから「キリスト教週間」の計画と実行は学生たちが主導してきました。自発的なキリスト教活動は本人を益すると同時に、学生仲間たちに影響を与えます。

ＩＣＵのリベラルアーツを支えてきたものは、学生と教員の近さです。昔は学内住宅は学生たちに開放されることが原則となっていました。学内住宅が充実した頃には入学直後のオリエンテーションの期間に、学内住宅を訪ねるというプログラムが組み込まれていた時期があります。また、ＩＣＵの特色として、資金力のない学生を大学と卒業生が経済的に支援することが挙げられるでしょう。過去には教員個人による隠れた学生支援もありました。ある学生は在学中はあるノンジャパニーズ教員を介しての財政的支援を受け、卒業後直ちに東京神学大学に進学し、後日、「荊冠の神学」の構築で寄与しました。このように、学生と教員の一体的な関わりがＩＣＵの特色の一つです。

学寮生活も重要な役割を持ちました。またかつては、若手の教員は寮の一角に住み込み、必要に応じて学生の相談に乗っていました。一部の教員は学内の教員住宅を学生に開放して、聖書研究会を開いていました。ＩＣＵは過去に遡るほど、「大沢村」と言ってよいような、一つのコミュニティを築いていました。

2　コミュニティとしてのＩＣＵとＩＣＵ教会

学生と教員のコミュニティを成立させる原動力の一つが、この会堂で礼拝を行うＩＣＵ教会です。そこでＩＣＵ教会について語ります。ＩＣＵの最初期に、主としてキャンパスに住む教員たちとＩＣＵのキリスト者学生たちが中心となり、地域のキリスト者が協力して教会を設立しました。教会運営は長老教会の伝統を重んじていますが、ＩＣＵ教会そのものはさまざまな信仰的背景を持つ人々の集合体です。類型的にはノン・クリーダル・チャーチです。教理に基づく説教はなされません。ＩＣＵ教会の主任牧師を長く勤めた古屋安雄教授が教理的な説教も、釈義に重きを置く日本的な説教をも嫌ったことの影響が大きいでしょう。そこでＩＣＵ教会には信仰の本質を教理的に探求しないという短所がありますが、キリスト教の多様な理解を許容するという長所があります。

ＩＣＵ教会の目的の一つはＩＣＵの教育目標の達成に寄与することです。そのことに関する教会の理想はこうです。例えば地方出身のキリスト者学生や、キリスト教に関心を懐き始めた学生、あるいは卒業生が人生体験を経て、ある日、勇気を出してＩＣＵ教会に出席し、教会に定着することです。実はこの理想はかなりの程度で満たされてきました。ＫＧＫ出身の学生はＩＣＵ教会を敬遠しますが、まれに教会が福音派育ちの学生を巻き込むことがあります。現在、牧会で頑張っておられる私の友人牧師は、入学時にはＩＣＵのリベラルなキリスト教理解から距離を取るつもりで入学しましたが、在学中に考えが変わり、卒業と同時に献身しました。その後、ＩＣＵ教会の牧師も勤めています。献身者は所属神学校に進むこともありますが、大部分はＩＣＵ設立以来、大学間の交流を持ってきた東神大です。ＩＣＵ教会が誇ってよい事実は、これまで数多くの献身者を東神大に送ったことです。

ＩＣＵ教会のもう一つの特色を挙げれば、「内向き」の教会ではないということです。ＩＣＵ教会では現在、主任代行の北中晶子牧師を始めとする、出身国と教派を超えた四人の教職者が順に説教を担当し、それぞれの経験を生かした説教をしています。教会では世界と人間についての信仰的な気づきを得る機会が多いと思います。ＩＣＵ出身の牧師や、キリスト教団体での奉仕者を礼拝説教に招くこともあります。また長くＩＣＵ教会が中心となって東南アジアでのワークキャンプを毎年主催して、学生たちを派遣してきました。このようなＩＣＵのリベラルアーツの推進には、ＩＣＵ教会が寄与してきました。

3　対話と自由な考え方の尊重

ここで話題をリベラルアーツ教育の具体的な目標に移しましょう。それはひとことで言えば、「人間の解放」です。リベラルアーツ教育は、学生の個々人が自分の無知と狭い経験から解放されること、加えて内外の社会のために自分が寄与できる道を見定めることを理想とします。その出発は、入学時になされる「世界人権宣言」への署名によってなされています。人権感覚は他者を重んじて養われます。学生たちには、在学中に自分と意見を異にする人たちと「出会い」、「対話する」ことが期待されます。異質な他者との対話を重ねてこそ、人は自分を相対化でき、変わることができます。しかしこんな理想論に終始してはなりません。現実には、在学中に他者との対話を拒んでＩＣＵを卒業する人たちがいます。さらに残念なことに、卒業生たちの中には、政治世界においてＩＣＵの理想からはほど遠い国家主義的な主張を止めない人々がいて、活躍中です。

ＩＣＵの理想とは異なる私のＩＣＵ教員時代の体験の一つをお話しします。私は長く「キリスト教概論」のクラスを受け持ちました。私は亡国後のイスラエルが自分たちの過去を反省したように、日本も民族の過去を批判的に検証することの重要性を語ってきました。いまから三八年前のことです。当時の西ドイツの大統領であったヴァイツゼッカーが敗戦から四十年の節目である一九八五年五月八日に連邦議会において「荒野の四十年」と題する講演を行いました。その中で、大統領はユダヤ人を始めとする弱者たちへのナチスによる残酷な仕打ちとともに、国民の無知と無関心に対して懺悔の言葉を述べました。キリスト教概論のクラスで、私は過去を忘却せず、過去を現在に対する批判の拠点とするヴァイツゼッカーの姿勢を学生たちに語りました。すると、クラスの終了後に、ドイツの過去は日本とはまったく事情が違い、比較にならないので、私が語ったことはナンセンスである、という趣旨の批判を書いた無記名の質問書が提出されていました。その批判はアジアにおける日本の加害を免罪しよう図った当時の「新しい教科書を作る会」の意見に沿うものでした。次のクラスで私はこの人に正面から答えようとしてクラスに臨みました。しかし質問用紙提出者はクラスに来ませんでした。この学生は私を嘲笑的に批判するためだけに、クラスに潜っていたようです。これは対話を拒絶する典型的な姿勢です。私がクラスで体験したことを顧みると、現在、ＩＣＵ出身の政治家あるいは評論家の中の国家主義的な発言を行う人たちはＩＣＵの出身であることを名乗ってはいるものの、卒業までの間に、意見の違う人々との対話を避けていたのだと推測せざるを得ません。このような人々は自分をも、祖国をも相対化することができません。そもそも「人類」の視点が欠けています。人類意識に基づく国際性こそはＩＣＵの基盤です。

話題を変えましょう。現在、パソコンでＩＣＵを検索しますと、受験生向けにＩＣＵを売り込む言葉が数多く見られます。私には、《agree to disagree》というキャッチーなフレーズが新鮮でした。それは相対主義や個人主義を奨励するものではなく、むしろ多数者の意見や圧力に抗して反対意見を表明する勇気を言い表すものでしょう。私は学生たちが《agree to disagree》というフレーズを率直に受け止めて、権威主義的社会の特色である「単数原理」に対抗し、「異質な他者」の存在を意義づける「多数原理」を打ち立てる力にして欲しいと願っています。そのための有力な手段が伝道や社会事業への「献身」でしょう。

ＩＣＵ卒の献身者の特色は、多数者が主張する日本主義に日本を埋没させてはならないという批判精神をどこかで働らかせるところにあると、私は理解しています。牧会者の現実に即して言えば、人が「型」にはまった考え方を捨て、過剰なプライドやドグマ化した教理の主張からも距離を確保することでしょう。私は教理の重要性を理解しているつもりです。しかし教理が依拠する聖書は、その時代の思考を用いた言葉で書かれています。ICU卒の献身者はそのことを承知の上で、聖書の証言を現代に生かして理解する力を発揮していることでしょう。

このことに関して、私はエーミル・ブルンナーの誠実な対応を思い起こします。先生は、戦後日本の精神的な復興に寄与するための召命を受けてスイスから来日し、最初期のICUで講義をし、日本各地で講演活動を行いました。その傍ら、先生は平信徒伝道者育成のための聖書研究会を学内のお宅で開きました。私はそのメンバーの一人でした。あるとき、出席者のひとりが、「処女懐胎」について質問しました。先生は処女懐胎を否定しました。加えて先生は処女懐胎はマルコ福音書には記されていないと、注意を促しました。私はそれを聖書の特定の箇所を絶対化することへの警告であると受け止めました。その時の情景はいまだに深く心に刻まれています。私は聖書研究会のクラスでの先生の対応に、キリスト者としての自由を感じました。

イエスの重要な出来事は神学的に解釈しなければなりませんが、「神学」は時代の影響を受けます。他方では、神学はその時代の趨勢に抵抗してキリスト教の本質を主張し直します。神学は教理の重要性を再認識すると同時に、教理への安易な寄りかかりを退けます。私はバルトが最晩年の『和解論』への断片において「受洗」をサクラメントとして絶対化することを批判し、教会の長い伝統的見解に疑義を呈したことを想起します。彼は洗礼の本質を水による洗礼ではなく、火、すなわち聖霊による洗礼であると捉えます。それをどう評価するかは別問題として、現代の一流の神学者にはこのような批判的な精神が働いています。

神学者のあり方に照らして結論的なことを言えば、伝道者は教会についての重要な事柄は自分で考えるということでしょう。教会内外の権威を「疑う」ことのできる自由を保持しつつ、争いのある事柄については熟慮し、暫定的な信仰的「確信」を得ることが積極的な意味を持つでしょう。私たちは譲るべきは譲り、大事なことは譲らないという「しなやかな姿勢」を維持したいものです。それはリベラルアーツの批判的な知のあり方に呼応すると思います。

4　歴史的事実を直視しつつ、歴史を超越する視点を持つ

最後に世界の現実に言及します。私たちは昨年の二月下旬以来、ロシアのウクライナ侵略と戦闘の暗いニュースを聴いています。昨年、私はモスクワの大聖堂でキリル総主教がプーチンを同志扱いする姿を見て、ロシア正教会は社会に警鐘を鳴らすキリスト教の役割が欠如しているのではないか、と衝撃を受けました。日本では大国の政治的動向や核の脅しに直面して、敵基地への攻撃力を所持したいとの渇望が声高に叫ばれます。地球環境の破壊もスピードを速めています。人類の今後はどうなるかと、私たちは暗澹たる思いを抱きます。

このような危機の時代を生きる私たちは、まず事実を事実として見据えて人類のために的確な判断を下さなければなりません。しかし、もし私たちが歴史の意味を決定づけると思い込むならば、それは誤りです。なぜなら、歴史の背後に主がいましたまい、この主こそが歴史を意味づける唯一の方だからです。

今日、最初にお読みいただいた聖書箇所では、ヨセフの兄弟たちがヨセフを穴に投げ捨てた仕打ちについて語っています。しかしヨセフはエジプトでの苦境を経てエジプトの宰相に抜擢され、最後には、自分をひどい目に遭わせた兄弟たちと和解することができたのです。「和解」こそは人類の願いであり、神がよしとしたもうものです。ヨセフは、兄弟たちの悪事を神がよきことに変え、和解の道を用意して下さったと語りました。それは歴史の出来事について、人間がその意味を決定してはならないことを教えます。歴史の主は神です。神のみが歴史を意味づけます。絶望してはなりません。神が現在の歴史の悲劇をよきに変えて下さることを祈りつつ、私の奨励を閉じることにいたします。

（二〇二三年九月一八日「第四回ＩＣＵ出身伝道献身者の集い」奨励）

「平和への祈り」をつなぐ——現代学生との対話

私たちには、この本にまとめたＩＣＵ出身伝道献身者たちの「証し」を現在の学生たちと分かち合って、創立時の「平和への祈り」をつなぎたいという願いがあります。そこで、ここでは、現在のＩＣＵキャンパスで学生たちがどのようにキリスト教に出会っているかをレポートして、これからの対話の糸口を探ります。

国際基督教大学同窓会支部「ＩＣＵ伝道献身者の会」支部長
有馬平吉

1．ＩＣＵ教会

ＩＣＵキャンパスの中心にある大礼拝堂は一九五四年五月九日に献堂式が行われ、同日ＩＣＵ教会が発足。それは、創立時の教職員・学生が自発的に集い始まった日曜礼拝に始まる。目的は三つ。第一に、神を求め神に仕える者が、教派の立場を越えるキリスト者のフェローシップをつくること。第二に、国際基督教大学の宗教生活および教育の完成を助けること。第三に、キリストの精神を体し、すべての人々に福音の宣教と奉仕の業をつくすこと。現在も大学関係者の信仰の拠点となって、創立時より「地域に開かれた教会をつくる」という理念を持っている。在学中にＩＣＵ教会で洗礼を受けて伝道献身者に召され、日本のみならず世界に遣わされた卒業生が多いことも特徴である。現在も在学中に洗礼を受ける学生たちが起こされている。

日曜礼拝（毎週日曜午前一〇時半〜）、教会学校（日曜午前九時〜）、聖書研究（日本語・英語、日曜朝九時半

～）を中心に、祈祷会、コイノニア会、ふろしき市、詩を読む会など種々の集いを行っている。

2．宗務部

キリスト教に関連する大学の教育、プログラムに関して重要な役割を担う。大学のキリスト教理念と実態に注意を払い、必要に応じて関係者に助言する重要な役割を担っている。特にＩＣＵ教員人事に不可欠なキリスト者条項（キリスト者であること）について、回答や助言、必要に応じて候補者と面談する。先に述べたＩＣＵ教会との協力にも大学を代表的する責任を負っている。

また、大勢の学生が参加するＣ－Ｗｅｅｋ（キリスト教週間）やクリスマス大学燭火礼拝、学内キリスト教活動を様々な角度からサポートする役割を果たしている。宗務部主催の行事として「アジア学院リトリート」が毎年行われている。また過去三〇年以上続いた「タイ・ワークキャンプ」、近年始まった「インドネシア・ワークキャンプ」など、アジア各地との連携を進めている。

3．チャペルアワー

一九五三年開学当初から続いている。当初は毎週一時間の「アワー」であったが、その後四五分、三〇分と短縮された。開学の年に発行された学報では、チャペルアワーは「ＩＣＵの精神生活の土台石」で、「しばし多忙な授業や俗事を忘れて、永遠の真理に想いをひそめ、世界の平和を祈るひととき」とされている。その趣旨は現在に至るまで変わることなく、学生教職員を問わず、ＩＣＵに関わるすべての者が共に集い祈る。礼拝メッセージは毎週交替でＩＣＵ教員または牧師が行い、学期に一、二回は学生によるメッセージや、音楽礼拝、コンテンポラリー・スタイルの礼拝などがある。礼拝はすべてバイリンガルで行われ、学生による通訳が毎回準備される。

4．Ｃ－Ｗｅｅｋ（キリスト教週間）

C－Ｗｅｅｋは開学翌年に「宗教強調週間」という名で始められ、今も続くＩＣＵの伝統行事。教授が学生を自宅に招く「オープンハウス」はその頃から行われていた。C－Ｗｅｅｋという名称に変更されたのは一九七八年頃。「全学行事」という位置づけで、宗務部（大学）とC－Ｗｅｅｋ実行委員会（学生）による共同主催というのが特徴で、ＩＣＵ献学の理念にもあるChristianity（キリスト教）を学生が自発的、積極的に考えるための重要な機会となっている。「C－Ｗｅｅｋ実行委員会」は、C－Ｗｅｅｋ全体を企画・実行・運営を行う学生の集まりで、信仰を問わず誰でも参加することが可能である。

5．キリスト教に出会う授業・研究

①キリスト教概論

ＩＣＵ唯一の全学必修授業として、毎学期開講される。日本語と英語で開講され、学生は卒業までどの時点で履修しても良い。授業であるため信仰の養成を学修目標としない。一方で学生それぞれの主体的な応答を重視し、礼拝を含むすべてのキリスト教活動を開学以来「自由参加」としてきたＩＣＵにあって、必修のキリスト教概論は学生が自ら考え、主体的な関わり方を模索する助けとなる役割を果たしている。

例年、卒業を控えた学生に行われる「卒業時アンケート」で、ＩＣＵ在学中にキリスト教への関心を深めた契機として、最も多く挙げられている。宗教自体が全く初めての人からキリスト教家庭で育った人まで、あらゆる背景を持つ学生たちを同時に巻き込む授業を目指している。学期末の授業評価によれば、高校までにキリスト教学校に通った経験のある学生も、新しい視点を得たとする感想が多い。

他に、キリスト教に出会い、平和について考える学びを提供する授業が用意されている。開講は年度によって異なるので例として授業科目を紹介するが、神学部でもないのにその科目の多さに圧倒され、改めて創立以来の「平和への祈り」を受け継いだリベラルアーツ（教養学部）であることを実感する。

② キリスト教関連授業

キリスト教史、キリスト教倫理、キリスト教教育哲学、キリスト教と文化、組織神学、組織神学研究、旧約聖書学概論、旧約聖書の概観、旧約聖書の神学、新約聖書学概論、新約聖書の神学、新約聖書の解釈と倫理、アメリカの神学、旧約へブライ語、新約ギリシャ語、ラテン語、オルガン音楽入門、近代日本とＩＣＵ、宗教科教育法。

③ 平和関連授業

平和教育の理論と実践、平和思想、人間と平和、平和と人権、平和研究、平和と対集団関係論

④ キリスト教＆平和関連研究所

キリスト教と文化研究所（ＩＣＣ）、ジョナサン・エドワーズ・日本センター（ＪＥＣＪ）、平和研究所（ＰＲＩ）、ロータリー平和センター。

6．学生によるキリスト教活動

① ＩＣＵ・ＫＧＫ

キリスト者学生会（通称ＫＧＫ）は一九四七年に早稲田大学で二人の学生によって始められ、全国の大学に広がっている。ＩＣＵ・ＫＧＫは数少ない正式団体加入校として、福音主義・超教派・学生主体というＫＧＫスピリットに立ち、学内活動を行っている。活動は、毎朝部室でのＤＰＭ（Daily Prayer Meeting）、週一回の聖書研究会、夏休みの合宿など。卒業生の中にはＫＧＫ主事として学生伝道を担っている者たちもいる。

② ワーシップナイト（Worship Night）

二〇〇八年にクリスチャンの在学生が自主的に集まって、神を賛美する時間を持ちたいと願ったことがきっかけで始まった。現在は毎週金曜日一九時三〇分から、シーベリー記念礼拝堂（小礼拝堂）で、教員も加わって賛美礼拝を行っている。賛美の選曲から礼拝の進行まで学生主体で進めている。

③ＥＢＳ（English Bible Study）

発足の経緯は不明。ＩＣＵ・ＫＧＫに留学生が数名いたことから、ＫＧＫ内にEnglish Bible Studyという部門を作った。ＥＢＳは週に二回会合を持っている。月曜日はランチタイム祈祷会、火曜日一九時〜二〇時三〇分には聖書の勉強、他にゲームナイトやホリデーパーティーなど、さまざまなイベントを開催。

7．有志によるキリスト教活動

①教授が主催する聖書研究会

「聖書を読む会」、「バイブル・ディスカッション」、「聖書と古典を読み、時々映画も見る会」（略称：バゴエ）

②ＩＣＵ和解フォーラム

近年ＩＣＵ教職員、学生、卒業生の有志で「ＩＣＵ和解フォーラム」が発足した。ＪＩＣＵＦ（日本ＩＣＵ財団）の助成金に支えられて、平和のための読書会『クワイ河収容所』（二期生 故斎藤和明教授の翻訳）や『すべてのものとの和解』（二八期生平野克己牧師による翻訳）、和解フォーラム、和解リトリートを催している。

③テゼの祈り

一人の教授の発案で、二〇二二年春に来日したウクライナ避難学生を慰め励ますという意図でチャペルにて開催。ウクライナからの学生のみならず多くの賛同を得て、毎学期一回続けられている。

④シーベリー「青年の夕べ」

卒業生の一牧師が東京西部の教会で催していた「青年の夕べ」をキャンパス内に移し、シーベリーチャペル（小礼拝堂）で月一回開催。青年たちのありのままの声、あるがままの生が語られ、感話集『いのちの言葉を交わすとき』（ヨベル、二〇二一年）を編纂。

8．ＩＣＵ高校との連携

一九七八年にＩＣＵ高校は、ＩＣＵ創立の目的に基づき「平和・人権・キリスト教」を掲げて、日本で初めての「帰国生受け入れのための高等学校」として開校。生徒は帰国生三分の二、一般生三分の一という受入れにより、独特の新しい教育を展開。いわゆる完全な「大学付属校」ではなく、三分の一の生徒がＩＣＵに推薦され、他は国公立・私立大学さらに海外の大学へ進学する。これまでに約二〇名の卒業生が伝道献身者となって教会やさまざまな団体で責を担っている。

＊＊＊＊＊＊＊＊＊＊＊＊＊＊＊＊＊

２０２３Ｃ－Ｗｅｅｋ　「バチバチ?!　シンポジウム――キリスト教派間対話」

二〇二三年五月一九日（金）一二時三〇分～一四時

対話のはじまり――学生と卒業生との共同企画

同窓会支部「ＩＣＵ伝道献身者の会」の目的の一つに、大学のキリスト教活動に側面から支援・協力することがあります。「献学七〇周年」という記念すべき年に、学生と共同してイベントを持ちたいとの願いから、宗務部の協力でクリスチャン団体に属する学生たちと話し合いを続けてきました。背景として、卒業生には「今ＩＣＵでどのようなキリスト教活動をしているのか」知りたい思いがあり、また学生には「伝道している卒業生たちと対話してみたい」との思いがありました。学生たちからの提案は「キリスト教の教派について対話をしたい、２０２３年度のＣ－Ｗｅｅｋ本部企画で行う」というものでした。具体的には、異なる教派の卒業生伝道者がパネリストになって、学生が司会する「パネルディスカッション」でした。「ＩＣＵ伝道献身者の会」でパネリスト人選を行い、ウィリアムズ郁子師（英国国教会）・小野慈美師（日本バプテスト同盟）・河野克也師（日本ホーリネス教団）・荒井偉作師（日本基督教団）が登壇し、司会はキリスト教週間準備委員長の土屋至穂璃氏（三年

左からウリアムズ郁子、小野慈実、河野克也、荒井偉作の各氏。

生）が務めました。

呼びかけの言葉

カトリック、プロテスタント、英国国教会、正教会、福音派等々、キリスト教の中でも様々なかたちの、様々な信仰を持つ人が、このＩＣＵという場所にいて同じ時間を共にしています。私たちの中で違うものは何か？　同じくあるものは何か？　キリスト教の「教派」「教会」について、ＩＣＵ卒業生による聖職者の集まり「ＩＣＵ伝道献身者の会」のご縁とお力をお借りして「ぶっちゃけ、教会ってどうなの？」「聞きたい！　語りたい！　本当のところを知りたい！」をぶつけます。同じような境遇を経験してきたＩＣＵ卒業生であり、普段はあまり出会うことがない聖職者・伝道者……遠いようで意外と近い？　そんな方々から、キリスト教・教会のリアルについて知り、それぞれの教会の特徴、共通点、いざこざ・争い（？）など、学生・教職員からの質問をもとにパネルディスカッションを行います。

報　告

会場には、学生・教授・神学生など約九〇名が集まりました。最初はＩＣＵ時代の思い出を含めたパネリストの自己紹介、次に各教派の特徴が紹介され、司会者および会場からの質問に答えるかたちで進行しました。

主な質問「世界を神の下で一つにするのが元々の目的だったと思うがなぜ多くの教派に別れてしまったのか?」「洗礼はなぜ受けなければならないのか?」「どの教派が自分にしっくりくるかはどうしたら分かるか?」「他教派をどう思っているか?」「教会は一つになれると思うか? 一つになりたいか?」

学生側は「バチバチ」の討論を期待したようですが、終始「平和的に」行われました。あるパネリストは「我々は各教派を背負って来ている訳ではなく、皆ICU卒業生ばかりで〝違うものも受け入れるのは当たり前〟という感覚で来ています」と発言。教派間の話し合いは摩擦が生じやすく、やりづらい現実の中で、相互の違いを認めつつも「一つの教会」を目指していく平和で生産的な討論のあり方は、今後の「キリスト教派間対話」の良いモデルになるかもしれません。「〝リベラル〟というのは政治的に左ということではなく〝対話的ということ〟だと理解する。右で対話的な人もいれば、左で頑固な人もいる。〝対話的であり続ける〟ことを、私たちはこれからも大事にしていこう。」一パネリストの発言です。

卒業生が母校に講師や説教者として招かれることはあっても、卒業生の団体とコラボをして行われた企画はこれが初めてと聞きました。このような「連帯」「交流」が今後もなされていくことを願います。

「平和への祈り」をつなぐ対話のために

今回2023C-Weekのイベントのほとんどに参加し、学内キリスト教諸活動を詳しく知っていく中で、「ICUの学生は素晴らしい!」と何度も思わされました。学生が主体的に関わり、これだけ内容の充実した、しかも全学的な支援を受けて「キリスト教週間」ができているキリスト教大学はそう多くはないでしょう。さらに学生主導のキリスト教諸活動も活発であり、実に生き生きとしています。また、使命感に燃えた先生方の聖書研究会も意欲的で、その姿勢には感心させられます。まだ生まれたばかりの小さな集会も活発です。キリスト教関係・平和関係の授業や研究所も充実しています。この大学のキリスト教の将来は可能性に満ちています。

一方で「キリスト教学校の世俗化」という課題は、世界的な現象でもあります。ＩＣＵも同じ課題が無いとは言えません。古屋安雄（元宗務部長）著『大学の神学』（ヨルダン社）や梅津順一（一四期生）著『大学にキリスト教は必要か』（教文館）で問われている諸点をＩＣＵに当てはめて考えてみたいと思います。

1．キリスト教大学であることを確認する機会が減ってはいないか？
2．大学における明確なキリスト教的意味づけが薄められていないか？
3．教員採用の際、キリスト教信仰への熱心さを問わなくなっていないか？
4．一般教育科目としての聖書あるいはキリスト教思想の比重が低くなっていないか？
5．大学行政側で大学礼拝やキリスト教活動に対する支援が弱まっていないか？
6．大学運営に関わる牧師の役割が低下していないか？
7．理事会メンバーにビジネスで成功した卒業生が多くなり、ビジネスの論理が教育に強調され過ぎてはいないか？

ＩＣＵの「創成期」を振り返った時、上の問い全てにポジティブな答えが出せないのが現状ではないでしょうか。２０２３Ｃ－Ｗｅｅｋのイベント「レクチャー&対談――ＩＣＵ創設の歴史に刻まれたＩＣＵの理念」の中で、元教授から「今こそＩＣＵに信仰復興を！」という声が上がり、それに対する反応が大きかったことも印象的でした。「献学七〇周年」というこの年は、以上の諸点を大学が自己点検し振り返る重要な節目の年ではないでしょうか。卒業生の多くがキリスト教諸学校・諸団体の要職を担っているのもＩＣＵの特徴です。今置かれている立場で彼ら卒業生が何を発信するのかも問われるでしょう。

二〇二二年一一月に、卒業生の牧師を迎えての催し（同窓会主催）がありましたが、最後に祈って会を閉じようとした時、一人の参加者が異議を申し立てました。彼も卒業生ですが、ウクライナの戦場レポートから帰国したばかりでした。「クリスチャンはずるいと思う。祈ったって戦争が無くなるとは思ってないくせに、祈りで終わらせようとする。僕は戦場で地獄のような現実を見てきた。何故こんなことがいつまで続くのか。大学で僕はずっと〝神義論〟をやってきたけれど、僕はもう神が信じられなくなって来ている……」と、ほとんど叫びにも近い声でこのような重い訴えかけをしました。その場が一瞬にして固まってしまいました。

しかし、このような必死な問いかけに、ＩＣＵ献学の「平和への祈り」がどう答えられるかです。紛争と戦争が次々と起こるこの時代にあって、創立時の――敵国に愛を贈る――ナザレのイエスのごとく愚直な実践が、今まさに問われているのだと心に刻みながら、受け継いだ「平和への祈り」に確信をもって進んで参りたいと思います。

キャンパスのCスポット

シーベリーチャペル

シーベリーチャペルは小礼拝堂です。シーベリー女史は、戦時中アメリカで湯浅八郎氏（後のICU初代学長）を家族のように迎え入れ、ICUの創設時には湯浅氏の良きアドバイザーとして働いた信仰の人です。チャペルの裏側には、湯浅八郎氏が選んだキルケゴールの言葉が刻まれています。

「心の純潔とは善を意欲することである。

Purity of Heart is to will The Good.」

あとがき――感謝を込めて

国際基督教大学（ＩＣＵ）は、第二次世界大戦後「平和への祈り」を熱くした日米キリスト者の協力によって一九五三年に創立されました。敵を愛するキリストの教えに根ざし、日英両語を公用語とし、リベラルアーツ（教養教育）を重視して、少人数教育を行う、それまでにない「明日の大学」でした。武蔵野の自然豊かなキャンパスで、教員と学生また学生同士の深い思索的対話を経験した卒業生は、その後をどう生きたのか。本書は、その中でも牧師をはじめキリスト教関係の仕事（教会・学校・福祉・研究）に献身した者たちの足跡を記録するものです。

卒業生に多くの伝道献身者がいるにもかかわらず、これまでその記録が無かったことから、献学七〇周年の記念の年に、同窓会支部「ＩＣＵ伝道献身者の会」が本書を企画しました。この会は同窓会の一支部にすぎませんが、ＩＣＵ創立に尽くしたキリスト者の祈りを受け継ぎ、同窓の諸先輩が生涯を献げた仕事に学びつつ、ＩＣＵのＣ――キリスト教に関わる責任を果たしたいと願っています。ささやかではありますが、この本が日本の教会・キリスト教学校・関係事業の一隅を照らし、神への献身を励ます一助になれば幸いです。

今回は卒業年一～三五期生に呼びかけ、応じてくださいました方々の寄稿を掲載しました。故人につきましては、関係者のご了解をいただき遺稿より抜粋しました。七〇名に及ぶ寄稿に感謝しますとともに、優れた働きをされた卒業生が他に大勢おられますので、今後、第二、第三の証言集がまとめられることを願っています。

新教出版社の小林望社長はこの企画をご理解くださり、快く出版に応じてくださいました。また出版に際しては、日本国際基督教大学財団（ＪＩＣＵＦ）からご支援をいただいた他、有志の方々からもご寄付をいただきました。資料収集には、ＩＣＵ宗務部およびＩＣＵアーカイブズのご協力もいただきました。記して深く感謝申し上げます。

なお本の製作にあたっては、主に渉外を支部長の有馬平吉が、編集を事務局の梅津裕美が担いました。他に、同支部の伊藤瑞男、山本英美子、伊藤英志、北原葉子が編集委員として協力しました。

最後に、ＩＣＵ草創期の学生たちに多大な影響を与えた神学者ブルンナー博士が、献身者のために祈った「祝福の祈り」を記します。

主よ、どうかこの僕が地上の生涯を終えるまで
貴方に従う者として奉仕することをお許しください
エーミル・ブルンナー

二〇二三年一二月記

国際基督教大学同窓会支部「ＩＣＵ伝道献身者の会」事務局
梅津裕美

国際基督教大学同窓会支部
ICU 伝道献身者の会

連絡先
〒 181-8585 東京都三鷹市大沢 3-10-2 国際基督教大学
アラムナイハウス 2F 国際基督教大学同窓会事務局 気付
Email: icudendokenshinsha-chapter@icualumni.com

われら主の僕
リベラルアーツの森で育まれ

2024 年 2 月 29 日　第 1 版第 1 刷発行

編　者……ICU 伝道献身者の会

発行者……小林　望
発行所……株式会社新教出版社
〒 162-0814 東京都新宿区新小川町 9-1
電話（代表）03 (3260) 6148
振替 00180-1-9991
印刷・製本……モリモト印刷株式会社

ISBN 978-4-400-51769-6　C1016